心理療法の下ごしらえ

—患者の力の引き出し学—

平井孝男

星　和　書　店

Seiwa Shoten Publishers

2-5 Kamitakaido 1-Chome
Suginamiku Tokyo 168-0074, Japan

はじめに

最近、臨床心理士の仲間や後輩から、心理療法に関する相談やスーパーヴィジョンを頼まれることが多くなった。相談内容は前とそんなに変わっていないが、重症例（境界例、パーソナリティ障害、精神病圏など）の相談が多くなってきている印象がある。

その中で一番感じるのは、相談に来ている心理士たちの多くが、受容共感路線や精神力動路線、認知療法路線という従来の枠にとらわれていて、根本のところをわかっていないようだという点であった。つまり、料理で言えば、下ごしらえが不十分なのである。そこで、今までの相談内容と筆者の経験や考えをもとに心理療法の根本のところを要約的にまとめてみた。

これにより、一層、受容、力動、認知、その他の治療法がクライエントのためになることを願っている。

といった思いで、綴ってみると次から次へと伝えたいことが多くなり、随分と大部のものになってしまった。そして、最初は対象を臨床心理士に想定していたが、それだけでなく精神科医にも、また看護師、社会福祉士、作業療法士などの精神治療スタッフにまで筆者の視野は拡大してしまった。

さらには、いつものことだが、一番読んでほしいのは目下苦しんでおられる患者・家族の方々で、筆者の筆も、いつしか、当事者の方々に向いていた。

　そして、これも毎度のことながら、治療というのはつくづく人間の生活、歴史の反復であり、一人一人が固有の物語を持つと同時に、人間としての普遍性・連続性を有しているのだなと感じさせられた。その意味で、読者対象は、一般の人間や心理に興味を持つ人たちとも考えている。治療を通して「生きる知恵」を学んでほしい。

　本書はそれゆえ、実用性と事例に重きを置き「具体的にどうしたらいいのか」「なぜこの働きかけが役に立つのか」といったことを逐語録を交えながら詳しく記述・解説し、すぐにでも使えるように工夫したつもりである。ということもあって記述の範囲も拡大して、その結果、副題として、患者の力の引き出し学という名前をつけさせていただいた。

　気が付いたら、精神科医になってもう四十年、臨床心理士の資格を得て二十四年、開業して二十三年経ってしまった。クリニックに来院された人は一万一千人を超えた（今まで出会った患者・クライエントの数は少なくとも一万五千人は超えるだろう）。多くのことを患者・家族の方々から学ばせていただいたが、ここにはその四十年の経験が詰まっていると考えてもらえばいいのではと思っている。

　また、多くの事例を使わせていただいているが、プライバシー保護を配慮して、いくつもの例を組み合わせたり、適当に改変したりしている。ただし治療の要諦はできるだけそのまま真実が伝わるように工夫してある。目次に三十の事例の一覧表を記してあるので、読者の方は関心のある事例から読む方が理解しやすいかもしれない。

本書作成に当っては原稿の一部を治療者仲間や患者さんたちに読んでもらい、多くの示唆と出版への激励を頂いた。これも本書が完成することになった大きな要因である。

また出版に当り、星和書店の岡部浩さん、すずき編集室の鈴木加奈子さんに過分の御助けを頂いた。ここに感謝の意を述べる。

最後に本書を、筆者をここまで育ててくださった故・辻悟先生にささげたい。

秋たちぬ　風に宿りし　夢のあと　凡愚の歩み　更に進めむ

平成二十六年九月一日

平井孝男

目次

事例一覧

第一章　心理療法で大事な点

以下に記すのは、どの心理療法にも通じる基本中の基本である。ただ、注意してほしいのは番号順に大事であるという訳ではないし、この順番通りにいくという訳でもない。この点は特別なマニュアルがある訳ではなく、いささか筆者の自由連想風の記述であることを御寛恕いただければ幸いである。

第一節　治療目標

◆治療目標は出発点（しかし、治療目標は複雑である）

普通、生産的活動というのは、方向性や目的がないと始まらないことが多い。心理療法も同じで、まずは治療目標があってそこに向かう。

ただ、料理の場合は美味しく作ることという比較的はっきりした目的があるが、心理療法の場合の目的は非常に複雑で多様である（逆に非常にシンプルでもあるのだが、単純なものというのはそれだけ非常に複雑なものなのである）。

例えば、楽、安らぎ、生きやすさ、苦や不安の軽減、症状の緩和、困難や不安・うつを受け止められるようにすること、適応、力を引き出すこと、人間としての連続性の回復、孤独感の緩和、疎外感の減少、自己決断の醸成、相互検討能力の増大、自覚・気づき・意識化・言語化・間接化、納得した生き方の発見、自己実現、身体機能の回復、自己主張・拒絶能力の育成、自立と他者との協調、コミュニケーション力の開発、居場所・行き場所作り、表現・表現力・創造性の増大などいくらでも出てくる（もちろん、こうした目標の底に流れているものにある程度の共通点はあるが）。

面接に当ってはこうした治療目標の複雑さと個々の目標の底に流れる共通点や相互の関連性をわかっている方がいい。後の治療のためのルール作りのところで治療目標の共有という点についても述べるが、治療者が治療目標の多様さに関する奥深い理解があればあるほど、治療目標を共有しやすいからであり、その共有が治療の役に立つことは言うまでもない。

◆原点に戻ることの重要さ

それから、治療の過程は大変に複雑・困難で、途中で治っていっているのかどうか、本当に治療は進展しているのか、一体この心理療法は何を目指しているのか、どこに行こうとしているのかわからなくなることが多い。そうした不安や困惑は治療者だけでなく患者にも強い。いやむしろクライエントや家族の方が不安になることが多い。だから、患者・家族からしばしば「本当に良くなっているんでしょうか」「大変失礼ですが、悪くなっていっているように思えてなりません」「ちっとも治っているように思えません」「これからどうなるんでしょう」といった疑問が出てくることが多くなる。

こうした質問を嫌がる治療者もいるが実はこれは治療の進展の大チャンスでもある。つまり、ここで治るということについてもう一度話し合い、新たな出発点になるということである。治療は錯綜の連続であるから、何度も仕切り直しが必要になるし、また良き仕切り直しというのは治療に必須のものでもある。

また仕切り直しだけではなく、そうした話し合いを巡って、治療促進要因と妨害要因が少し明らかになったり、背後に隠れていたクライエントの様々な思いが表出されることになり、それが治療のプラスにもなるのである。

つまり、目標を最初に定めていると、治療が行き詰まった時、原点に戻りやすいのである。そして、そうした安心感の元で治療の行き詰まりに出会うと、その行き詰まりは有効に生かされやすい。

◆治癒の本質の探究は重要

それから、「治るとは何か?」という疑問は、今後とも永遠に続くであろう。また、それらについて問い直したり、話し合ったりすることは大事である。たとえ、結論が出なくてもそれについて話し合うということ自身が治療になるからである。

◆間接化が基本

ただ、多様な治療目標の中で(本当は極めて単純なのだが)、一番の大事は、目下のところは、気づき（覚）・間接化だという気はする。あらゆる治療行為はそこに収斂しそこから出発していくように思われる。

クライエントはしばしば、苦しさ・辛さ・不安・抑うつ・イライラ・怒り・寂しさ・虚しさといった直接体験に受動的にさらされている。

間接化というのは、そうした直接体験から一歩身を置き、離れたところから自分を見つめる、すなわち自分の状態、気持ち、考え、欲求・恐れ、自分の状況・人間関係などを観察し整理していく作業である。

これができることによって、治療の一番の基本である二大原則（①思うようにいかなくても構わないと覚悟する、②思うようにいかない辛さを感じながら適切に行動し不適切な行動を避ける）が可能になるのである。

ただ、クライエントが「自分の間接化能力を増やしてほしい」といった訴えをしてくることはまずない。これは治療者の側が勝手にそう思っているだけであるが、治療の進展の具合を計る大切な基準ではある。

間接化というのは、言ってみれば、自覚する、観察する、認識する、洞察する、わかる、覚るといったことと同義であるが、クライエントが直接体験に圧倒されやすく、それから少し離れることが治療的になるのでその思いを込めて、使ってみた。なお、間接化に関して詳しく知りたい向きは、辻悟(1)『治療精神医学の実践』を参照のこと。

◆治療目標の設定は控えめに

それから、もう少しくだけたことを言うと、治療目標を「したいことだけをする」「できることだけをする」「有益なことだけをする」というようにまとめておくのも便利である。

いずれにしても治療の困難性は想像を絶するものがあるので、あまり高い目標を置かない方が良い。すなわち「症状、病理、弱点などはいくら残っても、人格はほとんど変わらなくても、ほんの少しでも良い方向から見ていこうという癖が身に着く、あるいは少しでも身に着けるようになりたいと思う」だけでも「治った」と思える方がいいと思う。十分な自己洞察、自己実現などといった遠大な目標を掲げられると、それについていける人はいいが、昨今の重症例を含むほとんどの事例は、そんなことを要求されると途方に暮れるだろう。

また治療目標の共有を急いではならない。重症例ほど、目標を設定しにくいからである。

第二節　見守り、注目・関心を向けること

◆治療者の見守りは、母親のそれに似る

クライエントのほとんどは、常に治療者から関心や注意を向けられたいと思っている。丁度、乳幼児が母親の見守りと関心を必要とし、また要求しているのと同じことである。

治療者が、温かで思いやりのある適切な注意・関心を向けていると、それを向けられたクライエントは、それだけでも心が安らぎ温まり、治療が進む可能性が高いし、事実治療者との関係は深まり、状態も良くなる。

母親が子どもを見守ることで危険を防ぐように、治療者がクライエントを見守ることで事故や間違いがないように注意を注ぐと、クライエントはそれだけで自分が受け入れられているという感じを持つことになる。それはやがて自分自身を見守る営みへと移り、順次間接化や洞察につながっていく。

◆注目し続けることの困難さ

これは一見当り前のように思えるが、治療者の忙しさ、精神不安定、集中力低下、未熟さなどでそれができない事態もしばしば出現する。同じことを何度も聞いたり、肝心のことを治療者が忘れていたりするのは、しばしば患者をして治療者不信や人間不信を引き起こし治療の妨害になることもある。これは明らかに治療者に責任があるが、いつもいつも避けられるとは限らない。

サリヴァン[2]は予めそれを予防するために、患者に対しては「私は忘れることの名人です」と言っておいたらしい。それはそれで一つの策だが、いずれにせよ、治療者がクライエントの重大なことを忘れていた場合は、そのことを率直に取り上げ話し合うことの方がクライエントの安心感増大にはつながると思われる。

◆クライエントの治療に関心を持つこと

ただ、関心を持てば何でもいいということではない。要は何に関心を持つかが重要なのである。治療者が一番関心を持った方がいいのは、本人がどうすれば生きやすくなるか、どうすれば楽になるか、といった本人の側に立った、本人の役に立つような点に、注意を払い気に掛けたりすることが望ましいと思われる。

◆治療者の煩悩をクライエントの治療につなげる

しかし、治療者も人の子である以上、治療以外に、クライエントを研究対象として関心を持ったり、また治療者自身の治療の訓練として、または生活の糧として（開業家に特に目立つ）、研究発表や自著出版の材料として関心を持つことも多い。もっと言うと自分自身の親密感や性的対象の充足としての関心を持つことがある。

こうした治療以外の関心を持ってはいけないということはない。治療者の欲求・関心は自然に湧いてくるものである。特に治療者という人種は煩悩が深くそれだけ欲求も強いという業を背負っていると思われる（人を援助するというのは大変な煩悩である）。

問題はそうした「治療者欲求」をどれくらい自覚し気づいているかということと、そうした「治療者欲求」をどのように、治療に結び付けていくか、「治療者欲求」の危険性やデメリットに気づき、なるべく治療の妨害にならないように気を付けるといったことが大事である。

◆面接での対面の仕方（顔の見方・目の合わせ方）

従って、治療者は、クライエントに関心を持つだけではなく、自分自身の治療者欲求にも絶えず関心を向けておく必要がある。

それから、クライエントに関心を持つことと関連して、面接場面でクライエントとどう対面するかといった問題が生ずる。クライエントに関心を持つあまり面接の間中ずっとクライエントの目を見つめ続けたとしたら大変であろう。また、全く顔を見ないのも不自然である。筆者はこの点、三分の一は「クライエントの顔というか目を見ておく（見つめるというより見守りのような見方である）」、三分の一は「顔以外のところに視線を置く」、三分の一は「顔の周辺部分に眼をやっておく」ぐらいが一番自然なやり方のようだと考えている。もっとも、これは、治療者にもクライエントにも個人差があるので、要は一番楽な自然な姿勢を取ることが望ましいのだろう。

◆クライエントの聖域を大事にする

最後に、クライエントは関心を向けられたがっていると同時に、侵入されたり監視されたり干渉されるような関心の向けられ方をとても恐れているし、治療的にもマイナスである。従って、監視されているような雰囲気を与えない「ほどほどの関心の向けられ方」が最適なのだろう。

そして、治療者はクライエントのテメノス（聖域）に関心を持つと同時に、それを尊重し、無闇に立ち入らないように注意を払うべきであろう。

要するに、侵入・干渉の少ない見守り、過剰ではないほどほどの適切な関心を向ける、向け続けることが望ましい。

治療中に、この望ましい関心の向け方ができなくなってくると要注意なので、現在の治療関係・治療状況などを見直し、これまでの治療過程を振り返ってみることが望ましい。逆に関心を向けすぎるのも問題で、その場合も見直しが必要であろう。

第三節　話の聞き方

クライエントは大抵の場合自分の話を聞いてもらいたいと思っている。治療者も、全身を耳にするぐらいのつもりで、しかしあまり気負わずに淡々と話を傾聴する方がいい。

◆クライエントの表現力のなさ

しかし、多くのクライエント（特に重症の）は話をすること、表現することが上手にできない。例えば、話にまとまりがない、文章を最後まで言わずに次の話に移る、主語・目的語を言えないことが多く何のことかよくわからない（述語優位の状態なのである）、同じ話の繰り返しで話が進まない、あまりの早口で治療者がついていけない、といったことがしばしば起きる。要するに、話す相手が理解できるかどうか考えながら話していくということができないのである。

この背景には、クライエント自身の表現力の少なさ、適切なコミュニケーション訓練の少なさ、精神不安定でゆとりがない、治療に対する抵抗などいろいろな原因が考えられる。

◆治療者の対応（聞き上手・引き出し上手）

治療者はこうした場合、どう対応するのがいいかということだが、その前にクライエントの多くは、自分でもなかなかうまく表現できないのでもどかしがっているという点を押さえておく必要がある（これは初回の心理検査・質問で「望ましい治療者とは？」という質問に対し、数百例のクライエントが「話を上手に引き出してくれる人」という回答をしていることが傍証となるであろう）。

また、上手な話の引き出し方というのは、上手に話を整理することにつながっていく。具体的な話の引き出し・整理としては、「もう少しそこを詳しく話せますか」「それは誰が誰に言ったことですか」「今、あなたの言われたことはこういうふうにまとめていいですか」「要するにあなたはこう言いたいようですが、それはどうでしょうか」「それはどういうことか説明していただけると助かりますが」といった形で、焦点化、主語・目的語の特定、要約、明確化、適切な表現型の提示といったものが挙げられる。

◆質問形式の大事さ（ふわり質問、羽衣質問）

そして、これらはいずれも質問型でなされるが、その時本人に圧迫感を与えないような質問の仕方が大事である。つまり、答えをあまり要求していないような質問、優しく穏やかに問いかける「ふわり質問」、そっとなでるぐらいの「羽衣質問」が望ましい。そうする方が、責められているという感じが少なく、強く迫るよりかえって答えやすい。しかし、これは相手との勢い合わせのようなところがあるので、相手の勢いが強ければ、強く出た方が望ましい場合もある。

要するに「この先生と会っていると何でも話したくなる」「この先生には何でも喋りやすい」と感じられるようになり、実際にもクライエントから話が引き出されるようになるのが治療的であろう。

ただ、なかにはこうした介入をされることで、嫌がるクライエントもいる。その場合の対応はいろいろである。例えば、止めずにそのままにしておく。そして、終了時間が来て、クライエントが重大な質問を投げかけてきた時「時間がもう来ているから、次回に」ということで、本人に喋り過ぎを反省してもらう。しかし、これはいささかアンフェア（不公平）なやり方である。いずれ、クライエントが不利益を被るのをわかっていながら黙って見過ごすことになるからである。

それよりも、面接の中でタイミングを狙って「このまま、聴いているだけでいいですか？　お話を伺うだけで終わっていいですか？」と聞く方が親切でいいように思われる。

大変、稀だが、中には治療者がかなり厳しく出て、本人のまとまらない早口の喋り過ぎに強く介入し、相互的な対話に持ち込み、「あの時、先生に強く言ってもらえてよかった」とか「自分では止められないので止めてもらってよかった」と感謝される場合もある。

逆に治療者は聴くだけなのに話がまとまってきたり、収まりがつくときがある。これは多分絶妙のタイミングで相槌を打つので、クライエントに余裕が出てきて落ち着き、その結果、幾分冷静な話し方を取り戻すと言えるかもしれない。

いずれにせよ、良き治療者とは聞き上手で、クライエントの話を引き出す仕事人であるということである。そして、聞き上手というのは単に聞きっぱなしというより、自然にこちらが質問したりして、相互的対話というように展開していくのが理想である。

その意味で、インテークとか予診取りというのは立派な治療行為である。それは、最初に会った時、どれくらいクライエントから話を引き出すかで治療の成否が左右されるかもしれないからである。こうした基本を理解せずにインテークだからまだ治療行為はしていないと言うのは、悲しい限りである。

ただ、引き出すだけが治療ではない。クライエントのあまり話したくないという気持ちは尊重すべきである。つまり、クライエントとはどこを話したがって、どこを話したくないかということに敏感になっていくことが必要ということである。

いずれにせよ、何でもかんでも引き出せばいいというのではなく、どのように何を引き出すのが治療的なのかということに注意深くなることが重要なのであろう。

第四節　理解すること

◆クライエントは孤独感・疎外感に苦しめられている

見守りや傾聴と同時に大事なことは、理解するということである。治療上、大変重要であるだけでなく、クライエントもそれを切望しているからである。彼らは友達が少なく、孤独感に苦しめられているし、また家族や周囲の人間（学校・職場など）に理解されず（本人がそう思い込んでいるだけだとしても）、疎外感に悩んでいる。だから、理解→孤独感・疎外感の軽減→治療の進展といったことになる。

◆理解の本質の把握は難しい

しかし、理解とは何かということを考えると大変難しいことになってくる。例えば、理解の定義や類語として、物事の道理をさとり知ること、意味を呑み込むこと、物事や人の気持ちがわかること、会得、確認、合点、感得、汲み取る、体得、認識、納得、把握、了解、わかる、といったことが浮かんでくるが、理解の本質や実体を把握したとは言いにくい。

ましてや理解したかどうかの明確な基準がある訳ではないし、クライエントの側に立った時の

「理解された」「わかってもらった」ということに関する正確な物指しといったものもある訳ではない。

◆理解された時のクライエントの言動

しかし、理解の実態や本質がはっきりしなくても、クライエントはしばしば「先生はよくわかってくれる」とか逆に「ちっとも自分の本心を理解してくれない」と述べる。

前者はともかく、後者のような発言は放っておかず、それについて話し合った方が治療的である。ただ、その前にクライエントはどんな時に理解されたと思うのだろうか？　そして、いかなる時に「わかってもらえない」という感情を抱くのだろうか？

前者（理解されたと思う時）について連想してみると「熱心に話を聴いてくれている」「相槌の打ち方がとても気持ちいい」「先生の表情を見ているとわかってもらっている感じがする」「時々私の言ったことを要約してくれる」「私がなかなかうまく言えないことの表現を助けてくれる」「私の言ったことを覚えていてくれる」「適切な意見・アドヴァイスをもらえる」「自分のされたくないことをしないし、言われたくないことは言わない」といったような状態の時に、理解されたと感じるような気がする。また、笑顔や安心した表情を浮かべるのも、わかってもらったという証拠になるだろう。

ただ、治療者の態度・言動とは無関係に「先生は何でもわかってくれている」という投影発言

（思い込み発言）や、躁状態の時の「自分のことは誰にでもわかってもらえている。先生はもちろん一番よくわかっている」という誇大妄想的発言、「先生は何でも私の思っていることをしてくれる。いつでも私だけのことを考えてくれている」といった悪性の自己愛発言といったものもあるので、注意が必要である。

◆理解されていない時のクライエントの言動

一方、後者（理解されていないと感じる時）の場合は、前者の反対と言えるだろう。すなわち「ちゃんと聴いてくれていない」「私の顔や目を見てくれない」「無表情で機械的である」「ただただ聴いているだけで何の反応もない」「（逆に）何でもかんでも大げさに反応して、本当にわかってくれているのかしらと思う」「肝心なことを覚えていてくれない」「ピントはずれの意見を言う」「できないこと、したくないことを押し付けてくる」といったようなことが考えられる。

また、明らかに失望と不満の表情になり、怒りが増大している雰囲気が感じられる。

ただ、この後者の場合も、治療者の姿勢や治療とは無関係に、クライエント自身の不満の表れかもしれないし、陰性転移感情（これも治療者や周囲の人間に対する不満・怒り・寂しさ・辛さの表れである）の表出かもしれない。

◆理解された・されないの背後にある気持ちの解明

従って、大事なことは理解されているか、されていないかといったことを解明したりするより（もとよりその解明は不可能に近い）、あるいはクライエントの「理解された・されない」発言に一喜一憂するだけに留まらずに、その発言の背後にあるいろんな気持ちや事情を探求することの方が治療的には重要なのである。

いずれにしろ、理解という問題はあまりにも深く広いテーマである。我々治療者は、クライエント一人一人から「理解する・理解されたと感じる」とはどういうことなのか謙虚に学んでいくことが大事なのである。

第五節　肯定すること（受容・共感、配慮、尊重）

◆肯定は尊重・受容・共感

見守り、傾聴、理解と並んで重要なのは、クライエントを肯定し尊重することである。クライエントを肯定・尊重するということは、クライエントのこれまでの人生を認め、クライエントがこれから生きやすくなるよう、クライエントの幸せを願うことである。見守り・傾聴・理解が研究対象・経済的利益のためのものだけに留まるなら、治療はうまくいかないだろうし、結局は真の役に立つ研究や開業は無理になるだろう。
それでは、肯定とは何か？　それは相手を尊重することであり、尊重とは受容・共感につながる。

◆肯定は難しい（パーソナリティ障害や精神病の場合）

しかし、この肯定という営みは簡単なように見えて大変難しい。真の肯定は、見守り・傾聴・理解の上に立ち、相手の否定面もきっちり見据えた上で役に立つ肯定である必要があるからである。

一例を挙げると、受容・共感を主な営みとする「日本のロジャーズ派（の一部）」である。実際、『心理臨床大事典』のクライエント中心療法(3)（ロジャーズの創始した治療法）には「現実的には（クライエント中心療法は）、やはり境界例、統合失調症等はかなり難しい」とはっきり書かれてある。

事実、日本のロジャーズ派の指導を受けた心理士から、妄想を持つクライエントがよく紹介されてくる。紹介の理由は、自分には精神病は扱えないとのことらしい。確かにそういう人たちの治療は簡単にいかない。しかし、ある種のルール作りを考えながら、妄想に関連する辛さや苦悩を受容・共感し、相手を肯定・尊重し、現実の問題について話し合っていくと改善されていくケースが多い。薬を使わないで治っていった例もある。このように、クライエントを肯定するといっても、手に負えないという感じがしたら治療者でも手を引いてしまうのである。

◆ロジャーズ自身は精神病を肯定できている

ただ、ロジャーズの名誉のためにも言っておくが、彼自身は統合失調症のセラピーの実践をちゃんとやっている。非指示的で何も言わずにじっと聞いているのがロジャーズ派と思っている人も結構いるが、ロジャーズは、「沈黙の統合失調症青年」に感動的な語りかけをそれこそ相手を尊重しながら実践し、クライエントとの交流を可能にしている。こうしたロジャーズを真に理解したいと思うなら、ロジャーズ全集第二一巻(4)『サイコセラピーの実践』の第五章「沈黙の青年」の部分を精読することが望ましい。ロジャーズの積極的で相手に寄り添う的確な働きかけに感銘を受けることは保証したい。

少し話が逸れてしまったが、言葉の上でクライエントを肯定すると言っても大変難しいものである。少しでも治療者が不安を感じたり否定的感情を持ってしまうと、肯定・尊重・受け入れと言いながら、行動は反対のことをしてしまうのである。

◆自己愛の肯定と尊重（悪性の自己愛から良性の自己愛へ）

ついでにもう一つ付け加えておく。それは、自己愛、ナルシシズム、万能感に関してのことである。これらは、普通幼児的で未熟で反治療的なものと捉えられてきた向きがあるが、経験からするとこれらは非常に重要な治療因子であり、自己愛、ナルシシズムこそセラピーの出発点であり、到達点であり、アルファでありオメガであると思われる。これらは治療だけではなく、生きることの原動力なのである。だから、クライエントの自己愛を十分に肯定・尊重する必要がある。

ただ、問題なのは、その自己愛がまだ脆い状態で、他者を配慮できない狭い自己愛に留まる点である。その場合は、その自己愛を生かすためにも、脆さや狭さに手当てする必要が出てくる。従って、治療は、悪性の脆い自己愛を健康で他者性を含む宇宙的自己愛・健康な良性自己愛に変化させることになってくると思われる。

それから、相手を肯定すると言っても何でもかんでも肯定すると嘘くさくなる。いろいろな肯定する要素の中で、筆者が特に注目しているのは、クライエントの歴史、特に今まで積み上げてきたものの評価・肯定である。

◆不用意な肯定に注意（境界例などの場合）

それから、もう一つ注意しておくのは、特に人を巻き込みやすく苦の移し替えをしやすい「パーソナリティ障害」や「境界例」「他責的うつ病」「巻き込み型強迫」「依存的精神病」（投影性同一視・苦の移し替えが強くそれに気づいていない人たち）といった方々に対しての対応である。

こうした状態にある人に対して「あなたを肯定します」「あなたの辛さはよくわかります」と

言ってしまうと、治療者がクライエントの苦悩を全部取ってくれるとクライエントが錯覚してしまう恐れがある。そうしたことが予想される場合は、治療目標を「苦しみや不安を受け止めること」「それらを持ちながら、適切な対応をし、不適切な行動は控える」といったことに設定しておき、見守りながら、「苦悩・抑うつ・イライラ・不安を自分で抱える姿勢」を肯定し、自助能力を育てていくことが大切である。

もう一度言っておくと、不適切で過剰でうっかりした肯定・共感は大変治療を妨害し、結局はクライエントの状態を悪化させることになるのである。

第六節　傷つけないこと（適切な相互検討）

◆クライエントに共感できない時

今、述べたように無責任で不適切な肯定・共感は反治療的である。それに、クライエントの全てに共感できるはずはない。「死にたい」「親を殺したい」ということに簡単に共感はできないだろう。せいぜい「そう思わざるを得ない気持ちはわかるが実行しないように」というのが精いっぱいのことかもしれない。ただ、断わっておくが、筆者はこれが適切とは決して思ってはいない。このような根源的な叫び・訴えには、こちらも全人格・全存在を賭けて対応せざるを得ないので、そのためには治療者の歴史を賭けた「出たとこ勝負」にならざるを得ない。

それはそうと、クライエントの言動や状態に共感できない点、放っておいてはいけない部分、治療者の否定や不安をかきたてる現象が出てきた場合、治療者はどう対応すべきなのだろう。下手にクライエントの言辞を否定すれば、クライエントは理解されない、受け入れてもらえないと感じ、傷つけてしまうかもしれない。クライエントを傷つけることは治療者として何としても避けたい事柄であるから、ここは悩ましいことになる。

◆仏陀の教え（法を説く時の）

ここで、一挙に時代は遡るが、仏陀（釈迦如来）の智慧を借りてみよう。仏陀は、悩める衆生に話す時、次のことを考えていたという。無畏王子経(5)によれば

ア、その話が真実でもなく、利益にもならず、それがその人にとって不愉快である場合、如来は決してそれを語らない。

イ、その話が真実ではあるが利益にならず、その人にとって不快なものであれば、これも如来は語らない。

ウ、その話が真実で利益にもなるがそれがその人にとって快いものでなければ、如来はそれを語るべきと語るべからざる時を知る。

エ、それが真実でもなく利益にもならない場合、その人にとって快いものであっても、如来は決してこれを語らない。

オ、それが真実ではあるが、利益にならない場合、その人にとって快いものであっても、如来は決してこれを語らない。

カ、それが真実で役に立つ場合で、その人に快いものであれば、如来はこれを語るに時をもってする。

と言っている。

これは、まさに心理療法の真髄をついているように思われる。我々治療者はクライエントと早く良い関係を結びたいと思うあまり、エやオと逆のこと、すなわちクライエントを誉めすぎたりお世辞を言い過ぎる傾向がある。そんな時喜ぶクライエントもいるが、そのうちメッキが剥げてくるし、大抵のクライエントは敏感なのでそんなことは見抜かれていることが多いと言うことはわかっておいた方がいい。

仏陀の説くことは、基本的には「真実で役立つことだけを言うこと」「しかし、言い方には工夫をこらし、時を待つこと」といった事である。つまり、役に立つからといって不用意にそれを言うことで相手が大変傷つく場合があることをわかっていたのである。

この工夫と時熟に関しては多くの例が挙げられるが、その中で一つ取り上げる。

【事例Ａ】

Ａは三十三歳の独身のキャリアウーマンである。彼女は怒った調子でカウンセリングルームに入ってきて、会社の中でのセクハラの被害を訴え、それが上司に理解されず、逆に病気扱いされ、業務命令で強制的にカウンセリングを受けさせられたと言うのである。

筆者が話を聞くと、一般には被害妄想と言われてもしょうがない内容であった。ここで、〈あなたは被害妄想にかかっているので、それを反省するか、自分で心を変えられないなら、精神科医の元で相談するなり、薬を服用するといいでしょう〉というのは、常識的には正しいことかもしれないが、彼女を傷つけるだけで役に立つものではないので、筆者はもちろんそれは控えた。

筆者はここで、クライエントの望んでいることを聞くと「『正常である』という証明をして欲しいし、その証明書をもらいたい」とのことであった。

そこで、筆者は〈異常な部分は誰にでもあるので、どんな人に対しても正常であるということは言えない〉と述べ、〈どうしてそんな証明を求めるのか〉と聞くと、「被害妄想扱い、精神病扱いにされているることに耐えられないからである」とのことであった。それではどうしたらそういう扱いを受けるかについて話し合ったところ「たとえ、正しいことであっても証拠がないままそのことを言ってしまうと被害妄想という誤解を受ける」ということに気づき、そのことは治療者（筆者）にだけ言うことにした。その後、話を半年ほど聞き続けるうちに、本人自身が少し思い込んでいたことに気づきだした。

この例はクライエントの傷つき（不必要に不快な気持ちにさせること）を避けながら、必要で役に立つこと（証拠のないことを皆の前で言うと被害妄想扱いされるという真実で役に立つ話）を伝えている例だが、仏陀のやり方と少し違うところは、こちらが質問して相手に大事なことを気づかせている点である。つまり、クライエントにいろいろ考えさせるようにして、クライエント自身が、「役に立つ正しい結論」に気づくように導いていることである。

ただ、仏陀も「毒矢の喩え」などで見るように、相手に考えさせる応機説法をしているので、基本的には筆者と同じスタンスである。これはソクラテスの産婆術（相手に考えさせ、自然に真理を生み出すのを助ける）とも相通じる。

ここから考えれば、先ほどの仏陀のウは、「役に立つことや正しいことを本人自ら気づいてもらうために、相手を傷つけないように配慮しながら、役に立つ質問をしていく」といったように言い換えてもいいかもしれない。

◆クライエントはもともと傷つきやすい

ただ、クライエントを傷つけないというのは考えてみれば大変難しいことである。というのは、もともとクライエントは心が傷ついていることが多く、だからこそ傷の癒しを求めて治療者の所へやってきているという事情があるからである。

クライエントは、追い込まれていることが多く、ちょっとしたことに敏感に反応し、しかも悪い方に取ることが多い。また少し上手くいかないとそれだけで絶望したりしやすい。それに、日々苦しく不安で憂うつな状態にある。比喩的に言えば、心の皮膚がとても薄く、些細な刺激ですぐ傷ができ、出血しやすい状態とでも言えるかもしれない。

だから、治療者としては細心の注意を払って不必要で有害な傷を与えないようにせねばならない。傷つきやすいクライエントにとっては、治療者に向かい合うだけで緊張し、傷つくのではないかと不安がっているかもしれない。また、ちょっとした治療者の発言や質問にも傷つくかもしれない。そうかといって、じっと治療者の方が黙っていると、嫌われているのではないかと不安がり、それがまた傷つきの要因になる可能性がある。さらには、面接という形で、辛い自分自身の現実や過去に直面させられることも傷つくことになるかもしれない。

そうなると心理治療そのものが傷を与えるということになるので、心理療法などしない方がいいということになるかもしれないが、事情はそう簡単ではない。彼らは、面接場面を離れて、一人でいる時は悶々として孤独に苦しみ傷ついている状態にある。また、無理解な家族や他者と接触することでさらに傷つく。要するにどこに居ても傷つく可能性があるのである。そうすると、まだ傷を与えないように十分注意し、できれば安全感・安心感・希望を与える（ないしは引き出す）治療者の方がましということになるのだろう。

要するに、治療者の存在そのものがクライエントを傷つける可能性があるので、できるだけ、不必要で有害な傷つきだけは避けた方がいいということになる。それではクライエントを傷つける時、特に不必要で有害な傷を与える時、二次被害とでも呼ぶような傷を与える時とは、どんな場合のことを言うのだろう。箇条書きにしてみる。

◆クライエントが傷つく時（二十六の例）

①治療者の失敗・ミス。クライエントの自然治癒を妨害する。
②話を熱心・真剣に聞いてもらえていない。治療者が退屈そうにしている。
③クライエントの治療より、クライエント自身を研究材料の対象にしたり、訓練の対象にしたり、金儲けの対象としてしまう。あるいは、治療者にその気がなくても、クライエントにそう感じさせてしまう。
④クライエントの気持ち・事情・苦しさなどを理解していない。
⑤クライエントの言われたくないことやして欲しくないことを、治療者が言ったりしたりする。
⑥クライエントの気持ちを損なったり、追い詰めるような発言。人格や存在を否定するような発言。
⑦クライエントの答えられない、答えたくないような質問、必要もないのに相手をえぐる質問。
⑧クライエントが当然してもらえると思っていることを、治療者が怠る時。
⑨「説明と同意」（インフォームドコンセント）の原則で進まず、治療者が一方的に事を進めること。
⑩クライエントの質問に適切に答えないか、あるいはそれを適切に扱えない時。
⑪クライエントの不満に対して、治療者が真剣に向き合わない時。

⑫クライエントを見捨てるような発言（「そんなにこのカウンセリングが不満ならよそへ行ってください」といった）。
⑬治療者が居眠りする時（特に、治療者の疲れといった治療者側だけの事情による時）。
⑭治療者の方が遅刻する（遅刻は相手の貴重な時間を奪う）。
⑮守秘義務を治療者が守れない時。
⑯クライエントの断りなしに、家族や上司、学校の先生などに連絡すること。
⑰治療者が嘘をついたり誤魔化したりすること（クライエントは治療者の虚偽に対してとても敏感である）。
⑱治療者が失敗に対して素直に謝罪せず、言い訳をすること。
⑲治療が上手くいかないことを、クライエントだけのせいにすること。
⑳最初熱心になっていくが、手に負えなくなると放り出す。
㉑治療者側の都合で面接日を変えたりする。
㉒予告せずに急に治療者が退職し、カウンセリングが突然中断する。
㉓心理テストの結果を伝えない。
㉔セラピーが手に余っているのに、続けてしまい、クライエントに迷惑をかけること。
㉕クライエントを傷つけないようにするあまり話題が表面的なことばかりに終始し、大事なことに触れず、結局はクライエントに迷惑を掛けてしまうこと。

㉖最初にルール作りをしなかったため、自傷・他害などの行動化を過度に引き起こす場合。まだまだあるだろうがこのぐらいにしておく。

ただ、これを見てもわかるように反治療的行為はクライエントを傷つけるものだということになりそうである。

◆傷つけたことの手当て

かなり有能な治療者ならともかく、筆者のような凡庸な治療者は、クライエントを傷つけることがある。もちろん傷つける意図などないのにそうなってしまう。

そういう場合はどうしたらいいのだろうか？

それに関しては一定の答えはないし、治療状況においても対応の仕方はいろいろ変わってくる。一応、治療者側の対応の一例を挙げてみる。

①まず、クライエントが傷ついているのではないかと治療者が感じることから始まる。その材料はクライエントの言動・表情・症状・生活態度などあらゆる面からの情報であるが、なかには家族といった他者から間接的に聞く場合もあるだろうし、また治療者側の中に起こる感情（逆転移感情）も参考になるし、クライエントの夢も治療者自身の夢も参考になる。

②傷つきがはっきりしているのか疑わしいのかを考えておくのは大事だが、そんなことは明確にはならないことが多い。それより大事なのは、それを取り上げることが治療的かどうか

（治療の役に立ち、本人の益になるかどうか）を考えることが重要である。
③ただ、重要であっても、クライエントがあまり乗り気になっていないようだし、それが無理そうであれば、しばらく控えてみる。
④また、これは滅多にないことだが、クライエントの方が大いに取り上げて欲しいのに治療的にそれを焦点にしない方が望ましい場合もある。
⑤しかし、大抵は本人との波長合わせが大事なので本人の気持ちを優先することが多い。ただし、これはクライエントの言いなりになっているということでもないし、クライエントの万能感幻想をかきたてようとしている訳でもない。明らかに治療者が熟考した上での治療者決断である。従ってクライエントが要求したからといって直ちに応じるより、一呼吸置いた方がいいかもしれない。
⑥クライエントがそう要求していないが話し合った方がいいようなクライエントの傷つきを取り上げる際には、これを話し合っていく方がいいですかと言って、クライエントの承認を得ることが大事。こうした共同作業の場合、同意があった方がいいのである。
⑦同意を得た後、どの程度傷ついているのか、どのことによって傷ついたのか、という現象面、内容面を取り上げて話し合う。
⑧その後で明らかに治療者に非があり、謝罪した方が治療的にプラスになると思えば謝罪する（プラスとは、クライエントの安心感の増大、癒されたという感じがクライエントの中に

湧く、真実解明の助けになる、治療欲求が高まる、自らの気持ちにも目が行く等である）（しかし、安易な謝罪は禁物である。嘘っぽい謝罪だと単なるご機嫌取りと思われ、治療者への信頼が逆に低下する。安っぽい謝罪は安っぽい言動と同じく反治療的である）。

⑨治療者だけが問題ではなく、クライエントの側に傷つきの原因がありそうだということが話し合いの中でわかってきたとしても、治療者がクライエントの間違いを指摘する等はとんでもないことである。正しいやり方はそうした誤解がどうして生じてきたのか十分に話し合うことである。誤解とその原因に気づくだけで洞察の深まりや認知の変化が可能になる。

⑩治療者が謝罪した場合、多くの場合クライエントは納得し、治療者の正直さが伝わり、それが治療のプラスになる。あえて、「このミスを今後の治療に生かすつもりである」という必要はそんなにない。こういう場合は不言実行である。

⑪もしクライエントが「謝罪だけでは済まない。何とかしろ」と言った場合は「この反省を今後の治療につなげるつもりである」と伝えて、クライエントの反応を見る。

といったようなことが考えられるが、これはほんの一例である。このクライエントの傷つきに対する創意・工夫・実践は、一例一例において随分と多様で、それこそ一つ一つが芸術作品のように個性的である。

第七節　症状を生かすこと

◆症状は歴史の総決算

症状を生かす、または症状にも価値があると言うと、こんな苦痛な症状のどこに価値があるのか、治す気があるのかと怒られそうだが、症状が遺伝・体質・成育環境・現在の生活も含め、その本人の「歴史の総決算」と考えた場合、意味も出てくる。そのことは後で述べるが、実際の臨床では、筆者はもちろん症状による苦しさが減ることを焦点にして治療的営みを開始する。

◆症状の発現・強化要因と緩和要因（症状の受け入れが症状を軽減させる）

実際、症状の苦しさ・辛さは大変なものである。不安・パニックによる「胸を締め付けられる苦しさ、うつ病の地獄のような辛い日々、不眠による苦しい一夜、その他、心因性の様々な身体症状（痛み、しびれ、ねじれ、麻痺など）、解離・健忘、幻聴・妄想、依存・行動化などを考えてみれば、それは十分納得できるであろう。症状による苦痛は和らげる必要があるし、直ちにできることから始めた方がいい。どのようにしていくかは以下の通りである。ただ、症状といっても大変多様であるので、ここでは、取りあえず、不安症状、うつ症状、心気症状などに絞って考えてみた。

①症状がたくさんあって錯綜している場合、クライエントに三つか四つに絞ってもらい優先順

位をつけてもらう。

また、ただただ苦しいと言っているだけで何がどう苦しいかわからない場合は、治療者がその苦しさを表現するのを助けたり、適切な症状名をつける。

②次に、その症状の軽減とその症状を受け止めていく（症状にふりまわされない）ことを、治療目標として共有する（症状は人間が共通に持つある種の傾向・弱点の積み重ねであるので、消失や除去というのは幻想である場合が多い。例えば、不安、抑うつをゼロにすることはあり得ない）。

③続いて、その症状の発生原因、症状を強める要因を探っていく。

例えば不安・パニック症状であれば、

(a)ストレス（重荷・負担）、心配事

(b)敏感すぎる傾向

(c)不安を除去したい・消滅させたいという願望が強すぎ、それに注目することが強化され、不安症状をさらに敏感に感じさせ、結果として不安症状が強まるという悪循環（森田の言う精神交互作用）

といったことが挙げられる。

④さらに今のことを踏まえて、症状の緩和・軽減を考える。それは、

(a)減らせるストレスは減らす（休養、負担軽減、環境調整）

(b)薬の使用（薬は、直接不安を鎮めるとともに、「不安があっても、まあ、いいっか」という気持ちに少しはさせてくれる）
(c)不安はあって当然と認識し、不安の消滅を願うより、不安と仲良くすることを考えていく
(d)心理療法、カウンセリング（相談相手がいること、また話をすることでクライエントが楽になり安心感を得られるだけでなく、不安・ストレスの軽減やそれらとの付き合い方の相談ができる。また、敏感すぎる傾向を上手に生かす方法の共同探究がなされる）

といったことであるが、症状の一番の強化要因は、「その症状が不自然で異常であってはならないもので、害しか与えない悪いものである」という考えと思われる。これは、先述したように、「症状は異常・悪→除去願望を強化→かえって症状に注目させる→症状を強く感じる→症状が辛い→症状除去願望を強化する」といった悪循環」に陥らせるからである。

逆に症状を緩和・軽減させるものとしては、その症状が存在するのは自然で有用な面もあると考えることである。そうすると「症状はあってもいい（むしろ必要なもの）→（症状があるのは辛いが）症状を受け入れ、症状を持ちながら、したいこと、必要なこと、できることをしていこうとする→そのような実践の中で、自分の営みの方に関心が行き、症状への注目が少なくなり、症状軽減となる」といった良循環が生ずるのである（ただ、再度断っておくが、以上のことは、不安・抑うつ・心気といった症状においてのことである）。

◆症状の有用性

それでは、症状はどういう点で有用と言えるのだろうか？　ここでは不安、抑うつに絞って考えてみたい。

①まず不安は注意力を高め、特に自分や他者の身を守ったり、危険を回避する方向に連れていってくれやすい。事故を不安がるので、スピードを落とし、事故を防ぎ、身を守れるというごく単純なことを考えればいい。

抑うつは休養のサインと考えられる。うつ症状は大変辛いが、その結果活動にブレーキがかかり、休息に入れるのである。

②不安やうつをきっかけに、現在の自分やこれまでの自分を見直すことになり、大きな気づきが得られる。

③気づきと同時に、それまでの生き方を反省して、よりゆとりのある無理のないライフスタイルに変えられる。

以上のことから、ウィニコット(6)は「軽いうつ状態が一番健康である」と言っているのである。

④症状のおかげで、治療者と出逢うことになり、いろんな良き体験ができ、成長できる。

⑤誤解を恐れずに言うとしたら、幻覚妄想も役に立てられる。その妄想を間接化し振り回されないように客観的に観察できる条件が整っていれば、幻覚妄想の背後にある想像力の発現

になり、創造的・生産的な営みとなる。

ユングの『赤の書』(7)（ユングの幻覚体験を綴ったり絵に描いたりしたもの）はそうしたものの代表である。

⑥症状を通して人間の心の不思議さ・深さに触れられる。

⑦「こんな症状を持っている自分は駄目。普通の人間からはずれている」という自己否定感・脱落意識を和らげてくれる。

◆症状を生かすには

ただ、筆者は手放しで症状を礼賛しているのではない。それらは、火と同じように、有用性（暖房・照明・調理など）もあれば、破壊性（火事・火傷など）もあるのである。

症状を有用に生かすには、まず、症状、ないしは症状に苦しんでいる自分を間接化しておくことが必要である。

間接化することで、対象（症状）から距離を置き、症状を冷静に見つめ、観察する作業が可能になる。観察する中で、その有用性・メリットと有害性・デメリットを見分けられるようになる。

そして症状（例えば不安）が強すぎる場合は、それに圧倒され冷静さを失い間接化さえできなくなるし、逆にそれを薬などで抑え込みすぎるとボーっとするなど間接化・脳機能低下を起こしてしまいやすくなるということをしっかり認識し、ほどほどに不安を感じていくことが大事という路線をとっておくのが有用と考えればいい。

第二章　心の病

第一節　心の病とは？

◆心理療法の基本は心の病に精通すること

症状の話の後は、心の病という本格的な問題についても触れておかねばならない。心理療法や治療の対象になるクライエントは健康な人も多いが病んでいる人も多い。もちろん健康と病気は連続的なものなので分けることはできないが、クライエントはより不健康な部分を多く持たされていると言えるだろう。

そもそも心理療法は「心理的精神的影響により、病気を治す方法」ということである。そして、心理療法が扱う病気とは、圧倒的に心の病が多い。もちろん身体の病気に対しても心理療法は有効なことがあるが、一般的には精神疾患、心の病気を対象にしている。ただ、心の病と身体の病をそんなに簡単に分けることは難しいが、この問題はひとまずは置いておく。いずれにせよ、心理療法の下ごしらえのためには、心の病について詳しく知っておくことが必須になる訳である。

◆心の病気とは？（暫定的な定義）

では、心の病気とは何か？　そもそも病気とは何かということが問題になるが、これもそんなにはっきりした定義がある訳ではない。広辞苑によれば「正常の機能が営めない状態」という意味と「悪い癖」ということであり、随分広い概念である。

しかし、一応の病気の概念を押さえていく方がそうでないよりは、心の病気の理解・治療に益することが多いので、とりあえず筆者なりの見解を述べておく。まず、心の病の特徴を、普通の苦悩と比べて、七点ほど述べてみる。それは

①（病気の方が）苦しみの程度が強いし持続期間も長い。
②日常生活や対人関係が障害される。
③不眠・食欲不振等の身体機能障害の出現。
④原因や背景の理解が困難。
⑤素人では解決できず、専門家の助けが必要。
⑥異常意識が強まる。
⑦苦しみを受け止められない。

といったことであるが、これも暫定的な定義である。要するにはっきりした線引きができないものと考えておけばいい。

◆心の病の特徴（心の病の実体は明確でなく、一つの結果であり、構造・パターンに過ぎない）

次に、心の病の特徴を身体疾患と比較しながら考えてみる。

a．**心の病は目に見えにくいし、心の病の実体は明確でない**

心の病は、身体の病と比べると、共通点も多いが、いくつかの重大な相違点がある。この相違

点を考えておくことで心の病の本質に迫れる可能性が出てくる。

まず、身体病の代表としての癌と心の病気の典型として不安神経症（パニック障害）を比較してみる。癌は悪性腫瘍として一つの実体的存在である。レントゲン、ＭＲＩやＣＴを撮って、ここに癌があるというように、はっきり目に見えるものとして存在するが、心の病では、そういう訳にはいかない。

例えば、「ここに、不安神経症（パニック障害）という固まりがありますよ」と目に見える形で示すという訳にはいかない。

それでは、不安神経症とは何か？ということになってくるが、不安神経症という言葉がある以上、それに対応する何かがあるはずである。それは結論から先に言えば、一つの特徴ある現象や比較的定型的な一つのパターン、または一つの構造という対応現象があるということだけであって、それに明確に対応する実体的な身体的変化というものは、今のところ、見つかっていないということである。

不安神経症を例に取れば「息苦しさ・呼吸促迫（困難）・窒息感、動悸・頻脈、胸痛・胸部不快感、めまい、冷や汗、吐き気、振え、死の恐怖、発狂恐怖、慢性的な不安・浮動感、不安による外出困難等の行動制限」等の症状・現象というパターンを示す病気というだけで、何か不安神経症的腫瘍が目に見える形で存在している訳ではない。

これは不安神経症だけではなく、他の神経症、さらには、うつ病や統合失調症や境界例といった心の病にも共通することである。近年の脳画像の進歩で統合失調症症状を来した人の脳画像において前頭葉や側頭葉の体積減少が見られるとのことだが、そうだからといって、精神症状を度外視してＭＲＩやＣＴだけで、統合失調症の診断を下すわけにはいかない。

もちろん、例外（脳腫瘍で精神症状を来す等）はあるにしても概ね、心の病に、身体的実体は明確ではない。

そして、その状態の診断や見極めは、ほとんどの場合、患者・クライエントの陳述を頼りにするより手はないのである。

b．心の病は一つの結果である

もう一つ大事なことだが、例えば、ある人が、食欲不振、胃部の痛み・不快感、吐き気を訴えて診察や検査を受けた結果、胃潰瘍が見つかったとすると、胃潰瘍という原因があって、食欲不振といった症状が結果として出現したと一応考えられる。これは、胃潰瘍という病変がなければ、そうした症状（食欲不振、胃痛・胃部不快感）は出てこないからである（ただ、身体病の場合であっても症状出現の過程は複雑で、以上のように単純に考えられないことも多いので、一応という言い方をさせていただいた）。

しかし、心の病では、事態はむしろ逆のことが多い。不安神経症を例に取れば、まず、呼吸困難や動悸・頻脈や胸痛などが出て診察を受けた場合、その身体的・精神的検索の結果、①狭心症や心筋梗塞、解離性大動脈瘤、肺塞栓症、気道異物、肺気腫といった器質的疾患は見当たらない、器質的異常はない。
②心理的に不安が強くなると症状が出やすい（誰かといると出ないが、一人だと出やすい）。
③不安に対して過度に敏感で、不安かどうか安全かどうかのこだわりが強い。
④絶対の安全、完全な不安の除去という不可能な願望を持ちやすい（だから、「器質的異常はありません」と言われてもあまり喜ばない）。
⑤人間として受け止めねばならない不安を受け止めかねる。つまり「絶対の安全という保証」「不安の除去」ということを他者に求めるという依存性が高い。

といったような特徴・パターンが出てきたら、不安神経症（またはパニック障害）といった病名がつけられる。

つまり、不安神経症という身体的実体的で明確な病変があって、呼吸困難・動悸・胸痛といった症状が出てくる訳ではなくて、①〜⑤の特徴の集約の結果として不安神経症という病名が採択される。

すなわち、癌の場合は全く無症状であっても、検診の結果、癌病変が見つかる時があり、無症状でも診断が下る場合もあるが（糖尿病なども血液検査の結果だけでわかる）、心の病はまず目の前に展開される症状で診断されることが普通である。

以上の諸点を見てみると、③〜⑤までは、普通の人間が共通に持つ傾向（弱点）が強くなったものである。

そして、③～⑤の結果として不安が強くなり、過度の不安は身体にいろんな現象・症状（都合の悪い、辛い心身の現象を症状と言う）を引き起こすのである。この精神身体反応は、自律神経系や内分泌系や神経筋肉系など種々の反応の結果として生じる。つまり②のようなことが起きる訳である。

だから、「私は今、不安神経症という病気に罹っている」という言い方は、正確に言えば「私は、種々の人間的弱点（不安を受け止められないといった）が強くなった結果、身体的精神的症状が出現し、不安神経症という状態に陥っています」という言い方が適切なのである。

つまり、不安神経症があるから、いろんな身体的精神的不安症状が出ているのではなくて、人間的弱点の結果として種々の不安症状が出現し、その不安症状を調べたり考えたりした結果、不安神経症という診断が得られる、ということなのである。

結論を言えば、不安神経症パターン（パニック障害パターン）という構造は考えられても、実体としての不安神経症病変を特定することは今のところ適切ではない。これは、統合失調症の場合でも同じ事情にあるように思われるが、この問題は、今後の生物学的知見を見ながら慎重に考えていきたい。

◆心の病は、身体的モデルでは理解できない

a．身体モデルでの理解は、治療妨害要因になりやすい

だから、心の病は、癌のような身体的疾病モデル（目に見えたもの、病変が原因で症状が出てくる、といった）では理解しにくいし、無理に理解しようとすると、誤解や偏見が生じたり、治療の妨害になりやすい。例えば、癌患者は癌病変を医師が除去してくれると考えて、そんなに間違いはないが、不安神経症の患者が、不安を医師が除去してくれると考えると、それは間違った理解なので（正しくは、不安を受け止めるのを医師・カウンセラーが援助してくれるという理解である）、治療は停滞することが多くなる。

b．万能感と実体化傾向→誤解から抜けにくい

ただ、精神医学は、身体医学の代表である内科学から分かれて出てきたものなので、どうしても身体的モデルを引きずっており、その結果種々の誤解が生じる。この誤解は、世に出ている多くの精神医学書（中には心理学の本も）にも、まだ見られているので、ここで正しく理解しておく必要がある。

こうした誤解は患者・クライエントの幻想的期待を生みやすい。それは、「自分（クライエント）」ではなく「医師」が、「不安を引き受ける」のではなくて「不安という嫌なものを除去してくれる」という、空想的願望で、それを肥大化させやすいのである。それは、医師の万能感をもくすぐるので、医師の方もなかなか克服するのは難しいことかもしれない（例えば、薬を出して「これを飲めば不安は消えますよ」という医師はかなり多いようである）。

さらに、人間は、ある現象を実体化して見る傾向も強いので、これも誤解から抜けにくい要因かもしれない。この医師万能視、治療者が全部治してくれる、という考えは、心理療法の基本である共同作業を難しくさせるので反治療的と言わざるを得ない。もう少し言うと、たとえ薬物療法を主にするとしても心の病気のほとんどは治療者と患者・クライエントの共同作業によるのでやはり治療者万能視は危険である。

◆精神・身体・社会モデルの必要性

ただ、それこそ、誤解のないように言っておくが、心の病の全てに身体的モデルが通用しないと言っているのではない。例えば、脳腫瘍で人格変化や幻覚妄想が生ずる時もあるし、また脳が萎縮するという目に見えた変化を伴う認知症では、身体モデルが必要になる（さらに、今のところ、はっきり証明されたかどうか確証はないが、統合失調症パターンやうつ病パターン、神経症パターンを引き起こしやすい生物学的要因があると思われる。筆者は、その知見を尊重するつもりであるが、だからといって、それだけでその各々のパターンが引き起こされるかどうかはわからない。従って生物学的見地を尊重しながら、疾患単位としての不安神経症や統合失調症は、今のところ存在するという証明はないので、身体的実体的疾患単位というよりはせいぜい一つのパターン、構造として存在すると考えておいた方が理にかなっていると思われる）。

この点を強調するのは、心の病の治療の場合、特に患者・クライエントの主体的関与が一層必要とされるからである。もっとも神経症・精神病の身体病変が特定されたとしても、治療の共同作業の重要性は変わらないので、構造・パターンか、身体的実体的病変かということにそうこだわっても仕方がないと思われる。実際の臨床では生物学的・心理的・社会的な知見を治療に結び付けていくことの方が大事なのである。

〔疾患単位とは、カールバウム[8]が初めて考え出したものである。その後クレペリン[9]は、同一の原因、同一の病状、同一の経過、同一の転帰、同一の病理組織変化を持つ病態を一つの疾患単位という概念でまとめ、これを疾患分類の基礎にし、今日広く用いられている。ＤＳＭ‐Ⅳも、クレペリン的分類の現代版だと言われている。クレペリンは、梅毒による進行麻痺を疾患単位の代表的なモデルとして挙げ、早発性痴呆（現在の統合失調症）にも同様の推論を行ったが、まだ、そうした疾患単位があることは証明されていない。例えば、統合失調症の診断基準に「特定の脳病変」の存在がある、ということになっていない。にもかかわらず、治療者や患者や家族の多くが、この疾患単位説にとらわれているようである。しかし、再度繰り返すが仮に明確な脳病変があったとしても共同作業としての心理療法の意義は衰えることはない。現にいま、脳病変の明らかな認知症の治療に臨床心理士の方々が熱心に取り組んでいる〕。

逆に、癌にはしばしばうつ状態が伴うが、これは身体モデルだけで対応することは難しい。だから、心の病も身体の病も、各々、心と身体の両面を見る必要があり、さらには、心がいろいろな社会や対人関係といった相互関係の影響を受けることも考えれば、心理的・身体的・社会的モデルという多面的統合的な視点で病を見る必要があると思われる。

以上、心の病気についての筆者の考えの概略を述べたが、これも決定的なものではなく取りあえずの暫定的なものである。

第二節　病名の治療的利用

心の病気の特徴の次には、心の病気の病名について考えていく。ここでは実践に即して、実際の臨床では、病名はどのように扱われると、治療的になるかということを探っていく。その前に、今まで述べてきたことを踏まえて、まずは病気と告げることのメリットとデメリットについて考えてみる。

◆病気と名づけることの利点（治療的要因）と危険性（治療妨害要因）

a．病気告知のメリット

①治療を受けられる（病気と考えられずに自殺するうつ病患者が多い事実に注目のこと）（保険で、専門的な治療、相談が受けられる）。

②免責と休養（この間に負担を取り除き、疲労を軽減し、エネルギーを回復し、心の整理が可能になる）（怠けではなくて、病気と認定されると安心して休める）。

③家族、職場、関係者などの接し方に変化をもたらす（本人を責めることや有害な励ましが避

けられ、本人への理解が正しくなり、本人をほっとさせることができる)。

④自己を振り返られるチャンスが与えられる(病気の原因を考えることによって、自分の強過ぎる要求、無理なライフスタイル、周囲への合わせ過ぎ、自分自身の偏った性格を反省し、うまくいけば自己変革につながる)。

b. 病気告知のデメリット

①誤解と恐怖を引き起こす危険性(精神科医から病気と言われただけで、不治の病にかかったとか、やがて廃人になるのではないかと思い込んでしまう危険性。特に統合失調症などを疾患単位説で考えてしまうと、宿命でどうにもならないと考えやすい。最近、精神分裂病の病名が統合失調症に変わったことで、宿命観は少しましになったような気もするが、相変わらず統合失調症という病名に押しつぶされている患者は多い。ただ、統合失調症という病名変更そのものは、統合失調症というものに向き合いやすくさせたという点でプラスになっていると思われる。大事なのは統合失調症という診断はゴールではなく、治療の仮の出発点に過ぎないということである。そこで留まっていると確かに統合失調症に圧倒されてしまう)。

②異常意識を強く持たせる危険性(自分は精神病になった、異常者になったと考え、もう誰からも普通扱いされない、人間扱いされないと思い込み、引きこもってしまうことがある)。

③自己否定の意識を強めること。自己否定だけに釘付けになってしまうこと(心の病が、人間

的弱点の積み重ねの結果であると正しく認識すれば、立ち直れる可能性は大きいし、何よりも心の病を人生の再出発のきっかけにしやすいが、病気にマイナスのイメージしか持てていないと、自己否定の状態に止まってしまう)。

④責任からの逃避（先のメリットとは逆に、人生の課題から逃避する目的で病気を利用する場合)。

⑤劣等感、敗北感、挫折感、憂うつ感、後悔などを生じさせること。

c．病気告知はメリット・デメリットを考え、適切にすること

以上からわかるように、病気と告げることにはプラスもマイナスもある。だから、治療者は、このことを踏まえ、本人が誤解や恐怖や絶望に陥らないように配慮しながら、病気ということを踏まえて自己実現や自己成長へとつながる道をクライエントと共に模索することが重要である。つまり、心の病は実体・宿命として存在するのではなく、一つの便宜的な概念であり、それは、自己変革・自己成長への出発点であると捉えることが大切なのである。自己成長と言うと大げさに聞こえるかもしれないが、少しでも生きやすくなるだけで、それは立派な成長である。

第三節　病名告知のメリットとデメリット

病気告知の次は病名告知のメリットとデメリットについて述べるが、これは病気告知の場合と

かなり似てくる。ただ、病名は病名特有の問題があるので、そのことを考慮しながら病名について述べてみる。

◆心の病の病名の特殊性（多彩、変化、合作）

まず、心の病の場合の病名には、次のような特有の特徴がある。

①教科書の病名は純粋型・理想型（DSM-Ⅳなどでは、病名がきっちり分けられているようだが、実際にはパニック障害に身体表現性障害が加わったり、強迫性障害に妄想性障害が併存したり、多数の病状・病名が一人の人間に同時に存在することが多い。従って、病名とは、その時点で一番優勢になっている病状に基づいてつけられるに過ぎない。多彩な病状を一つの疾患単位で括ることは無理がある）。

②病状（病名）は時間的に変化する（強迫症状が時とともに妄想状態になったり、統合失調症状態が神経症状態になったりするのは、よく見られることである）。

③病状（病名）は、患者と治療者の合作の面がある（患者・クライエントがある治療者の前では拒絶・不信・妄想といった病状を呈するが、別の治療者の前では心を開きよく喋ることがある。このような場合、前者では統合失調症の妄想型とされ、後者では、妄想がかってはいるが対人恐怖に過ぎないとされることもある。また、病状の変化はそうなくても、治療者によって見方が違ってくると診断も違う。このように、病名や病状は関係の中で生じ、

合作となることも多い。もちろんどの治療者が見ても変化しにくいという病状、病名もある）。

以上の三つの特徴は、身体病でも時として見られるが、心の病の場合、その頻度・程度が強くなるようである。ただ、心の病でも、単一で、時間的な変化がなく、どの治療者でも同じ診断という場合は、もちろんあり得る。

◆病名をつけることのメリット

①治療者は、病名を知ることで、そのクライエントの理解が深まる。この時、病名は、共通言語のようになるので、文献を調べたり、他の治療者やスーパーヴァイザー等とその病名（共通言語）を使って相談しやすい（例えば、「このクライエントは境界例です」という代わりに、「このクライエントは、対人関係が不安定で、見捨てられ不安が強く、行動化が激しく、希死念慮も強くリストカットも頻繁で、親や治療者へのしがみつきも強いクライエントです」と言わねばならないとしたら大変である。だから、病名を使うと、スムーズに話が進むという便宜さがある）。

②病名をつけ、そのクライエントの理解が深まることで、適切な治療方針が立てられる（例えば、神経症パターンと精神病パターンと境界例パターンでは、治療方針は多かれ少なかれ違ってくる）。

③病名を出発点としていろんな想像が湧き、それが治療に寄与する。
④クライエント自身も、病名を知ることで、自分自身を知ることに繋がり、治療や自己成長の役に立つ。
⑤病名をつけると保険で、専門的な治療・相談が受けられる（アメリカでは、DSM-Ⅳに沿った病名をはっきりつけないと保険がおりないそうである）。

といったメリットである。いずれにせよ、何らかの現象に名前をつけることは、それなりの意義がある。我々は名前が付いて初めて観察したり研究したり議論したりできるからである。名前をつけることは、科学の始まりであるとはよく言われる所以である。

◆病名をつけることや告げることの危険性やデメリット

ただ、病名をつけることは、先の病気の告知と同じく危険性やデメリットもある。

①病名をつけることで、理解を広げ深めるというよりは狭い理解になってしまい、有害な割りきりになる（例えば「統合失調症や境界例だから治らない」という理解である。この二つは、確かに時間もエネルギーもかかるが、決して治らない病態ではない。その時、治療者や患者・家族にあきらめが生じてしまうと、不幸な悪循環（治らないと考える→熱心に治療しなくなる→状態が悪化する→やっぱり治らないという考えが強化される）が形成され、治りにくさが一層強くなる。本書事例では、他の精神科医に匙を投げられた慢性統合失調症

患者や境界例の治療過程を示し、それらが治らないものではないということを示したい」。

②同じことであるが、治療方針が単調になる危険性がある。病名を出発点として想像を広げるのとは逆に診断や病名を閉ざされたゴールのように考えると、病名は治療妨害要因になりやすい（例えば、うつ病には薬物療法と考え、家族療法や夢分析療法等の治療の可能性を考えないとなると、うつ病に対する薬の効果はせいぜい六〇～七〇％であり、また再発を繰り返しやすい現実の中で、薬で治らないうつ病の患者はどうすればいいのだろうか？逆に、境界例やパーソナリティ障害に薬が効かず、それらは心理療法しかないと考えるのも早計である。十分な下準備をした後、薬を出すと、そうしたパーソナリティ障害にも薬が援助となる）。

③一旦つけられた病名にとらわれると、大変な悲劇が起きる（例えば、神経症性の筋緊張性頭痛という病名がつけられた後、いくらその頭痛が激しくなっても、それ以外の病名は考えられず、実は脳腫瘍を見逃してしまったという悲惨な例がある。筆者はうつ状態や幻覚妄想状態を呈した患者でもＭＲＩやＣＴを撮る時があり、それで、二、三の脳腫瘍を発見した覚えがある。身体一本やりも恐いが、心理一本やりも同様に恐ろしいものである）。

④病名による患者側の誤解（例えば、巷間では「うつ病は、薬できれいに治ります」ということが、今でも流布しているようであるが、クライエントがそうした誤解の上に乗って、うつ病という診断を受けたとして、薬で治ればいいが治らなかった時、どうするのか？とい

うことが問題になる。この時は、病名のみならず、治療方針なども見直しの対象になる）。
⑤病名による患者・家族側の絶望（例えば、あまり配慮のないまま「あなたは（あなたの子どもは）統合失調症ですよ」と言った場合、本人や家族の中に「統合失調症＝普通の人間から脱落し、普通扱いされず、普通の生活ができない＝就職や結婚や普通の生活はあきらめる」または「統合失調症＝不治の病＝治療はあきらめる」「統合失調症＝遺伝する＝結婚はあきらめる」といった思いが生じ、それらに引きずられることは、治療妨害要因になっていく）。

ということで、いずれも病名を固定的に実体的に捉え、想像力を閉じ込めてしまうと治療妨害要因になりやすいようである。

◆病名告知のポイント

以上を踏まえて、病名告知の治療ポイントを挙げてみる。

①すぐに告知するより、病名を巡っていろいろ話し合った方が望ましい。それにより、患者・家族の恐れ・誤解・偏見を浮き彫りにし、それらの緩和・是正に寄与する治療的メリットがある。
②病名を単に告げるよりも、病状とその構造、背景の理解などを患者と共有する。
③病状の理解の共有に基づいて、通院・治療的対話・服薬など、治療の必要性や治療目標につ

いての自覚を強めることが望ましい。
④場合によっては、病名がはっきりすることで安心することも多いので、その時は適切な病名を伝える。
⑤病名や病状を患者に考えさせることは大事だが、患者・家族だけでは手に余る場合も多いので、治療者も適切な場面で自分の意見を言うことが望ましい。しかし、言い放しではなく、治療者の意見に対する相手の反応を聞くべきである。

第四節　役立つ診断について

病名のついでに診断についても述べておく。役立つ診断は、単に病名だけではなく、以下のようなきめ細かい診断になる必要がある。また、治療者の診断は、いずれ患者と共有できる診断になる方が望ましい。最終的には、クライエントの自己理解が目標だからである。
①病名の診断（例えば統合失調症であれば、神経症的要素もあるような統合失調症か、妄想的要素が強いかとか、病名の詳しい内容が知りたい）（また単一の病名でない場合は、優勢な病名から順番に提示することが望ましい）。
②状態像の診断（不安状態、うつ状態、幻覚妄想状態、精神運動興奮状態など）。
③自我のレベル（強さ―脆さ、柔軟性―硬さなど）の診断（具体的には、現実吟味、不安・不

満耐性、言語化の程度、不満・不安に対する対応能力、コミュニケーション能力、自己肯定・自己受容の程度、感情に対する安定性等）。

④何歳ぐらいの自我年齢（精神年齢）か？（例えば〇～四、五ヵ月の自閉期・共生期、五ヵ月～二歳の分化期、二～五、六歳の個体化期、五、六～十一、十二歳の自我確立期、十一、十二～成人の同一性確立期によって、それぞれ対応が、「holdingや安全感保証中心」「共感、受容、枠付け、万能感を満足させるやり方」「客観化、明確化、現実吟味、脱錯覚中心」「直面、明確化、洞察指向、徹底操作中心」「内省、自己観察による合理的な問題解決を進める」というように違ってくる）

⑤どんな感情が強いか？（不安、抑うつ、怒り・イライラ、葛藤・迷い、困惑、虚しさ・寂しさなど）

⑥社会適応レベルは？

⑦家族など本人を取り巻く状況は？

⑧本人の課題は？

⑨治療目標、治療方針の診断。

⑩治療の困難度の診断。治療者側の診断。治療者の治療能力の診断。

⑪その時点での最適の対応と不適切な対応は？

⑫身体病の有無、身体状態の評価。

といったようなことが明らかになると理想である。ただ、これも身体病と違う、心の病の大きな特徴であるが、こうした診断は治療が進むに連れて明らかになることが多く、身体病のように、診断がついてから治療を、というようにはならないということである。しかし、治療者としては、とりあえずは、その時点での診断（理解といってもいい）に基づいて、最適の対処を取ることが要求されているのだと思われる。

そして、可能な限り、こうした診断を患者・クライエントと共有しながら、治療という共同作業を進めていくのが重要である。

第三章　クライエントの質問に対して

第一節　患者・クライエントの質問の取り扱い方〔患者・クライエントの質問は丁寧に扱うこと（共に考えること）〕

◆望ましい心理療法家とは質問に応じてあげられる治療者

患者・クライエントは自分の病気や治療、将来のことに関して多くの心配をしており、治療者に聞きたいことは山ほどあるようである。患者・家族がこういう質問をするのは当然のことで、筆者の関わったクライエントの多くが「望ましいカウンセラー」の条件として「聞くだけではなく、質問に答えてくれる人」となっているのも無理はない。

◆基本的六大質問

では、患者・クライエント、家族はどんなことを聞きたがっているのかといったことについて少し記してみる。それを列挙すると

①自分の状態は病気なのかそうでないのか？　病気なのか性格なのか？
②病気だとしたら、どんな病名なのか？　病名は？
③病気の原因は何なのか？
④治るのかどうか？
⑤治るとしたらいつ頃治るのか？

⑥どうしたら治るのか？
⑦将来はどうなっていくのか？　見通しはどうなるのか？
⑧（いろんな事態に対して）どうしたらいいのか？
⑨薬の副作用は？　依存性は？
⑩子どもに厳しく接すべきか？　受け入れるようにしていくべきか？

というものがあるようである。こうした問いはそれこそ無限といってよいほど多様なものになってくるが、これらの中で多いのは、病気、病名、原因、治癒可能性、予後（見通し）、治療法といったことである。これを、患者・家族の「基本的六大質問」（①〜⑥）と筆者は呼んでいる。もちろん、治療法と関連する「どうしたらいいか質問」もかなり多い。

◆質問に答えることの難しさ

これらは、患者・家族にしてみたら全く当然の質問であるが、よく考えてみると、答えるのがかなり難しい根源的問いである。というのは正しく役に立つように答えることが重要であるからである。しかし、何が正しく何が役に立つかは、一人一人によって違ってくる。また、今述べたように心の病気に関しては、身体の病ほどクリアーにならず、極めてファジーな（曖昧で不明確）ことが多い。治療者が正しいと思って答えても、クライエントがその意図を間違った方向に受け取り、悪化するということもあり得る。だから、これは深遠な哲学的問いと同じくらいに答えることが難しい問いなのである。

しかし、治療者はこれらの問いから逃げる訳にはいかない。問いに答えないことは、クライエントそのものを否定すること等にもつながり、安易に答えるのと同じくらいかそれ以上に不信や悪い結果を招くことがある。従って、これらの問いをきっちりと受け止め、患者・クライエントの治療に役立つように返すことこそ治療者の役目である。

ということで、この質問に答えていくことも、心理療法の基本中の基本である訳だが、こうした基本的質問以外にクライエント・患者・家族は様々な質問（「薬はいつまで飲まねばならないのか」「入院する必要があるのか」「結婚や就職ができるのか」「結婚や就職の際、病気のことを言うべきか」「今の医師・カウンセラーで治らないが、他の治療者に代わった方がいいかどうか」「妊娠中、薬はどうしたらいいか」「本人が病院に行こうとしないがどうしたらいいか」「家で暴れているがどうしたらいいか」「叱るべきか優しくすべきか」「学校や会社に行かないが、それを勧めるべきかどうか」など）をしてくる。もちろん、これらに対してもケースバイケースで、どうするのが一番いいかを答えるのはやはり難しい。

◆答えるより共に考えることが重要（相手の力を引き出す）

ただ、難しいといっても、クライエントの質問は、治療の核心や根源に触れるようなものが多いので、この質問を共に考えることによって、クライエントが自分の問題や治療の本質の理解につながり、本人の洞察や気づきが進むことが多い。

また、答えられない質問に無理してすぐ答えようとするより、なるべくクライエントに考えさせることが大事である。治療者の役割は、クライエントが重要なことに気づけるような産婆役のようなものである。

こうした問いを正しく受け止めるということは、機械的に単純に質問に答えることではない。もちろん、簡単に答えた方がいい場合もあるが、筆者の経験では、その質問を巡って患者と共に考え、もっと言うとクライエントに考えさせる方が治療的であったように思う。その方が、患者の自己理解などが深まり、また治療者に教えられるより自分で答えを見つける方が（治療者の援助を借りたとしても）自分の身につくからである。これは、一種、仏陀の応機説法やソクラテスの産婆術に似るのかもしれない。

それで、以下の基本的六大質問に対する対応であるが、それは既に以前の拙著（『境界例の治療ポイント』[10]）で詳述したので、ここでは要点だけを記す。

第二節　病気かどうかの質問に対しての対応

◆心の病かどうかの問いは切実

治療中、特に治療の開始に当って、しばしばクライエント・患者・家族から「私のこの状態はいったい病気なんでしょうか?」「この子は病気と言えるんでしょうか?」といった質問がなされる。この問いは切実だし、治療上もこの質問に対して適切に答えることはとても重要だが、先ほど記したように心の病気の概念そのものが曖昧なため、答えるのは大変難しい。ただ、このクライエントの切実な問いを共に考えていくのは、大変治療的である。

◆病気かどうかの話し合いについて

それでは具体的にどうするかということだが、はっきりしたマニュアルがある訳ではない。如何に記すのは筆者のやり方のほんの一例である。

①まず相手の質問を当然のことだと理解して、その問いは大事だと尊重する。
②治療者は〈その問いに正しく答えたいので、どういう点で病気かどうか知りたいのか〉をクライエントに聞く。
③クライエントが偏見・誤解(特に精神病に対して)を持っていればその訂正を図る。
④単に治療が必要かどうか聞きたい、ということであれば、自分の問題が自分や周囲の力だけで解決できるかどうか聞く。解決が難しければ、病気ということにしておいた方が、保険で治療を受けるなど、種々のメリットがあることを説明する。
⑤いずれにせよ、人間の心には健康な部分と不健全な部分があり、その不健全部分が優勢になった時、病気と名付けるだけであって、健常者との連続性を理解させる。

ただ、実際の治療に関しては、まさに千変万化、出たとこ勝負である。

◆病気かどうかの質問に対する答え方の実例

ここでは実際の例を挙げるが、もちろん典型例という訳ではない。

【事例B】〈うつ状態と思われる四十歳の会社員〉

Bは、仕事が行き詰まった後、底知れぬ憂うつ感、無気力、焦り、集中力の低下、不眠、食欲不振、頭重感などが生じ、上司から精神科を受診するよう指示された。B自身は、そんなところへ行く必要はないと思っていたのだが、上司の命令ということで仕方なしにやって来た。Bは、ひとしきり状態を説明した後、次のように聞いてきた。

B「先生、いったい私は病気なのでしょうか？」①

治療者〈その質問はとても大事な問いですね。ちょっと一緒に考えていきましょう。その前に、病気かどうか知りたいのはどういう点でなのか、少し教えていただくと助かるのですか？〉②

「うーん。そう言われるとどう答えていいか。……そう、もし病気だと治療せんなんですね。それを知りたいのかな？」③

〈では、治療が必要かどうかに話を絞りましょう。そうだとすると、今、あなたは困っているし、苦しんでいますね？〉④

「ええ、確かにその通りです」⑤
〈その状態から、一人で抜け出せそうですか?〉⑥
「いや、いろいろやってみたんですが、だめでした。夕方、いやいやながらテニスをして身体を疲れさせたら眠れると思ったのですが、全然駄目です。寝よう寝ようとしても頭は冴えてくるし、明日の会社のことが心配になるし、昼間も苦しいですが、夜はもっと苦しく恐いです」⑦
〈ということは、一人では解決は無理だから、専門家と相談しながら解決を図った方がいいということですね?〉⑧
「ええ、そうですが、いったいどうすれば、いいんですか?」⑨
〈後で詳しく説明しますが、まずは薬で心身の疲労を取り、気分を明るくし、さらに休養すると共に、二人であなたの問題について話し合っていくということですが、それはいかがですか?〉⑩
「それはわかるし、そうさせていただきますが、そうすると私はやっぱり病気なんですか?」⑪
〈やっぱり、そこが気になるんですね。治療が必要なことはわかられたようですが、なお病気かどうか気にされるのはどうしてですか?〉⑫
「病気にかかるなんて、しかも精神の病気にかかるなんて、自分はなんと弱い人間、なさけない人間のように思えるんです」⑬
〈その気持ちはよくわかりますね。ただ、病気は弱いからなるとは限りませんよ。病気というのは、今のままだけでいくと行き詰まりが来る、少し軌道修正した方がいいというサインでもあるんです。だから、これを機会に今までの自分を振り返ると一段とあなたは大きくなると思われますが。もちろん十分な休養をとってからの話ですが。……いずれにせよ、今の話、どう思われました？〉⑭

「それもわかるんですが、どうしても自分が弱いだめな人間に思えて……」⑮

〈そうですね、確かにそんな気にさせられますよね。よもやこんな状態になるとは思ってもみなかったですものね。まあ、これに関して、あなたが、自分のどこを弱いと考えられているのかは後でゆっくり聞きたいと思いますが、ただ、自分の弱さを見つめられる人は、逆にかなり強い人間になっていく可能性があると思われますが？〉⑯

「……そうですね。先生の言うとおりかもしれません。この機会に休養して考えてみます」⑰

この後、Bは抗うつ薬、安定薬の投与、休養の処置で、睡眠、食欲とも良好になり、うつ状態も改善していった。そして自分の問題点（仕事一筋、完全癖、休養が取れない点、真面目すぎる点、自責的なところ、過剰適応）を見つめていく中で、自分の特徴のいい点は伸ばし、具合の悪い点は修正を考えるといった形で、仕事に復帰していった。病気かどうか気にしていた点は良くなるに従ってほとんど話題に上らなかった。

（事例Bの解説）

Bに限らず、患者が、自分の状態が病気であるかどうかを聞いてくるのは当然のこととはいえ、その質問は自分（の状態）に向き合うことにつながっていくわけで大変重要な質問である。従って、②のように自然にそれはとても大事な質問だと返しておくことが相手を尊重したことになるし、第一の重要な作業になる。

しかし、患者が病気かどうかを聞く時の背後の気持ちには相当複雑なものがある。例えば、「俺は病気と言われるほど重症になったのか」とか「精神病になってしまった。終わりだ」といったように暗く考える場合とか、「病気なら休める。ほっとする」といった場合とか、純粋に「治療が必要かどうか気になる」といった気持ちまでいろいろである。従って、②のように、病気かどうか知りたがる背後の気持ちを聞くことが、第二の重要な作業になる。

それに対してBは治療の必要性の有無（病気かどうかという質問の形で彼が聞きたかったのはこの点だったのである）について聞いてきた。治療者としては、当然治療が必要だと思っているから、ここで「ええ治療が必要ですよ」と言ってもいいのだが、より彼の自覚を深めるために、④から⑩までの質問の作業を行い、治療の必要性についての認識を深めてもらった。

しかし、Bはなお病気かどうかにこだわったので、その背後を聞くと、「心の病は弱い人がかかるので、自分は駄目な人間だ」という否定的感情が出てきた。この手当てを⑭と⑯（病気は自己変革のサイン、弱点を見つめられる人間こそ強い人間）で行った。これは、病気告知に伴い、患者が陥りやすいデメリットな感情に対する手当てで、第三の重要な作業になるであろう。

これでわかるように、「病気ですか」という一見単純な質問に対しても、これを治療的に生かすためには、これだけのことを考えておかねばならないということである。

それともう一つ、やりとりを見てわかるように、治療者はほとんど質問ばかりをして、あまり答えていない。これは、相手に考えてもらう方が相手の力になるし、相手と共に考える方が、相手とずれなくていいと思われたためである。

最後にもう一つ。このような事例では、問われるままに「病気です」と答えても、「病気ではありません」と答えても、どちらもあまり治療的な意味はないように思われる。ここでは、問うことによって、質問が最初の意味から引き離され、より高次の智慧（本質的部分の把握）に導かれていっているのである。

【事例C】（不登校と家庭内暴力で相談に来られた母親の例）

思春期は、一つの危機の時代とも言われ、よくこの種の問題で悩まれ相談に来られる家族が大変多い。Cの息子（中学三年生）は、試験の成績が悪かったことと親に注意されたことで、登校しなくなり、しかもそれを注意すると暴れ出すといった状態になり、困ってしまった母親が相談に来られた。母親はひとしきり事情を説明した後、次のように聞いてきた。

C「先生、うちの子はいったい、病気なんでしょうか、性格的なものでしょうか」①

治療者〈そうですね。その質問はとても大事な問いですね。早速それを考えていきましょう。それで、まず、お母さんから見て、性格的なものはどんな点か、病気と思える点はどんな点か教えてもらいますか？〉②

「うーん……。何かわがままな点とか、気にしすぎるところとか、引っ込み思案な点は性格といっていいと思うんですけど、でもちょっとしたことだけで学校へ行かなくなったり、自分の部屋へ引きこもってしまったり、物を壊したり、親にまで暴力を振るうなんて病気としか思えません。あまり病気とは思いたくありませんが」③
〈わかりました。そうすると、その不登校、引きこもり、暴力・破壊行動ですが、このままにしておいたらどうなると思いますか?〉④
「そこがわからないので、心配なんです。どうなるんでしょうか?」⑤
〈では、この問題をあなただけで考えていくのは難しいということですか?〉⑥
「ええ、それはもちろんです」⑦
〈そうすると、精神科医やカウンセラーといった専門家の援助が必要だということですね?〉⑧
「そうなんです。お願いします」⑨
〈わかりました。それでは、こうしたことが性格であろうが病気であろうが、とにかく専門家と共に、解決を考えていかねばならない問題だということですね?〉⑩
「そうだと思います」⑪
〈では、見通しや対策を考えるために、もう少し詳しく背景を伺いましょう。いいですか?〉⑫
「ええ、いいんですが、その前に先生、うちの子はいったい病気なんでしょうか?」⑬
〈今までの話だと、性格か病気かは別にして、とりあえず専門家と共にこの問題を考えていけばいいということだったですよね?〉⑭

「ええ、そうですが」⑮
〈それでも、病気かどうか心配されるのはどうしてなのかな？　もちろん心配していけないとは言っていませんよ〉⑯
「いや、もし精神病だったらどうしようかと思って心配なんです」⑰
〈精神病ならどう心配なんですか？〉⑱
「そう言われると……。いや、もし精神病だったら、もう治らないし、きちがいということになってしまいますし……」⑲
〈あなたは、精神病が不治の病だとか、精神病者が普通の人間から全くはずれていると思っておられるんですか？〉⑳
「えっ。そうなんですが、違うんですか？」㉑
〈精神病は確かに、治療するのに時間とエネルギーはかなりかかりますが、不治と断定はできませんよ。治っている例もかなりある訳ですから。それに、精神病の方は、不健康な部分はもちろんありますが、普通の人間と同じく健康な部分もかなりあるんですよ。あなたは、いろいろ知った上で、精神病が不治だとか、普通から全くはずれているとおっしゃったんですか？〉㉒
「ごめんなさい。私、つい自分の偏見だけでものを見てしまって」㉓
〈あやまる必要はありませんよ。やはり、ご自分のお子さんがこうだと悪い方に悪い方に考えてしまいやすいもんですものね。ただね、精神病に対する偏見を持ち続けていますと、いつもその恐怖に圧倒されて、子どもさんを正しく見られないことが、心配なんです。それと、もし精神病の部分が出てきたらそれはそれで治療していけばいいんですから。……今の話、どう思われました?〉㉔

「今のお話、伺って安心しましたが、それでうちの子は精神病なんでしょうか?」㉕

〈お母さんは、少し、精神病に関する本を読んだことがありますか?〉㉖

「ええ、それは、もう心配になったので、いろんな本をあさりました。よくわかりませんでしたが」㉗

〈それでは、わからないままでいいですが、精神病の症状について記憶に残っているものがありますか?〉㉘

「なんか、はっきりわからないけど、妄想だとか幻聴とか、支離滅裂なことを言うとか、独り言を言うようになるとか……」㉙

〈よく、わかっておられるようですが、それで、そういう症状がありますか?〉㉚

「今のところ、ないように思うのですが、でも心配で心配でたまりません」㉛

〈安心感や保証が欲しいんですね?〉㉜

「ええ、そうなんです」㉝

〈今のところ、あなたのおっしゃられるように、精神病のサインは、見つかりませんが。ただ、将来、精神病の部分が出てきたら、諦めるんですか?〉㉞

「いえ、そんなことありません。頑張ります。ただ、もう心配で心配でたまらなかったんです」㉟

〈まあ、その気持ちはよくわかりますから、これから腰を据えてお子さんの問題を考えていきましょう?〉㊱

「お願いします」㊲

その後、子どもの生活史、子どもと両親の関係に関する歴史などを話し合い、その上で、子どもに対しての理解を深め、その主体性を尊重する方針で進んだところ、問題は数ヵ月ほどで解決していった。

〈事例Cの解説〉

これは、背後に精神病の恐怖があった例で、その偏見の是正と、正しい治療の取り組み方がテーマになった例である。

この事例のように、病気かどうかの問いの背後には、精神病かどうかの不安があることが多いので、そこをいつも考えておく方がいい。また、無理に早急に精神病に対する偏見の是正を急がない方がいい。じっくり相手のペースに合わせる方がいい。

なお、最近では親が「この子は発達障害ではないかどうか」と聞いてくることが多くなった。この場合も、それを聞きたい理由を聞いて「もし発達障害ならあんまり頑張れと言わないようにします」ということであれば、「じゃ、発達障害的な傾向を感じたら、子どもに過度の負担をかけないように、そう考えて子どもに接しましょう」という言い方で、適切な親子関係を模索していくようにしている。

第三節　病名告知を巡っての実際のやりとり

◆病名告知の場合の注意（病名の治療的利用）

病気の場合だけでなく病名告知の場合でも、治療上一番大事なことは、クライエントの病状とその構造、背景、症状成立要因等を、クライエントと共に考え、それについての理解を共有し合うこと、そしてそれに基づいて治療方法を探っていくことが大事である。

また、病名告知の中で起きる様々な絶望感や恐れ、一面的な解釈や誤解、偏見等に気をつけねばならないし、それらが出てきた時には、それを改めるといった手当てが必要となってくるということも重要である。これらは先に述べたが、もう一度要約すると、病名告知のメリットを増やしデメリットをなるべく最小にしていく、または偏見というデメリットをそれの改善の機会というようにプラスに考えていくといったことになる。いずれにせよ、患者が、病名を治療に役立つように利用できること、これが最大の目的である。

それでは、実際に病名を聞かれた時のやりとりを示す。ただ、注意しておく点は、前にも述べたように、このやり方は単なる一例であって、決してこれをマニュアル化して考えないようにしてほしいということである。病名告知に関しては（他の場合でもそうだが）、各事例、各場面によってそのやりとりが、それこそ千変万化すると言える。

【事例D】（統合失調症を恐れる二十四歳男性の、病名告知を巡るやりとり）

Dは、三回ほど精神病院に入院歴がある。入院理由はいつも「周囲のことが気になる」から始まって、被害妄想、幻聴、他者（うわさや悪口を言ってくる）への攻撃といった症状と、抑うつ感や希死念慮がまじるうつ状態を呈することであった。ただ、うつ状態にある人は自責的になるという場合が多いというのが一般的だが、彼の場合は他責的になり、うつの原因を家族のせいにしていた。また入院していない時でも、自信がなくイライラして家で引きこもっているという状態だった。そしてDは、なかなか良くならないことに苛立ち、家でも荒れるため、家族共々筆者の元に相談にやってきた。

筆者はまず、今までの病歴や治療経過、今後の治療目標等を聞いて、相談に乗り続けるという約束をしたところ、二回目ですぐに彼の方から病名の話が出た。

以下、やりとりを示すが、今回はやりとりの後に解説をつける。

D「先生、いったい、僕の病名は何なのですか?」①（筆者は、以前はこう聞かれることを恐れていたが、今はクライエントが、自分自身の理解を深める絶好のチャンスだと、むしろ歓迎している）

治療者〈病名が気になるんですね。患者さんとしては当然のことですよね。……ただ、どういうことで気になるか教えてもらえるとありがたいんだけど……〉②（このようにクライエントの気持ちを受け止め、その気持ちの背後を聞くことは、病名に限らずごく自然な作業である）

「先生、僕、統合失調症なんですか?」③（いきなりこう聞いてくるのは、結構、力を持っているク

ライエントである。もっと圧倒されている患者は、恐くてこういう質問すらできないし、病名のことまで考える力がない〉

〈統合失調症かどうか気になるんですね？〉④

「ええ」⑤

〈やっぱり、どういうことで統合失調症かどうか気になるのか教えてもらうといいんだけど〉⑥（ここも同じパターンで背後の気持ちを聴こうとしている）

この後、Dは入院中に医師のカルテを盗み見したら、Shizophreniaと書いてあったので、後で調べたり聞いたりしたら統合失調症（昔は「精神分裂病」、早発性痴呆と呼ばれていた）だということがわかって、すごいショックを受けたと言う。

〈統合失調症だとしたら、すごいショックなんですね？〉⑦

「ええ」⑧

〈どういうことで、ショックなのかな？〉⑨

「だって、統合失調症だと結婚できないし、治らないし、一生精神病院に入っている人も多い……」

⑩（ついに、彼の恐れているものが出てきている）

〈もし、統合失調症状態にあった人が、結婚できないし、治らないし、精神病院に一生おらんならんかったとしたら、それは確かにショックですわね〉⑪（ここではまず彼のショックを共感しようとしている）

「ええ……」⑫

〈ところで、どういうことで、そう思ったの？〉⑬（ここから、彼の偏見を是正していくための相互検討が始まる）

「だって、入院している人は、何度も何度も入院しているし、三十年以上も入院している人もいるし、結婚していない人も多いし」⑭（部分的な材料だけで⑩のような結論を出していることがわかる）

〈そういう部分を見れば、君のような結論を下すことがわからなくもないのですが、でも僕の経験した事実を言っていいですか？〉⑮（とりあえず彼の言い分を認めた上で、今から反対意見を言う準備をしてもらう。この「言っていいですか」という確認作業は、本人の集中力を高め治療者の発言の聞き取り力を高める）

「ええ、いいですけど」⑯

〈僕の経験やこれまでの知識によると、入院が続くかどうか、治るかどうか、結婚できるかどうかといったことは、本人や家族や治療者やそれに周囲の状況によって変わってくることが多いですが。だから、あなたが、統合失調症かどうかは別にして、たとえ統合失調症状態にあったとしても、治ったり結婚したりすることは可能ですよ。もちろん絶対とは言えませんがね。ただ、現に私の患者さんで、統合失調症状態を体験した人が治ったり、結婚したりする場合がありますが……。今の話、君に伝わりましたか？〉⑰（これは治療者の一番提示したいことだが、これ一回だけで患者の偏見が訂正されることはまずなく、何度も繰り返し話し合うことが必要になる）

「ええ、それは」⑱

〈では、今の話聞いて、君はどう思ったの？〉⑲（治療者は言いっ放しではだめで、クライエントの意見を引き出すことが重要になる）

「びっくりしました。でも、僕は難しいと思う」⑳（ここで、前の「不可能」から「難しい」という段階に少し移行していっている。また、「僕は」という発言が登場してきている）

この後、本人が悪い方に悪い方に考える癖のあることが確認された。それと同時に、自分が統合失調症を恐れ過ぎて、偏見（不治の病、普通の生活は不可能等）を持っていることも確認され、病名が何であるかよりも、こうした癖の克服、偏見の是正の方が重要であるという話になった。

さて、これでわかるように、病名に関する質問に対しては、ストレートに答えるよりも、なぜ病名が問題になるかを考えていく方が、クライエント自身の背後に持っている恐れや偏見、さらには、一方的な思考傾向といった問題点が明らかになってくる。そして、それらが明らかになるに連れて、本人の中で、治療目標がよりはっきりしてきて、それらが自覚と治療意欲を強化していく。

ちなみに、このDは、その後も自己否定的になったり、絶望的になったりということがあったが、それらを乗り越え、仕事ができるようになるところまでいっている。そして、ある程度よくなった時点で、再び病名の話が出た時、筆者は「確かに精神医学の用語で言えばあなたの以前の状態は精神病的部分（統合失調症的部分）やうつ病的部分が優勢であったと言えます」と述べ、それが気になるかどうか聞いたところ、「今は、自分がそういう心の弱さを持っていることが自覚でき、なるべくそうならないように気をつけていこうと思う。だから、病名とかはそんなに気にならないが、でも調子が悪くなってくると、また治らないいんじゃないかという気になったりするけど」ということであった。

いずれにせよ、こうした事例の場合は、病名告知という機会が、患者本人の偏見や考え方の問題点を是正するチャンスとして働いたと言える。

それから、単に名前だけとはいうものの、以前の精神分裂病という名に替わって統合失調症という名称になったことは少なからず精神病恐怖を減じ、病名についての話し合いがしやすくなったことは事実である。しかし、ある患者の手記(11)によれば、「患者の多くは統合失調症という名前に圧倒される」ということなので、病名変更だけではそんなに大きくは変わらない。やはり、統合失調症症状の解明がもっとなされ、統合失調症症状が「人間としての連続性の証」との理解が得られることが、治療の本質としては大事であろう。

第四節　心の病の原因について、どう答えるか？

◆原因は複雑極まりない

人間は困難に陥ると「なぜ、こうなったのだろう」とまず考える。そして治療者に対して「この病気の原因は何なのですか？」「いったいなぜこんな病気になったんですか」「育て方が悪かったんでしょうか？」「生まれつきなんでしょうか？」といった問いが、クライエント・家族から多く発せられる。

身体病でも同じ事情だろうが、心の病を引き起こす原因は、多種多様で大変複雑である。クライエント・家族の中には、医師が原因を知っていて、簡単に答えてくれるだろうと期待する方もいるが、とても一言で答えられるような簡単なものではない。それこそ、無数の因と縁が絡み、無限の業が積み重なっている結果と言える。

この原因の多様さ複雑さは、治りにくい、難しい病気であればあるほど強くなってくるが、簡単と思える例でも結構多くの要因が絡んでいる。

例えば、比較的簡単と思える中年男子のうつ病の一事例であっても、その原因を探ってみると、①状況的要因（高血圧になったショック、過労、オーバーワーク、転勤といった個人的要因や、業績不振や不況といった社会的状況因）、②身体的要因（高血圧の悪化）、③性格的要因（メランコリー親和型性格）というものが浮かんでくる。また状況的要因や性格的要因の追加として、今まで順調にきたことと、事例に見る順調希求姿勢（常に調子良く順調に行っている自分だけを本来の自分と考え、調子の悪い自分は本来の自分でないと切り捨てる姿勢）が挙げられる。そして、これらがお互いに関連し合って発病に至っているのである。

これでわかるように、簡単なように見えても、どれもこれも複雑な連鎖をなしていると言える。

しかし、これは別に心の病の原因だけに限らず、世の全ての事象は単純なように見えて複雑、また複雑に見えて意外と単純となるのかもしれない。病気の原因ということを考えると、筆者は、いつも華厳経の教え「一つの現象は、あらゆることに関係しているという一即多、多即一」を連想してしまう。

また、こうした性格要因が形成された背景を考え出すと、成育歴や両親の育て方、両親自身の性格といったことが問題になるかもしれないし、さらに深く考えると両親の性格が形成された歴史にまで立ち入らなければならないかもしれない。このこともあるのか、実際に三世代の家族史を調べて治療に生かす家系図療法というのもあるぐらいである。こう考えてみると、ある病状の原因というものは、どこまでも続く無数の要因の積み重なりの結果とも言えそうである。

◆原因探求は、物語の再構成のようになる

今述べたように、比較的簡単な「うつ病」を取り上げ、簡単であっても、それがかなり複雑な要因から構成されているということを見てきた。この複雑さは、統合失調症や境界例といった難しい病態になればなるほど、増大してきて、治療者を悩ませることになる。

これから考えると、心の病という事象は、先述したように、種々の因（結果を生ぜしめる内的な直接原因）と縁（外からこれを助ける間接原因）が、複雑に絡み合い、到底単純な因果律や自然科学の図式では律し切れないものだということがわかる。また、この因や縁の種類や程度、持

続時間、有り様、それら相互の関連の様態などは、個々の事例で非常に差があることも、容易に理解できることだと思われる。

従って、ある病気の原因を記述しようと思えば、それはほとんど物語のようにならざるを得ないと言える（身体疾患ですら病歴のことをhistoryと言う）。ユング[12]が「患者にとって、決定的なものは物語である」と述べ、土居[13]が「ストーリーを読むことの大切さ」を説いたのは、このようなことと関係している。

そして、治療において大事なのは、なるべく正確に真実を踏まえ、役に立つ物語を発見していくといったことになる。

◆原因探しの困難さ

さて、原因探求は、他の身体医学のように機械を使ってという訳にはいかない。もちろん、心の病でも、脳波やCTをとったりという形で機械を使う時があるが、基本は面接である。ところが、これが結構難しい場合が多い。

まず、第一に患者は精神的に混乱していることが多く、秩序だって表現したり説明したりすることが難しいことがある。クライエントの話にまとまりが欠け、一方的な偏りが見られ、同じ話を何度も繰り返すといったことは、日常茶飯事である。これは、何もクライエントだけに限らず、追い詰められた時に起こす人間一般の反応である。

そして、治療者は患者の自己表現を損なわない程度に、クライエントの話をまとめていく必要がある。

第二に、原因探求は、クライエントの陰の部分、秘密の部分の探求になることが多いが、それはクライエントにとって当然見たくない、触れられたくない部分である。だから治療上そこを見ていくことは必要なのかもしれないが、かなり精神的に落ち着いてきて、ゆとりが出てこないと、自分の影を見られないし、また治療者に対する信頼感が出てこないと、言えない場合も多い。

第三に、原因を探ろうとしても、クライエント自身が思い出せないことがある。特に急性の幻覚妄想状態の体験や、境界例や解離性障害で頻繁に見られる行動化（家庭内暴力やリストカットなど）の体験なぞを完全に想起することは困難なことが多い。これはそういうことを思い出したくないということもあるのかもしれないが、同時に一種の意識水準の低下があって、実際にそうした体験が記憶の中に刻み込まれていないのかもしれない。心的外傷を受けたケースやＰＴＳＤ（心的外傷後ストレス障害）の場合などは、特に想起が困難で、また不用意にそれを強制することで有害な結果を招くことがある。

こういうことがあるため、初期は特に原因が掴めないことが多く、治療の終わり頃になって、ようやく病歴の全体像や病気の原因がはっきりしてくるという場合がある。

これをもう少し詳しく説明すると、治療が進むに連れて、患者が安定し、ゆとりを取り戻し、また治療者に対する信頼感も育ってくる。そうすると原因に関連した影の部分を言いやすくなり、まとめやすくなる。そうすると、それがまた治療を促進することになり、そしてそれに応じてまた原因探求が進むということになる。

従って、治療が終結して初めて原因の全貌がわかったということがよくあるのだが、この点に、心の病の治療の特殊事情が現れているように思える。

第四に言えることは、原因は治療の進展によって変化する場合があるということである。どういうことかというと、治療を始めて、原因の探求をクライエントと共にしていくと、その進展に応じて患者の陳述が変わっていく場合があるということである。

例えば、境界例では、自分で苦悩を持っておけないことが多く、それを誰かの責任にせざるを得ない場合がしばしばある。具体例を挙げると「自分が今こんな『情けない、辛い状態』にいたり、自分の性格の脆さの原因は、母親の愛情不足にあるのだ、全て親のせいだ」と境界例患者が言うのは日常茶飯事のことである。ところが、それほど悪く言っていた親のことを、治療の進展と共に、自己や現実を見つめることができてくると、治療の途中で「実は、母親は愛情が薄かった訳ではなくていろいろ私にしてくれていた。私がそれに気づかなかっただけで、状態が悪い時には、母の悪いところしか見えなかった」と言ったりして、原因どころか病歴そのものが書き換わる場合も、かなりある。

◆真の原因とは患者の役に立つもの

さて、これまで、心の病の原因には多種多様の要因が絡み、治療の進展とともに原因も変化してくると述べたが、事態を一層複雑にしているのは、治療者によって原因に関する意見が違うということである。

具体的に言うと、ある者は遺伝や素質や体質因を強調したり、ある者は生理学的変化や脳内の生化学的変化を取り上げ、またある者は病前性格を重視し、さらにある者は早期の成育状況に注目したり、また別の人は現在のストレス状況や、家族に潜む要因を強調するといった具合になっているということである。そして、今挙げた原因は、どれもこれも一定の根拠があるため、聞かされた者は、そうかなとうなずくことになる。

こうした複雑さの中で、筆者の感じることとは、「真の原因とは、クライエントと治療者の双方がそうだと認めることができ、しかもその原因理解がクライエントの役に立つような原因のことを指す」といったことである。従って、真の原因と言っても仮説のようなもので、それはその都度、変わっていってもいいと思われる。

このことの例を挙げると、うつ状態で悩んでいた独身女性の治療中、うつの原因が、①なかなか自分が攻撃性を出せずに、自己主張できなかったことと、②周囲（特に母親）もそれを受け止めようとせず抑えつけていたことにあると、患者、治療者双方で認識したとする。そこで、この理解に基づいて、本人がもう少し自己主張をし、また家族もこの理解に基づいて本人のその主張を受け止めようとし、その結果、うつ状態が改善したとしたら、その原因理解は役に立った訳だし、従って①と②は真の原因と言える。

また、すぐに原因理解を行動に結び付けなくても、患者がなるほどこういうことが自分の苦しみの元であったのかと悟り、しかもそれを治療者と共有できたとしたら、それだけで、落ち着きと余裕を取り戻すし、また「なぜこんなに苦しむんだろう？　なぜなんだろうか？」という原因へのとらわれから解放されると思われる。

それ以外に原因がはっきりすることで過去へのとらわれがなくなり、未来の展望が見えてくるし、過去の物語が再構成されることにより、自分の人生に意味が見い出されるといった良い点もある。

従って、治療者は原因探求をする時、事実や真実を踏まえながら、なるべく役に立つ原因探しをしていくという態度が重要になると思われる。

◆「原因は何ですか？」という問いにどう答えるか？

では、クライエントのこの問いにどう答えれば、一番患者の役に立つかを考えていく。

まず、〈この質問はとても大事な質問です〉と尊重するのは、今までの大質問と同じだが、続いて〈原因探しは重要であるがゆえに、慎重に探っていきたい。そして探る上ではあなたの協力が必要ですが、よろしいですか?〉と言って、原因探求が共同作業によるということの了解を得ておく（クライエントは治療者を万能視しやすく原因を全て知っていると思い込みやすい）。

また性急に原因を聞きたがっている人には、〈早くすっとわかるといいんですが、なかなか簡単にわからないかもしれません。時間がかかってはいけませんか?〉と聞いていけばいい。これは暗に〈原因探求は腰を据えてじっくり取り組むべき課題ですよ〉と言っている訳で、それで満足しない人には〈そんなに性急に原因を知りたいのはなぜか?〉を聞いていくと、その人（家族）の事情や問題点が一つ明らかになるかもしれない。

それと、原因を知りたがる背景の心理を知ることも大事である。つまり〈原因を知りたいと思うのは当然として、どういう点で原因を知りたいのか教えてもらえるとありがたいですが〉とか、〈原因を知って、どうしようと思われますか?〉といったように聞き返すことも大事かと思われる。

そうすると、様々な応答（「家族の接し方が悪かったのか」「本人の性格に問題があるのか」「遺伝ではないか」というふうに聞き返す場合や「原因を知れば安心」という場合、また「原因がわかると、治療法がわかって、苦しさがなくなる」という願望を表明する場合等）が返ってくる。これに対して、例えば、最後の願望のような場合は〈確かに原因がわかると治療法や対策がわかる可能性があるかもしれませんが、すぐにそれが可能になるかどうかわかりませんよ。それに苦しさがなくなるというのは、あり得ないことで、治るとは苦しさを受け止めていくということですよ〉という意味のことを伝えるようにすることが大事である。

つまり、原因解明＝問題解決＝苦悩除去という単純な図式（患者はこうした幻想を抱きやすい）を〈原因がわかってくると、それを踏まえて自分の問題にどう向かっていけばいいか考えやすくはなるが、それが即問題解決とはならない場合もある〉という考えに変化させることが重要である。これは「原因がわかったのになぜ治らないのか」といった困惑の状態にクライエントを陥らせないための一つの予防とも言える。

このような準備をした後、クライエントと共に原因探求（物語の再構成）の旅に入るわけであるが、いきなりクライエントに対して〈病気の原因は何だと思いますか？〉と聞いていくのは、クライエントにとっては重い負担のように思われる。というのはクライエントは原因がわからないから来ている訳で、原因を教えてくれと言っても難しいことが多い。しかしながら、クライエントの協力がないと、原因探求はできない。もっと言うと真の原因を知っているのはやはりクライエントだけであって、治療者はクライエントの自己探求を援助することしかできないという事情があるからである。

それでは、どうしたらいいか？ということになってくるが、筆者は、この時〈原因は何かと聞かれても答えにくいと思います。でも間違ってもいいですから、何か思いつくことがありませんか？〉というような聞き方をする。これの方が〈原因は何ですか？〉よりも、患者に圧迫感を与えないですむからである（いきなり、問い詰めるような形をとるより、「ふわり質問」やそっとなでるような「羽衣質問」が望ましい）。

もちろんこうしても、何も思いつかなかったら、今度は病状が始まる前後のその人の生活状況、対人関係などを聞いていき、次いでその時の心理状態を探りながら〈このことは、発病と関係がありそうですか?〉と聞いていけばいい。

このように原因探求の場合は、まずクライエントの話を聞く、そしてなかなか原因についての話が出てこなければ、こちらが良質の質問をしていくといった具合で進めていくのが望ましい。

また、話を聞いている中で、治療者の方が、どうもこれが原因ではないかという考えが湧いてきて、しかも患者が自力で気づくのは難しいと考えた場合〈私はこういうことが原因だと思いますが、あなたはどう思いますか?〉と聞いて、患者から何か引き出すのもいいかもしれない。これに対しては、肯定的な答えでも否定的な答えでも無反応でも全てに意味が出てくる。

いずれにせよ、クライエント自身が自力で原因に気づく方が自分の力になりやすい訳だが、それはなかなか難しいことが多く、治療者はその気づきを助ける程度の役をしていくのがいいと思われる。以下、事例でもって原因探求の一例を示す。

【事例E】（原因探究に対する具体的応答例）〈女性境界例患者E（二十三歳）の父親面接〉

Eは美人で成績優秀な女子大生であった。大学卒業後、ある一流企業に就職したが、仕事のつまずきや職場の人間関係のトラブルで、出社できなくなった。引きこもった彼女は、抑うつ感を日増しに強め、ある精神科を受診したが、投薬だけの治療ということもあって、好転しなかった。そうこうしているうちに、リストカット、大量服薬があり、筆者のところに紹介されてきた。筆者は、境界例傾向を持つうつ状態と考え、カウンセリングを提案し、開始されたが、Eは表面的なことを述べるだけで、あまりカウンセリングが深まらず、五、六回で中断してしまった。そして再び、家での引きこもりが強くなると共に、父親への攻撃を中心とする家庭内暴力（父親を包丁で刺そうとする等）や自殺企図があり、たまりかねた父親（やはり一流企業の部長で高学歴のインテリ）が、筆者を訪れた。以下、その時のやりとりである。（　）内は筆者のコメントである。父親は娘のひどい状態を語った後、

父親「先生。娘はなぜ、こんなことになってしまったんですか？　本当に信じられません。何とか教えて下さい」（当然の質問）

治療者〈原因をお知りになりたいのは、当然ですよね。何か、これについて思いつくことがありますか？〉（ふわり質問で返す）

「いや、さっぱり。だいたい、それがわからんから来てるんですよ」（こうやっていささか怒った調子になるのもクライエントからしたら当然である）

〈そうですよね。原因がわからないから、お困りなんですよね。それで、早速それを探っていきましょう。どうですか、娘さんはいつ頃から変わってきたというか、具合が悪くなったような気がします？〉（前後の事情を探ることから始める）

「そうね……、やっぱり会社を休んだ頃かな」

すい〉

〈突然休んだんですか？　それとも休む前に何か前兆でもありました？〉（選択型質問の方が答えや

「そう言えば、休む前に、少し会社でうまくいかないことがあると漏らしてましたね」

〈その時、お父さんはどうなされました？〉

「いや、『会社に入れば、そんなことはよくある。はしかのようなものだから気にするな』と言ったような気がします。だいたい、あの子は、たいていのことではへこたれず、何でもこなしてきた子ですから」

〈それはすごいですね。それで、娘さんはどうされたようですか？〉

「いや、何も言わずに、自分の部屋に戻っていったように思います」

〈もし、その時、『どう、うまくいってないのかな』とか『言いにくいかもしれないけど、今悩んでること言ってごらん』と言っていたら、どうなっていたと思いますか？〉（こういうシミュレーション型の質問は、クライエントの想像力を広げ、治療のプラスになりやすい）

「（はっと、我に返ったように）そうか、そう聞けばよかったのか。それなら、こんなに娘を頑なにさせることはなかったのに。原因は、私が、娘に気配りしなかったことにあるようです。ちょうど、その頃、自分も大事な取引を抱えていて娘どころではなかったのです。よく、考えれば、娘は相当、仕事のことで悩んでいたのかもしれません」（大事な気づきだが、早わかりと思った方がいい）

〈まあ、すぐにそんなに決めつけなくてもいいと思うんですけど。さらに、探っていきましょう。娘さんが、引きこもるだけではなくて、お父さんに対してひどく攻撃的になりましたね。この時、娘さんは、どう言って攻撃されたのか覚えておられますか？〉

「いや、それなんですよ。娘は『こんなになったのは、お前（父）のせいだ』とののしるんですね。もう、頭に来ましてね。こんなに娘のことを思って、手塩にかけて育てたのにこんなこと言われるなんて。……それといつも娘には『人のせいにするな』と厳しく言ってますし、娘もそうしないで、ここまで来たと思っていたのですが、その娘が、そんなことを言うなんて、一瞬、気が狂ったのではないかと思ったほどです。いまでもその疑いは消えません。娘は気が狂ってはいないのでしょうか？」（一般に予想もしないことが起きると、気が狂ったことのせいにされやすい）

〈まあ、それはゆっくり考えるとして。お父さん、どうでしょう、ここで再び『親のせいでこうなったというけど、それはどういうことかな？』とか『お父さんも悪いところがあったかもしれないから、それを言ってくれないかな？』と言ってたら、どうなっていたでしょうね？〉

「そうか。ここでも、そう聞くといろいろ言ってくれて暴れることはなかったのか。（かなり、後悔した様子で）だいぶ、言い方がまずかったようです。でも、不思議です。あんなに素直でいい子で、しかも引っ込み思案ではなくて、小学校から勉強でもスポーツでも活躍していたのに、こんなになるなんて」（クライエントの不思議発言は探究路線につながるので歓迎していい）

〈素直でいい子というのは、大変いいですが、そうするとあまり反抗したり、だだをこねたりということはなかったということですか？〉

「そうですね」
〈そのこと、どう思います？〉
「いや、それはそれでよかったと思いますが」
〈反抗する子と、そうでない子を比べたら、どちらが自己主張できると思います？〉（再び選択型質問）
「そりゃ、前者の方でしょうけど、しかし、うちの娘は学校でも、かなり、はきはきしていたと思いますが」（父親も治療者に負けずに言い返してくる）
〈それは、結構なことでしたが、どうですか、先生とぶつかったりしていましたか？〉（論争したりせずに事実や事情探究に向かう方が生産的である）
「そう言えば、先生とは衝突してませんね。はきはきといっても、先生の望む通りの活発さでした。そうそう、一時は、先生の秘書役と言われたこともあったようです」（父親はかなり正直に詳細に報告できている）
〈家でも素直、学校でも先生の秘書役、どこでもいい顔をしていたら身が持たないことはないのでしょうか？〉
「いや、本人は楽しそうにやっていたように思うのですが？」（この反論は自然である）
〈そういうところもあるでしょうが、ひょっとしたら、それは周りに合わせていただけのかりそめの自分ということはないでしょうか？〉

「どういう意味ですか?」（この疑問も当然で、治療者はこういう問いがクライエント側から返って来ることを予想しておいた方がいい）

〈いや、本音は甘えたいし、だだをこねたいし、反発もしたかったのに、それを抑えて、ひたすら、親や先生に合わせていたということですが、どう思われますか?〉

「うーん。そう言われれば、そんな気がしないでもないですが」

〈それと、いささか、失礼なことを申し上げますが、娘さんから聞いたのですが、『お父さんに対しては、オーバーとも言える愛情表現をしないと許してくれないところがあった』と伺っています。これについては、どうお感じになりますか?〉（治療者はたたみかけている。ある程度こういう押しの作業も必要である）

「（かなり、考えこんだ後で）確かにそういうところはありました。でも、私は、別に悪気があったわけではなく、娘のことを思ってそうしていたのですが」

〈その通りですよ。お父さんは、大変愛情深かったと思いますよ。そのおかげで、娘さんはいい大学を出て、この不況の中、一流企業にも就職できた。それは、素晴らしいと思います。ただ、本音を出すことに関してはいささか未開発で、それでしょうがないから、行動でということになったのではないですか?〉（クライエントと論争したり勝ち負けを争うより、相手をフォローすることが大事である）

「いや、おっしゃる通りです。よく考えれば、娘の育て方をかなり間違えていました。私の一方的で押しつけ的な愛情でした」

〈いや、そんなことはないんです。ただ、愛情が十分に生かされていなかっただけで、これから、その愛情を、本音を出させる方向に向けていけばいい訳ですから。つまりは、面と向かって言いにくい本人に対して、言いやすい工夫をしてあげればいい訳ですから。いかがですか？〉（「愛情が生かされない」というのは、治療過程でのキーワードのようなものだが、時と場所を考えて適切に使うべきである）

「わかりました。これから、娘の話にまず耳を傾けるようにします」

その後の面接で、この父親は、娘の養育に熱心になり過ぎていたこと、その背景には妻との不和があったこと、妻はわりと理知的な方で自分が甘えたくても甘えさせてくれず、それで自然と娘の方に愛情がいったこと等を語った。また、自分は事情があって、継母に育てられたが、あまり甘えさせてもらえず、いつも不満であったこと、だから妻にそれを求めたが、妻はあまりそれに応じてくれなかったということも語った。

以後、父親は、治療者と相談する中で試行錯誤を繰り返しながら、娘の話を聞くようにし、また妻との間の修復を試みたところ、少しずつ、娘の暴力はおさまり、また夫婦の会話もかなり増えていった。

父親の変化を見た娘は、今度は父親に代わって、治療者のカウンセリングに再び通うようになり、話し合いは前より深まってきている（主な内容としては「今まで人に合わせてばかり来た。人と対立するのが苦手。父親が特に恐かった。母親は好きだったが、何かいってもさらりと流されるだけだった。友達は沢山いたけれど、何でも腹を割って話せる真の友達と言える人は一人もいなかったように思う。だから勉強やスポーツや生徒会などで目立っていても、内心はとても寂しかったし、また先生や周りに注目してもらおうと思ってかなり無理をしてきた。だから相当疲れたりすることもあったけど周りに言う人がいなかった。そう言えば、中・高と、めまいや吐き気や発熱などが時々あって医者のところへ行って診てもらったがいつも異常なしだった。今から考えれば精神的な疲れが身体に出ていたのだと思う。ある内科の先生は『一度精神科で診てもらったら』と言ったが、両親ともとんでもないという感じであった。大学に入ってやっと解放されたと思ったけどやはりあまり深い友達はできず、男の子に誘われることはあったが何となく恐さや嫌らしさがあって恋愛もできなかった。実を言うと、就職するときも、自分は社会人としてやっていけるのだろうかと不安だった。だから、会社でのつまずきにすぐ負けてしまったのだと思う。今、思うと本当に自分というものが育ってない気がする。そう思うとすごく腹が立ってきた。父親に暴力を振るったのは、いつかは、この親の育て方が問題だったのだということを言いたかったため。でも、もうしないつもり、先生という言える場所が見つかったから。ただ、最初は、恐かった、何か侵入されるのではという心配があった。それになぜ私だけ通わねばならないのかという腹立ちもあった。それで途中で行けなくなってしまった」ということであった)。しかし、まだ、自分というものがわからない、いったい自分がこれからどう進めばいいかわからないということで、カウンセリングはこれからである。

〈事例Eの解説〉

かなり長い引用だが、これは、多くの大事な対話の中のごく一部に過ぎない。だから、これだけで、Eの、抑うつ状態、自傷行為、攻撃的行動、自殺企図などの原因、境界例の発生要因が全部わかるかというと、到底それは無理な話である。

しかし、この一部の対話からも原因のある部分を知ることはできる。それを拾ってみると、①会社でのトラブル（誘因）、②Eの悩みに対する父親の対応の冷たさ、③Eの攻撃に対する父親の叱責、④父親や周りに合わせ過ぎていたこと、⑤仮の自己だけが発達し過ぎて、本音の自己の発達が抑えられたこと、⑥父親の自己愛的なところ（娘を初め絶えず周りからの賞賛を求める）や支配的な養育態度、権威性などが浮かんでくる。

また、こうした背景に父親が、継母との間で甘えを体験できず、妻との間でも充たされず、つい娘に対して過剰なほど干渉するという養育態度になっていったということであり、娘の方では、表面上は父親に従いながら、休職・うつ状態をきっかけに、一挙に父親への今までの怒りが爆発したと言える。

もちろん、以上は、筆者の仮説である。真実かどうかは、はっきりしない。ただ、はっきり言えることは、この話し合いによって、父親なりに上記の原因をある程度理解し、それに沿って行動したところ、Eの暴力は改善し、再び、カウンセリングに通いだし、話し合いも深まってきたということである。そうであれば、以上の原因理解は、とりあえずの役には立ったということである。

しかし、父親の養育態度が、全ての原因かというと、もちろんそうではない。E自身も周囲に合わせる傾向が強かったのかもしれないし、母親が理知的過ぎて甘えや反抗を真正面から受け止めなかったせいがあるかもしれないし、またその後の交友関係に深まりがなかったこと、それに対外的な活動で無理をし過ぎていたことも、「仮の合わせる自己」ばかりが発達してしまった要因と考えられるであろう。なお、付け加えれば、思春期に身体症状を出したり精神科受診を勧められながら否認してしまった両親の態度も問題かもしれない。また、それ以外に遺伝・体質といった生物学的な要因なども潜んでいるかもしれない。

ただ、ここで重要な点を付け加えておくと、支配的な親が全て「仮の合わせる自己」を作るというわけではないということである（そういう親に立派に反抗できている子どももいる）。また「支配的親―合わせる子ども」という態勢が続いたからといって、全てのそういう子どもが不適応になるわけではない（そうしながら、親のいいところを取り入れ、社会でちゃんとやっている青年も多い）。さらに、「支配―合わせる」パターンにより、不適応を来したとしても全ての子どもが親に暴力を振るったり、自傷行為を行うとは限らない。先に述べたように、境界例の原因として生物学的要因もあるかもしれないので個体差は大きい。実際に、このような境界例的行動を起こしやすい患者の生物学的研究も進められている。そして、それによるとホルモン、脳波、急速眼球運動時の生理現象において、一般人に比べ、異常が見られるということである。しかし、これは境界性パーソナリティの原因なのか結果なのかについてはわからないが、生物学的要因も考慮しておく方が本人への理解が進み、治療のプラスになると思われる。

こういうことから考えると、Ｅの症状の原因を、どれか一つの確定した要因に帰することなぞ、到底できないことがわかるであろう。せいぜい言えることは、いかに多くの原因が絡み合っているか（これも可能性・仮説・推測に過ぎない）ということが、わかるということぐらいである。

それから、Eの父親は原因を発見したかのように思っている（思い込んでいると言った方が正確か？）が、この原因も確実に事実かどうかわからない（だいたい「事実とは、いったい何なのだろうか？」と考えさせられることが多いのであるが、今は、この問題に深入りはしない）。当時のことを完璧に再現することが不可能な以上、当事者の記憶に頼るよりしょうがないからである。そして、この当事者の記憶というのは、かなり、当事者の現在の気持ちに左右されるものである。だから、先に述べたように原因と思っていたものは、変わる可能性もある。事実、Eは、最近では、「父親は支配的というより私を可愛がり過ぎただけ」というように言い方が変わってきている。まさに、原因は固定的・実体的ではなく、関係の中でいくらでも変幻自在の様相を呈するということなのである。

しかし、繰り返すが、とりあえず、幻の原因であっても、父親はある種の感覚・物語を感じ取り、それに沿って動き、娘もまたそれに応じたという事実は、はっきりしている。ただ、これも、厳密に言えば、今はこれでいい展開と考えられるが、今後どう評価されるかはわからない。従って、臨床家のできることは、手探りの中で、原因らしきものを探りだし、それを実地に移し、その所見に基づいてまた考え直すという試行錯誤ぐらいが精一杯なところなのであろう。もっとも、それが一番大事なことなのである。

それから、この父親面接で気をつけたことであるが、

①原因を知るのは大変大事だが大変困難であることを思いやりながら、なるべく、父親に考えさせようとしている。

②といっても、一人だけで考えるのは難しいので、適度に質問を重ねていって父親の連想を広げようとしている。

③父親の早分かり傾向（この父親は即断即決傾向が強く、それにより随分仕事上では業績を上げたといういい面があるのだが）に、歯止めを掛けている。

④父親に考えさせるだけでなく、治療者もそれなりの意見を言っているし、それに対する父親側の応答も求めている。言い放しではだめである。

⑤父親が反省した時の手当に注意した。この自信満々の父親が、自分の養育の歴史を否定されるということはあまりに辛いことである。そこで、治療者は、父親の愛情はそれはそれでかなり良かったが（これは御世辞ではなく、筆者が本気でそう思っている）、いささか過剰すぎたことがあったので「その愛情が十分生かされなかった」という言い方をしている。いわば、父親に対する全体的肯定を基本にしながら、部分修正（新しい視点から考える）を試みていこうという態度である。この方が、治療者と親との信頼関係を大事にできるし、また親は余計な罪悪感を抱かなくてもいいし（治療的に役立つ「ほどほどの罪責感」は持っていて欲しいが）、親の治療力を発揮できると考えられる。

さて、この事例Eの父親は、かなり理解の早い方だったと思われる（早いのがいいとは限らないが）。大部分の面接では、こんなに一回で理解が進むことは稀である。やはりかなりインテリで、また心理学の本を事前に読んで勉強していたというところもあるのだろう。

第五節　「治りますか？」という質問にどう答えるか？

◆クライエントの一番聞きたい質問

病名・原因よりクライエントや家族が一番知りたがっている質問は、「はたして、この（心の）病気は治るんだろうか」という問いである。クライエント・患者、家族は結局これを聞きたいわけである。

また、この「治りますか？」という質問は「いつ頃治りますか」「どのくらいかかりますか」「将来どうなりますか」「治療法はどんなものがあるんですか？」「（治るためには）どうしたらいいんですか？」という質問へも展開していくと思われる。ただ、この問いの切実さと答えることの困難さは、前三問と同等かそれ以上に難しいということを、断っておく。

◆「治る」とはどういうことか

「治りますか」質問に答える難しさの第一は、何と言っても、治癒像が多様で不明確だからという事情がある。これは、冒頭の治療目標のところでも述べたことと重なるが、これについて少し考えてみる。

◆治癒像の多様さと不明確さ

心の病の治癒像に関しては、諸家によっていろんな説があり、日常臨床や事例検討会に於いても、ある治療者は「治った」と言い、別の治療者は「治っていない」と言い、議論が分かれることが、しばしばある。治療者同士だけでなく、治療者とクライエント・患者、家族の三者の間でも「治っている」「治っていない」を巡って意見が食い違うことが多い。さらには、この治癒像というものを深く追求しだすと、はっきりしなくなってくることを、しばしば経験する。だから、まず「『治った』とはどういうことなのか?」ということからして、はっきりしないというのが、筆者の印象である。

ただ、いくら不明確といっても、治癒状態に対してある程度の目安がないと、治療そのものが進まないと思われるので、筆者がとりあえず念頭に置いている三つの治癒像を挙げておく。

①一つは、辻悟[14]の言う治療精神医学の観点から見た治癒像である。

それは第一に「自分の体験に、自分が人間であること、あるいはあり得ることの証を見ることのできる状態」を指す(病者は、自分の体験を異常と考え、自分自身を異常な人間になったという異常意識・脱落意識を抱きやすいので、こうした意識からの脱却が、一つの治癒状態なのである。ただ、これは症状の全貌的理解が条件になるので簡単ではない)。

第二には、「普通の人間であり得るための自己検討力を手に入れている状態」を指す(病気の状態では、この人間であるための最低必要条件である思考・検討能力が低下している)。

第三には「必要な決心と実行を手に入れている状態」を指す(病的に追い詰められている状態では、こうした決断や実行ができない状態になっている)。
②二つ目の治癒像としては、前にも「病気というのは、苦悩や不安や葛藤といった苦を受け止めかねている状態である」と述べたが、それからいけば、治癒とは「(こうした)苦を受け止められている状態」を指すと思われる。
③三つ目の治癒像としては、もう少し細かく具体的なものを挙げてみる。それは、
(a)症状の軽減・消失
(b)社会生活や日常生活(仕事、家事、学業等)が可能になる
(c)対人関係が可能になる
(d)自覚(自己や周囲等に対する気づき)が充分である
(e)心の安らぎが得られている。現状に満足しており、今の自分を肯定できている
といったことで、これは比較的一般的な治癒像だと思われる。

これらの治癒像を見ると、例えば「普通とはどういうことか?」とか「必要なとはどういうことか?」とか「可能、充分、満足とはいったいどういうことで、どの程度を言うのか?」という

ような疑問が湧いてくる。そして、それに答えようとすると限りなく複雑なところにまで連れていかれ、結局よくわからないという結論しかないように思われる。

そこで、筆者なりに考えたことは、治癒像というのは、それなりの基準がありまたそれは必要なものだが、実際のところはかなり多彩でかつ不明確なものだということである。ただ、その多様さの底に何らかの共通のものが流れているように思われ、その感覚を掴んでおくことは大切なように思われる。

◆完全な治癒は理想型

それから、もう一つ大事なことは、今述べた治癒像を、常時、完全にかつ永続的に満たすのは不可能に近いということである（神や仏なら可能であろう。しかしギリシア神話の神々を見ていると随分と煩悩に左右されており、神ですら健康と言い難いところもあるが）。

例えば、治療精神医学の第一の治癒状態であるが、人間は嫌な体験や苦痛なことに出会うと、これを常と異なるもの、すなわち異常なものと見なしたがる傾向がある。そして、異常な体験をしている自分は異常な人間になってしまったという異常意識にとらわれるようになる。人間として生まれた以上、この嫌な体験は避けられない訳であるから、いつも異常意識を持たされる可能性はある。

また、いつもいつも正しい自己検討や決断ができるとは限らないし、苦悩を受け止めかねることもある。

さらに、症状ということを考えた場合、症状の多くは、人間のある種の傾向や弱点の積み重なりの結果である。例えば、強迫症状なぞは、その背景をなす心配や気がかりを受け止められないという人間の弱点が強くなったものである。人間に弱点がなくならない以上、症状を持つ可能性は常にある。もっと、身近な例だと、不眠ということが挙げられる。不眠の原因の一つとして、不安や悩みを受け止め切れず、夜中にまでそれを持ち越し、脳を興奮させてしまうということがある。（治療者が健常者かどうかは別にして）、患者を担当する治療者自身が、不眠に悩まされ、安定薬や睡眠導入薬のお世話になっていることが多いというのは、よく知られた事実である。治療者が、いかに激しいストレスにさらされているかを理解していただける方なら、この事実はすっと受け入れられるであろう。

さらには、社会生活や対人関係や自覚ややすらぎも不十分になることを、ほとんどの人が体験しているのでは、と思われる。

従って、完治（完全な治癒）とは、理想型で、仮に「俺は大丈夫、どこも悪くないよ」と言っている人でも、病の種を有していることは間違いはない。時に、企業の上司から「完全に治ってから出勤させて下さい」と言われることがある。その時の上司の方の気持ちはわかるが、これは原理的には不可能なことなのである。これを言い出すと、誰も出勤できなくなる。従って、上司とは「治る」ということを巡って話し合いが持たれることが多くなり、最後には、「出勤に差し支えない程度に治っていればいい」という結論を共有することになる。

さて、健常人といえども、弱点や病気の部分を有しているとするなら、逆にかなり病的な状態を担っている人でも、それなりに自己検討したり、生活できたりしている場合もあり、完全に病的というのではなく健全な部分も有しているのが実際の状況である。

そうなると、人間の心身の状態というのは、健康な部分と病的な部分からなり、病的な部分がある線（はっきりしたものではないが）を越えると、病気というように見なされると考えたらいいと思われる。

◆終結はなく、良き別れしかない

ただ、完治が病者でも、健常者でもあり得ないとすると、治療の終結は一体どういうことになるのだろうか？　それに関しては「ある程度、クライエント・患者、治療者双方とも納得した形で治療目標が達成されて、クライエント・患者がもう治療者を必要としなくなった時」と言えるだろう。しかし、こういう形で終わっても、将来いつまた病的状態になるかもしれないし、いつ治療者が必要になるかもしれないので、やはり完全な終結というのはありえない訳で、治療には出会いと別れしかないように思われる。

そして、治療者はできるだけより良い別れ（信頼関係が確立し、困った時、手に余った時は、いつでも相談に来られるといった）ができるよう働きかけを組んでおくことが大切だということになってくるのである。

◆治癒段階の例（完治は理想でも、治癒段階の上昇はあり得る）

また、完治というものがあり得なくても、実際には、かなり病的部分に圧倒されている状態から、完治に近いような健康状態にまで近付きたいのが、クライエント・患者・家族をはじめ人間一般の願いである。わかりやすく言えば、治癒段階、健康回復段階を上昇させたいし、また現在の健康段階を維持したいと、人間一般は考えるということである。

では、治癒段階というのはどんなものがあるかというと、残念ながら一定のものはない。それこそ、千差万別なのである。しかし、ある程度の目安がない訳ではないので、三つほど例を挙げておく。

まず、うつ病の治癒段階の例を挙げてみる。ただ、断わっておくがこの順番通りにいく訳ではないし、これはほんのささやかな一例である。

①重度のうつ状態で日常活動はおろか、睡眠も取れず食欲もなく、治療意欲もない。
②睡眠・食事がほんの少し取れ、通院したり、服薬もできる状態。
③少しの日常生活はできる。
④外出もできるし、親しい人とは話ができるが、何をしていいかわからない。
⑤今までの趣味が少しできるようになる。

⑥したいことや目標が頭に浮かんでくる。
⑦就労や社会復帰の準備に入れる。
⑧仕事や社会生活、人との会話、対人関係が可能になる。
⑨これまでの病気のいきさつが自覚・理解でき、再発予防に気をつけられる。
⑩実際に、困難にあったりストレスがかかっても、再発せずに乗り越えられる。
⑪病気のプラス面も自覚でき、発病体験を生かせる。
⑫自分に自信を持ち、他者も尊重し、病前より成長する。

といった例である。しかし、何度も言うように、たとえ、⑫が実現できても、①のような状態になる場合はある。

続いては統合失調症状態がとてもひどい状態であった事例である。この方の治癒段階は、

①精神病院の保護室に隔離されている段階。
②保護室から閉鎖病棟に出られた段階。
③同伴での外出が可能になった段階。
④外泊や単独での外出が可能になった段階。
⑤開放病棟に移れた段階。
⑥デイケアや作業療法に行ける段階。
⑦単独での外泊が重ねられ、家での生活ができる段階。

⑧退院できる段階。
⑨退院後、仕事ができる段階。
⑩結婚できる段階。
⑪薬を止められる段階。
⑫治療者と別れてもいい段階。

というようなものである。もちろん、別の要素が入ったり、順番が逆になったりする場合もあるので、これだけにとらわれてはいけない。また、実際の統合失調症の治療はなかなか大変で、前進しているとはいえ、⑧か⑨までの段階で止まっている人が多いという実情を報告せざるを得ない。ただ、もちろん、⑩、⑪、⑫を実現している方もいる訳で、その詳しい事情は後半の事例の方で述べる。

最後は、引きこもりの治癒段階の一例を挙げる。

①親だけでも治療者の元に通える段階。
②親が本人のことを少し理解でき、交流が少し開始され、家庭内暴力等の行動化が減る段階。
③少し外出したり遊んだりできる段階。
④本人が治療者のところへ通える段階。
⑤治療者と話し合いが進み、将来のことを考えられる段階。
⑥人の中に入って行ける段階。

⑦実際に、学校に行ったり、働き出す段階。
⑧そこで、困難にあっても受け止められる段階。
⑨自立ができる段階。
⑩治療者と別れてもいい段階。
といったものである。これも多種多様の場合があって一律には進まないが、「治る」という一言に多くの治療目標が含まれているのがわかるだろう。従って、治るとは「治癒段階の上昇」であると同時に、個々の治療目標の達成の積み重ねと言える。

◆治るかどうか（治癒段階を上げるかどうか）を左右するもの

さて、完治は、健常者でも病者でもあり得ないと言ったが、そうであっても、治癒段階を少しでも上げ、個々の治療目標を達成し、せめて「（不完全ではあるが）健常者並みの治癒」（例えば、ある程度症状が軽減し、苦悩や不安が受け止められ、ほどほどに社会生活ができ、まあまあ自分が肯定できるといった状態）に近づきたいのが、患者・家族の切実な願いであろう。

◆自覚と治療意欲と持続性がポイント（四者要因と運・縁）

これについて、治った（治癒段階が上昇した）例を考えると、自分の問題点を自覚し、それを改善しようとする治療意欲を持ち、治療中に起こる多くの困難にも負けずに、治療を維持し続けたクライエント・患者は治りが早いと言える。

　また、治療者の方も的確にクライエント・患者の問題を見抜き、患者に適切な助言を与え、クライエント・患者がもうだめだと絶望しかかってもそれを支え、治療中の困難（クライエント・患者が自覚や治療意欲を持てなくなったり、治療に反するような言動をしたりといったこと）に対しても適切に対応し、最後までできるだけの責任を持ち続けるならば、やはり治療への道は開かれていると思われる。

　家族の方も、患者を理解し、治療という困難な作業に向かう患者を支え、評価すべきところは評価し、叱るべきところは叱るといった適切な対応をし、温かい雰囲気でもってしかも本人の自立を促進し、さらに治療者とも協力し合うとなれば、治療は一層進む。

　さらには、クライエント・患者を取り巻く社会環境に関しても、治療を左右する要因になる。例えば、クライエント・患者が自分にあった職場が見つかるとか、職場の上司が良く理解してくれる人であるとか、あるいは良き友達や恋人に出会えるとか、要するにクライエント・患者本人に自信と生きる勇気を与えてくれるような出会いや出来事があれば、こうした治療を促進すると思われる。

　逆に、クライエント・患者が自覚や治療意欲を持てず、治療にも活動にも熱心になれず、治療者の方も患者の問題が把握できず、治療中の困難に負けて投げ出してしまったりし、家族も本人を理解せず、絶えずクライエント・患者を否定的に考えたり、またはクライエント・患者に無関心になり過ぎてしまったり、さらに社会的に恵まれず不幸な出来事や出会いが多かったりすると、なかなか治療は進まないし、治らないまま治療から脱落するといった不幸な事態になるだろう。

従って、治るかどうかは、基本的にはクライエント・患者次第であるが、それ以外に治療者や家族や社会の要因も大きいということが言える。従って、治療の行方を左右するのは、この四者の要因が大きいという気がする。もちろん、これだけではなく、これらの四者要因を含みかつそれらを越えた何か運や縁といったものも左右しているかもしれない。従って、神仏に祈って、なるべく良運や良縁を引き出そうとされる患者・家族の方もいるだろう。それはそれで、決して悪いことではないが、その時大事なことは神仏に祈ると同時に自分自身の努力も怠ってはならないということである。「神は自ら助くるものを助く」という詞があるように、やはり自分で自分を助けよう、または自分を変えていこうとする人ほど神様や仏様も助けやすいのである。真の宗教が「現世利益」よりも「人間的成長」に重点を置くのは、こうした理由による。それから、あと、身体的要因や年齢的要因といったこともあり、かなりのことが治療を左右する要因にはなっている。

◆患者の治癒力（仏性や霊性）を引き出すもの

ところで、治るかどうかが、基本的に患者次第だとして、今度は患者自身が治療意欲を持て（あるいは持ち続け）、良好な治療関係を形成・維持し、自分を変えるための活動や他者との協力を営むといった、要するに治るのにプラスになるような力（自己治癒力と呼んでいいであろう）が引き出されるかどうかは何にかかっているのだろうか？

もともと、クライエント・患者は病状が悪い時には、自覚も治療意欲も持てず、良好な人間関係や社会活動ができなくなっていることが多い。だから、「自覚や治療意欲があれば治る」と言われても、肝心のそれらがなければ治らないということになってくる。

このことに関して、筆者は、「（自覚や治療意欲といった）自己治癒力は、基本的には全ての人々（健常者でも病者でも）に備わっているが、病的状態にある場合には、それらが隠れてしまっているか、未開発の状態にある」と考えている。この自己治癒力は、健全さを求め維持する力、困難や弱さに負けない力、成長しようとする力、安らぎや悟りを求める力とも言い換えることができるだろうし、宗教的に言えば誰にでも備わっている仏性や霊性とでも言える。そして、治療とは、まさに自己治癒力や仏性の開発だと言ってもいい。仏陀は、仏性を、泥の中の宝物や、植物の種子・芽・花に喩えていたと筆者は記憶しているが、まさに、クライエント・患者も治療者も共同して泥を取り除き、蓮の花が開花していくのを助けるのが、治癒への道であると思われる。

◆治癒力の促進と妨害

それでは、この自己治癒力の開発を促進、あるいは妨害するものは何かということだが、これも無数の要因があって、厳密に言えば前述したように運と縁によるとしかいいようがない。この場合、クライエント・患者本人が、自己治癒力や、それを開発する良運や良縁を引き出していけばいいのだが、クライエント・患者は悪化している時ほど、すぐあきらめてしまったり、やけになったりして、自己治癒力の開発を放棄してしまいやすい。またクライエント・患者のそばにいる家族も疲れ果てたりしてあきらめてしまいやすい。

また治療がかなり困難になってくると、治療者の方もあきらめてしまいやすくなるのだが、一番あきらめてはいけない責任を有しているのは治療者なのである。治療者が最後まであきらめなかった結果、治療が前進している例は多く見られる。だから、治療の四者要因の一者として、治療者が重大な役割を果たす。

それでは、現実には自己治癒力の開発はどんなありさまなのか？　これを筆者の経験や精神医療の現状で言うと、かなり自己治癒力が開発された例から、まあまあの程度に開発される場合、少し開発された例、開発が停滞している例までいろんな治癒段階がある。

ということは、結局「治る（治癒段階がかなり上昇する）者もいるし、治らない（治癒段階があまり上昇しない）者もいるし、その中間辺りの者もいるし、多くの場合がある」ということに落ち着きそうなのだが、この治癒力が未開発な例を丹念に振り返ってみると、いろいろなところで工夫の余地があった。だから、治療者のみならず、患者・家族も互いに試行錯誤を繰り返す中で、昔に比べれば、徐々に自己治癒力の開発が進歩してきていると言えそうである。

そうすると、結論としては「原理的には、自己治癒力が開発される（治癒段階が上昇する）可能性があるので、それを目指して患者・家族・治療者は努力していきましょう」ということになるのだろうが、ただ「この自己治癒力の開発がどこまでいくかは、あるいはどれくらいかかるかは、無数の要因が作用するので、厳密なことはわからない」となるのが実情である。また、反対に、なかなか、「治療が進まずに停滞したときは、自己治癒力の開発を妨げている要因を探っていきましょう」ということになるのであろう。

◆治癒力開発の主役は本人（苦の移し替えに注意）

ただ、こういう言い方をした時、気をつけねばならないのは、クライエント・患者自身が別に努力しなくても「必ず自己治癒力が引き出されて、治っていくのだ」と考えてしまうことである。苦を相手に移し替える投影同一化の傾向や、相手を理想化する傾向を持った境界例的特徴を持つ患者・家族では、特に気をつけなければいけない点である。もちろん、クライエント・患者が何もしなくて治る訳はないのであって、治るためには、患者は患者の責任、家族は家族の責任、治療者は治療者の責任を果たさねばならない。治療は、まさに共同作業なのである。そして、治療者はまた、各々の果たすべき責任がどのようなものであるかをわかっておく必要がある。

さて、繰り返し述べてきた結論を述べると「患者は治る可能性を持ってはいるが、それが開発されるのは結構苦労が多いこと、しかしその苦労を引き受けながら治療活動を続けていくと前進していく例が結構ある（全部ではないが）ということ、治癒力開発の基本的責任は本人にあるが、治療者はそれを引き出す責任を有し、家族・関係者等の動きも、治癒力開発・治癒段階上昇に大きくかかわる」ということになる。

◆治療促進要因

それでは、肝心の治療促進要因は何かということだが、それはごくごく当り前のことである。すなわち有益な話し合いの継続（役に立つ通院・カウンセリング）、心身の健康にいい生活、運動とリラクセーション、人生を楽しむ、マイペースと他者合わせペースを調和させる、無理をしない、活動と休息の適度なバランス、希望と諦めをほどほどに持っておく、思うようにいかなくても構わないと覚悟する、思うようにいかない辛さを持ちながら適切な行動をして不適切な行動を控える、一瞬一瞬を大事にする、などである。

それともう一つ言えることはこれらは、治療要因であると同時に治療目標でもあるという点である。

◆「治りますか」質問に対する応答の実際

それでは実際の「治りますか」質問に対する対応であるが、先の三つの質問（病気、病名、原因）に対してと同じく定型的答えはない。ただ、参考までに例えばどうするかを挙げておく。

①相手の質問に対する尊重。
②相手の考えている「治癒イメージ」を聞く（「あなたの感じている治るというイメージを聞かせてもらえるとありがたいのですが」）。
③相手が答えやすいように質問を工夫する（クライエントが「全然イメージが湧かない」と言う時は、「楽になりたいんでしょうか」「症状が減ればいいんでしょうか」「対人関係の改善と就労とどちらの方を優先されますか」といった形で、治療者が提示した形の選択型質問にすると答えやすい）。
④相手の望んでいる治癒イメージや治療目標を明確化する作業（「楽になるとは、例えばどういうことですか」）。
⑤相手が治療目標を明確にできない場合の対応（「治療目標を明確にすること自体を目標にするのはいかがですか？　ただ、それまで身体だけは大事にしておいて下さい」）。
⑥現実的治療目標の共有（入口が出口を決定するほど重要な作業である。ここで、不安やうつや症状が消失するといった幻想的治療目標ではなく、それらを受け止めるという現実的治療目標を設定することが大事）。
⑦「治るかどうか」気になる理由を聞く（相手の誤解・偏見の修正）。
⑧治癒段階上昇の可能性についての説明。
⑨治癒段階上昇の説明に関する注意（安易な治癒幻想に注意）。

◆「いつ治りますか」質問にどう答えるか？

クライエントや家族は、治るかどうかを知りたいだけではなく、いつ治るかということも是非知りたがっている。この応答にもマニュアルはないが、強いて挙げるとすれば、

①相手の願望の切実さを汲みとる。
②治る時期を知りたい理由を聞く。
③相手に治療期間のイメージを聞く。
④治療期間の見通しを告げる方がいい場合（うつ状態・境界例等不安でたまらない場合、「あなたのような例では平均二〜五年だが、非常に早くなったり長引いたりする場合もあるので一概に何とも言えません。まあ、三ヵ月から半年ごとにどのくらい治癒段階が上昇しているかどれくらい後退しているか、共同で点検していきましょうか」と対応するのも一つ）。

この質問も、他のそれと比べてケースバイケースであり、出たとこ勝負で対応するのが一番いいと思われる。

【事例F】（治癒質問に対する具体的応答例）

Fは「二年たって治っていない。どう責任をとってくれるのか」と詰め寄ってきた二十八歳の男性（境界例的傾向と強迫・対人恐怖症状を持つ重症神経症）である。

治療者は早速それをもっともな質問と歓迎し、今までの治療の再点検を行った。その結果、結構治っている時期もあることが判明してきた。

また、治療促進要因と治療妨害要因を共同で探究したところ、本人が勝手に通院やカウンセリングを中断していたり、健康に良くない生活を送っていたことがわかってきた。

その上で、治療者は「責任を取るということだが、それは今までの反省を踏まえて今後の治療に生かすということでいいか」と聞くとそれを受け入れてくれた。それでもう一度、治療目標や治療のルール、見通し、治療促進要因や妨害要因について話し合い、納得してもらった。

その後、Fはいかに自分は現実を怖がっているかということや、上手くいかないと人のせいにしやすいことに気づいていった。

第六節　治療学は質問学

今までの記述でもわかるように、質問は大変重要である。それは、クライエントの質問を大事に扱うだけではなく、治療者の方も慎重に適切に質問を汲んでいく必要があるということを意味する。

筆者は、心理療法や精神治療が、「クライエント・患者の力や可能性を引き出すこと」だと思っているが、その「力の引き出し」に最も重要な役割を来すものの一つとして、適切な質問が挙げられる。その意味で、治療学とは質問学である。

◆質問とは何か

質問とは「疑問または理由を問いただすこと」「わからないことや疑問の点を尋ねたり、説明を求めたりすること」と言えるが、質問の語源を探ると、一層「質問」という言葉の奥行や基礎が味わえる。これは、治療者が質問を大事に扱う時の手助けになるだろう。

質問の「質」とは「名目に相当する中身がつまっていることがら」(「質」とは斤(はかり)と貝殻(財産)の会意文字である」であり、それは、資質、性質、性、性能、属性、素質、体質、特質、特質、特性、品質、プロパティ(財産、固有性)、本質と言ってもかまわない。だから「質す(正す)」とは「追及や詮議や確かめたり調べたり、過ちを直したりする」という意味になり、それは基本的には、クライエントの真実の姿や適切な生き方の探究につながる。

また、問とは「二枚の扉を閉じて中を隠す姿→隠してわからない→わからないところを知るために出入りすること」の意味を含んでいるので、「問う」とは「明らかにすること、知りたいことを聞くこと」であり「問題として取り扱ったりすること」であり「謎解き」でもある。すなわち、クライエントに関する全貌的理解を目指すのである。

そうなってくると、質問は「世界や宇宙の本質」や「ものの道理や真理の探究」ということにもなってくる。その意味で、質問学は探究学であり、これはフロイトの無意識の探究、ユングの普遍的無意識や元型の探究に同じであり、それは認知療法が目指す「自由な考え」を探し求めることでもある。

◆不適切で有害な質問

ただ、この重要な質問という行為を不適切に使うと、益がないどころかきわめて有害な事態が生ずる。それを挙げてみると、

①むやみやたらに質問攻めにするのは不適切：クライエントは疲れていることが多く、またそんなに頭が回る訳ではない。従って矢継ぎ早に質問を続けると、クライエントは「カウンセリングは疲れただけで何もならなかった」と思ってしまう。

②難しい質問、または難しい言葉で質問する：クライエントは普通の質問に対しても簡単に答えられないし、自分の思いを表現しにくい。それをどう助けるかが治療者の役割なのに、逆のことをするとクライエントを無闇にしんどくさせるだけである。簡単そうに見える質問（「あなたはこのことをどう思いますか」といった質問）でも、クライエントの状態によっては、非常に難しいしんどい質問と映る場合もあるのである。

③場にそぐわない質問：折角、クライエントが流れに乗って話しているのに、ちょっとした治療者の関心を満たすために、場に相応しくない質問をすると、クライエントの連想の流れを中断するだけでなく、クライエントの折角の重要な話を聞けなくなってしまう。それだ

けでなく、クライエントに不満足感、不愉快感、カウンセリングに対する失望感を与える。

④不用意な質問：質問はしばしば侵入的になる。たとえ、正しくて有益な質問であっても相手を傷つける可能性のある質問はできればしないで越したことはないし、するとしても相当慎重にメリット・デメリットを考え、「治療者決断」を行わねばならない。

⑤秘密を暴きすぎる質問：しばしば、治療者は治療以外のこと、つまり治療とは無関係にクライエントのことに関心を持ち過ぎ不用意に探索的質問をしてしまうことがある。本人が秘密を打ち明けるのは相当の覚悟と痛みを伴うことがあり、打ち明けた以上はそれに相当する恩恵や癒しがもたらされないと何のために自分を裸にしたかわからない。従って、治療に役立つ時以外にはクライエントの秘密探究的な質問を慎む方がいい。

⑥クライエントの非を責めるような質問：クライエントに未熟なところや問題点があるのはわかり切ったことである。だからこそ、心理療法を受けに来ているのである。従って「あなたのこの点は問題で改めるべきではないですか？」といった質問は、詰問調になる可能性がある。ましてや、クライエント自身が痛いほどわかっていることをわざわざ取り上げ、問いただすようなことは、傷に塩を塗ることになりやすいので気をつけた方がいい。

以上、質問の危険性、侵入性、有害性、負荷性、傷つける可能性などについてわかっておく必要がある。

◆質問しないことの有害さ

こういう質問の危険性があるので、一部の特に初心のカウンセラーや心理療法家は、質問しないでただ聴いているだけという恰好を取ることが多いが、これでは不十分なことが多い。

もちろん、クライエントの健康度が高い場合は、クライエントが話しているだけで、自分の問題に気づき、自己解決・自己治癒していくことはあり得る。また、クライエントの健康度がやや低くなっている場合でも、治療者がかなりの理解力を発揮し、適切な相槌を打つことで、クライエントの話を引き出し、自然に問題解決になっていく場合がある。もっとも、こういう治療者はいざという時に適切な質問ができる人でもある。

さて、それでは質問する必要があるのに質問しないままですます時の有害性・危険性についても述べたい。それは、

①心理療法に進展がなく、雑談のようになる：心理療法が、真実の探求と生きやすさの追求であるのに、表面上をなぞっているような会話であれば、カウンセリングに展開や深まりが生ぜず、クライエントは退屈してくるだけでなく、失望感・無力感を感じるだけである。このような真実探求作業はクライエントだけの力では難しいことが多い。特に、重症の神経症・うつ病、パーソナリティ障害、境界例、精神病といった病態水準にある人はほとんど無理である。

②心理療法に有益性を感ぜず、不信感がひどくなる：クライエントはわからないことに気づいたりするだけでも気持ちが楽になるし、謎が解けてほっとするが、それは治療者が質問するなどして適切に引き出してくれるからそうなるので、深まらない心理療法だと、クライエントの中に「何をしに行っているかわからない」という気がして、状態の悪化や、不幸な中断になりやすい。

③クライエントの幻想性を肥大化させやすい：クライエントはしばしば治療者を理想化しやすく、何でもしてくれるという万能者幻想や何でもしてくれるという勝手な期待を持つものである。この時、これを取り上げて適切な質問を交えながら、現実認識を高めていくと有益な心理療法が展開される。しかし、そうでないと心理療法が深まらないだけでなく、幻想が肥大化し、治療者に無理な欲求を抱いたりそれが満たされないからと感じて、有害な行動化（自傷他害行為など）を起こしやすい。

④クライエントの力が引き出されない：クライエントは自分の中に力と可能性を有しているのだが、それを自力で引き出すことができない。宝の持ち腐れになっているのである。この時、治療者が質問という形で適切に引き出せれば、クライエントはカウンセリングに価値を見い出すだけではなく、生きやすくなるだろう。

以上をまとめると、質問すべき時に適切な質問をしないでおくと、クライエントは真実の自分に出会えないし、多くの謎が解けないし、自分がわからないままだし、不安や憂うつや生きにくくさが持続するし、自信のないままだし、治療者にも他者にも人間不信が続き、無力感を引きずったままの状態が続くことになるのである。

◆適切で有益な質問とは？（ふわり質問、羽衣質問の有益性）

それでは、この適切で有益な質問とはどんなものか？　またどういうふうにやれば、有害や傷つきにならず役に立つ質問になるのか、ということになるが、これは大変難しいし一定のマニュアルがある訳ではない。以下に述べるのは筆者のささやかな経験である。

①結論から言えば、治療者が質問したくなった時は、質問していい時、質問が適切になる場合である。当り前のことではとなるが、もちろんそれだけでは不十分で、もし質問した場合どうなるかを予想しておくことが大事である。そして悪い結果が出ても構わないという覚悟とその時はその時でまた自分なりの対処をしていこうという準備や、「良質の出たとこ勝負」の構えがあればいいだろう。

②次に、適切な質問のためには本人の話をよく聴き、その理解に努めるべきである。熱心に傾聴し話の理解ができると、自然に相槌が生じ、自然とクライエントの話が引き出されていく。例えば「うん。それで……」といった言葉かけが「それで、どうなりましたか？」という質問と同じ効果を呼ぶので無理に質問しなくてもいいのである。質問は侵入的になると述べたが、できればこちらが質問しなくても、したと同じような効果の持つ接近がより望ま

しい。

③もっとも、クライエントの話はあっちに飛んだりこっちに飛んだりしてまとまりがなかったり、主語や目的語が抜けたり、最後まで文章を言い終わらないということもあって、こちらがいろいろ聞かないと話が理解できないことがある。

そういうことも踏まえて、カウンセリングの始まる前に「あなた（クライエント）の方からの質問があればどうぞ自由にしてもらってもいいですが、私（治療者）の方からもいろいろ質問してよろしいですか」と前もって承諾を得ておくといい。これは心理療法がユングの言うように「クライエントと治療者の相互的対話」によるという事実を示し、カウンセリングがただただクライエントが一方的に喋り治療者やカウンセラーがそれを「ふむふむ」と聴くだけといった誤解を解くためにも大事なことである。プラトンを引き合いに出すまでもなく、対話から真実が生まれるのである。

そして、いよいよ話の最中に話がわかりにくくなった場合は、まず「ちょっと聞いていいですか」と許可を得た上で「それは誰が誰にしたことですか？」と聞いていい。

また「その文章、最後まで続けられますか？」ということを聞いてもいい。

さらには、「要するにあなたの仰りたいことは、こういうふうなことと理解していいですか？」と治療者の要約的理解を提示して相手の反応を待つ。クライエントは自分の言いたかったことを言葉にしてもらえる時、一番理解されたと感じ、その苦しい孤独感・疎外感が和らぐのである。

④治療者はなるべく受身で振る舞う方が、クライエントの主体性を引き出しやすい。だから、相手が助言を求めたり答えを欲しがる質問をしてきても、直接答えるより相手に考えさせる方が相手の身に着く。

例えば、復職するかどうか迷っていて治療者の助言を求めてくるクライエントの場合、かなり事態がはっきりしていても、直接「うん、いいですよ」とか「まだ、早いですよ」と言うより、「もう少し、どういう点で迷っているのか聞かせてもらうとありがたいのですが」と質問し返すのがよりいい場合も多い。あるいはもっと焦点を明確にした質問、例えば「復職した場合の最良の結果は？」「逆に最悪の結果は？」「反対に復職しなかった場合の最良の結果は？」「その最悪の結果は？」と聞いてもいい。さらに言うと、「最悪の事態を防ぐ適切な対応はどんなものでしょうか？」「反対に不適切な行動はどんなものでしょうか？」ということを質問していくのもいい。

これは、復職に限らず病休を取った方がいいかどうか、転職・退職すべきかどうか、上司に進言すべきかどうか、職場でどう振る舞ったらいいか、病気のことを聞かれた時どうすべきか、といったことにもつながる。

また、結婚すべきかどうか、離婚した方がいいのか、子どもを作った方がいいかどうか、彼（彼女）と別れる方がいいかどうか、友達との距離をどうすべきかなど、人間関係の問題の質問もよく出てくるが、これも未来予想を二人（クライエントと治療者とで）丁寧に行うといい。

こうしたことに対して、丁寧な質問をしながら、対話を深めていくのである。ただ、何事にも例外はあるので、パーンとはっきり「こうしなさい」と言うのがいい場合もある。
⑤クライエントに質問する時はなるべく柔らかく衝撃の少ないような質問の仕方がいいようである。
例えば、「(この点について) どう思いますか」と直球で聞くより、ふわっと柔らかく「この点について、何か思い浮かんでくることがありますか」とか「これについてどう感じているか聞きたいけど聞いていいかしら」「どう思うか聞いてみたいけど答えられるかな」「このことについて感じていることを言うって結構難しいけど、言えそうかな」といった質問が望ましいことも多い。

筆者自身の造語だが、筆者はこうした質問を「ふわり質問」(衝撃・ショックが少なく優しい感じを与える) とか「羽衣質問」(そっと撫でるぐらいにしてあまり相手の心を揺さぶらない。ちょっぴり刺激を与えるような質問である) と呼んでいる。

ただ、いつも「ふわり質問」「羽衣質問」がいいとは限らない。あまりにも馬鹿丁寧と捉えられることが多いからである。だから、時と場合によっては、ストレートに聞いたり、意見を言っていいのである。

⑥クライエントが聞いてほしいと思っている質問をする：クライエントは種々の事情で、思っていることが言えないし、また聞きたいことが聞けない。もっと言うと、ある程度のところまで感触はあるのだが、自分の聞きたいこと・思っていることがはっきりしない、ということがよくある。そんな時、治療者がそっとそこに触れるような質問をすると、クライエントは水を得たように生き生きしてくる。

例えば「この先、どうなるか心配しておられるんでしょうか」とか「離婚すべきかどうかお迷いなんでしょうか」といった本人が口にしたくてもできにくい質問を治療者がしてあげるのである。その意味で、治療学とは、クライエントが「よくこれを聞いてくれた。良かった！」と思えるような質問の探究学とも言える。

また「困難な状況の中で、この点は頑張っておられるようですが、いかがですか」といった相手の長所や能力にそれとなく触れる質問は、クライエントの健康な自己愛を育てるのに役立つ。これ（自己愛が満たされる質問）もクライエントが聞いて欲しい質問の一つである。

⑦質問は一つに限ること：教育分析やスーパーヴィジョンならいざ知らず、臨床的事態に追い込まれているクライエントは余裕がないことが多い。従って、複数の質問を同時にするよりは、質問は一つに限った方がいい。

治療者はどうしても早くクライエントの気持ちを知りたがったり、クライエントの成長を急ぎ過ぎる傾向がある。もともと心理療法が相手の気づきや成熟というものを目指すという目的を持っている以上仕方がないことなのだが、やはり治療者の質問は相手の波長に合わせた共同作業という認識を忘れない方がいい。

⑧質問は短く表現すること：治療者の質問に限らず、クライエントの聞き取り能力は、治療者の思っている以上にかなり低いと見た方がいい。従って、長い文章は全部聞き取れるとは限らないので、なるべく要点を絞って短文で質問した方がいい。

以上であるが、これはごくわずかな例に過ぎないので、実際はもっと複雑である。従って例外も多い。つまり長く複雑で多くの質問を含み、ストレートに本人の心に迫るような質問もいい場合があるのである。

◆実際の質問の仕方（クライエントの質問に対する治療者の質問返しの例）

今までのことでわかるように、クライエントは実にいろいろなことを聞きたがってくる。そして、クライエントが質問してきた時こそ、治療者が質問する時の大チャンスなのである。筆者はこれを、治療者の「有益な質問返し」と呼んでいる。

そのような出発点となるクライエントの質問を思いつくままに挙げてみると、「どんな話をしたらいいんでしょうか？」（「何を言えばいいんでしょうか？」）は心理療法の冒頭でよくされる質問である）とか「これ言っていいんでしょうか？」「これ言わないといけませんか？」「秘密は漏れませんか？」「話をするだけで解決するんでしょうか？　治るんでしょうか？」「本当言うとカウンセリングは勧められてきただけで迷っていて、受けたくないんですがどうしたらいいでしょうか?」といったことが初期にはよくなされる。

中期には「このまま、続けていてうまくいくんでしょうか?」「カウンセリング(面接)の前にすごく憂うつになるんですがどうしてでしょうか? どうしたらいいでしょうか?」「段々、悪化してくるように思われるんですが良くなっているんでしょうか?」とか「何かお金が沢山かかって生活が苦しくなってきているんですが、カウンセリングをこのまま続けていいんでしょうか?」「このまま先生と離れられなくなってしまったらどうなるのかしらと考えるんですが?」といった質問が出てくる。

終結期(一応の別れの時期)には「このまま終わるのは不安です。かといって一生続けるわけにはいかないし、どうしたらいいでしょうか?」「この後、大丈夫でしょうか?」「何度かこれでもう終わりと思いましたが、決心がつきません。どうしてでしょうか?」「再発しないでしょうか?」といった質問がよく出てくる。

さらには、先に述べたような、病気・病名・原因・治癒・治療法・見通しから、仕事や人間関係のこと、子どもや配偶者への接し方、性格や生き方、毎日の過ごし方などについて問うてくる。だから、クライエントによっては質問の洪水となってくる。

それから、薬や年金・就労支援や法律など、本来精神科医やケースワーカーや弁護士などに聞くべきと思われる質問まで心理療法家に問うてくる。この時、良き心理療法家ほどその質問を尊重し、「私の専門外ですから」とは一蹴せず、丁寧にそれを取り扱う。ただし、いい加減な答えや質問はもちろんせず、自然に必要とあればその筋の専門家に相談に行けるように道筋をつけてあげることになるだろう。

それで、上記のようなクライエントの質問に対してどう「質問返し」をしていくか、どう応答していくか、ということだが、これも正解はない。治療者が自分の裁量で自由にやっていいのである。とはいっても、何か例があった方がいいので、筆者の応答例・質問返し例をいくつか挙げてみる。

【事例G】（三十歳、既婚女性）

（心理療法・カウンセリングの冒頭で）

G「先生、一体、何を言えばいいんでしょうか？」①（この質問が出発点）

治療者〈思いつくこと、言いたいことを言っていただければ〉②（常識的な応答）

「そんなこと言っても何も思いつかないんです」③（当り前の反応である）

〈そうですね。たしかに思いつかないことが多いですよね〉④（クライエントへの労わり）

「そうなんです」⑤

〈それでは、治療の役に立つこと、有益なことを言うのはどうでしょうか？〉⑥（質問返しが始まる）

「それはわかりましたが、その役に立つというのが、何なのかわからないんです」⑦（こうしたこと

は、クライエントの自然な反応である〉

〈どうしたら楽になるかというのは、役に立つことの一つですがいかがですか?〉⑧（質問返しを進めていく）

「楽になるか……?　でもどうしたら楽になるのかしら?」⑨

〈例えば苦しんでいることを話すというのはいかがですか?〉⑩（具体的に苦ということを提示する）

「苦しいこと、いっぱいあり過ぎて、……。いざとなると何も思い出せません」⑪（これもクライエントのよくある自然な反応）

〈そうですね。こういう緊張する場では特にそうですよね〉⑫（緊張しているから当然気持ちに抑制がかかるという点を思いやっている）

「ええ、そうなんです」⑬

〈苦しさっていろいろありますね。身体の苦しさ、心の苦しさ、人間関係の苦しさ、経済的な苦しさ、思うようにいかない苦しさ、この先どうなるのか不安でたまらない苦しさなど、何か当てはまりそうですか?〉⑭（かなり具体的に提示した選択型質問になっている）

「何か全部当てはまりそうです」⑮（クライエントはなかなか考えられないし、選択も苦手である）

〈どれかを選ぶと言うのは大変難しい作業ですが、無理に選ぶとしたらどうなりそうですか?〉⑯（ここでは選択の難しさを思いやりながらも、選択という困難な作業に入ることを後押ししている）

「うーん、やっぱり夫とのことかな……」⑰

〈もうすこし詳しくお話しできますか?〉⑱（これは治療者の常識的な応答）
「いや、どう言っていいか」⑲（やはり考えられないか表現できないようである）
〈私からいろいろ聞いていくのと、あまり私は聞かずに黙っておくのとどちらが話しやすいですか?〉⑳（こういう選択質問の方が答えやすいかもしれない）
「先生がいろいろ聞いてくれる方が話しやすいです」㉑
というところまで来た後、夫との出会いから結婚に至る経緯、結婚生活の内容、夫に関する不満とそれが出てきた背景、今逃げだしたいと思っているとのこと、別れを考え出した原因、今思っていること・迷っていることの内容、将来の不安などを聞きだしていった。
そこでわかったことは、夫がDVなみの暴力・暴言を吐くということだった。ただ、Gはそのことに対してまったくどうしていいかわからず、何とか夫に注意してほしいという依頼を治療者にしてきた。
治療者は「クライエントが連れてこられるなら会いましょう」と言うと夫もやってきて三者面談のような格好になった。そこで明らかになったことは、喧嘩の発端がクライエント本人にかなりあること、つまり「何かを決める（買い物、旅行、食事、親のことなど）時、本人は何も言わず全部夫に決めさせるが、必ずその後でその夫の決定に文句を言うこと」「そこで夫がイライラして『俺が決めたことでいちいち文句を言うな』と怒ること」「双方がエスカレートしてたたきあいのようになるとのこと」であった。
その後、何回かの夫婦面談の後、少しずつ本人は自分の要求や主張を言えるようになり、また家庭でも何か決める時にはある程度意見を言うが、決めたことに関してはあれこれ言うより、「これからはこうしよう」と建設的な方向で発言することになった。ただ、これで一見落着したわけでなく、本人の主体性のなさと夫がイライラに負けてしまう点は相変わらず続いているが、何とか二人で頑張ろうという恰好にはなっているようである。

〈事例Gの解説〉

この例は少し極端かもしれないが、この①・③・⑦・⑨・⑪のように「何を言えばいいのか」「何が自分の思っていることか」「役立つことは何か」「楽や苦とは何か」といったことをクライエントが表現しにくい場合がある。こうした思考力・間接化能力・表現力・自己主張力といった主体性が著しく後退しているのである。

この理由は、多種多様のものが考えられるので今は置いておくが、いずれにせよ、この主体性後退が著しいこともあって、クライエントは治療者になかなか思っていることや大事なことを言えないのである。これは、夫に対して何も大事な意見を言えず、後になってぐちぐちと文句を言うのと一緒である。夫とは曲がりなりにも親しいので甘えるような感じで愚痴を言えるのだが、初対面の治療者の前では緊張もあってか頭が真っ白になって何も訳がわからなくなっているので①のような反応になったのかもしれない。

もう一つは、このカウンセリングへ来た理由だが、保健師をしている母親に紹介されて、カウンセリングや心理療法がどういうものか何も知らずに来たと言うのも、①のような反応の大きい理由かもしれない。

いずれにせよ、治療者は最初の①を聞いて、直観的に本人の間接化能力・表現力・自己主張力の低下・未開発を感じ取ったので、②・⑥・⑧・⑩・⑭・⑯のような表現力開発路線を取ったのであろう。同時に④・⑫のように自己表現の大変さを思いやっているのである。

また、⑭のような選択型質問を採用するのは、このような主体性後退のクライエントに対しての波長合わせ的な応答である。つまり、オープンクエスチョンよりクローズドクエスチョンの方がはるかに答えやすいのである。

ただ、そうしたことから言えば、治療者は冒頭から、⑳のような働きかけで進めていってもいいし、またカウンセリングに来院した事実経過だけを聞いていっても良かったかもしれない。

結論から言って、このような例は治療者が引き出していかないと何も表現できないし、カウンセリングも進展しないことが多いが、じっと彼女の沈黙や困惑を見守って様子を見るのも一つの手ではある。治療者は、良質の出たとこ勝負で、自由自在に振る舞う方がいいのだろう。

次の事例も言うか言わないかにまつわる治療例である。

【事例H】（四十歳、会社員男性）

Hは重い抑うつ症状で某精神科医の治療を受けていたが、薬物療法だけではなかなか治らないということだったので筆者の心理療法を勧められて来所した。

治療者は早速、うつ病発症の背景や生育史・家族歴、性格・職場状況・家庭状況などを聞いていった。重いうつと言うわりには、比較的理路整然と今までの事情を語った。ただ、彼の訴えは「気力・エネルギーが全く湧かない」「会社に出ようと思うがどうしてもその気になれない」「何度も死にたい気分に襲われ、何回か危うく交通事故で死にそうになった」といった深刻なものであった。二人して原因を探ろうとするが、さっぱりわからなかった。

そこで、もう一度うつの歴史を年表風に振り返ってみると、やはり職場のことが要因のように思われた。そこで治療者はすぐに職場が原因とは決めつけずに、その職場のスタッフ（上司、同僚、部下）、業務内容、取引先、業務時間など事実関係を掘り下げていった。その後、スタッフの一人一人についての人柄を聞いていったところ、上司の部長（Hは課長）に関して「いい人です」と言うだけで、あまり語ろうとはしなかった。

何か引っかかりを感じた治療者は「どういい人なのか」と同時に「もともとどういう人物なのか」というように部長のことをいろいろ聞こうとした。Hはそれに対して口ごもりだした。以下、治療者である筆者とクライエントの対話である。

治療者〈この点（部長のこと）については言いにくいようですね〉①〈治療者としては思いやっているつもりである〉

H「いや、そんなことはないんですが……」②

〈それでは、もう少し聞いていっていいんですか?〉③

「えっ、それは……（沈黙一分）」④（この一分は治療者にとってはとても長く感じられた）

〈どうしましょう。続けますか？　それともこの話題はもう止めましょうか？〉⑤（選択を迫っている）

「……これはどうしても言わなければいけないんでしょうか？」⑥

〈そんなことはありません。むしろ言いたくないことは言わない方がいいかもしれませんがどう思われますか？〉⑦

「そうなんでしょうけど……」⑧

〈言うか言わないかで迷っておられるんですね？〉⑨

「そうなりますすね」⑩

〈その迷いは辛いかもしれませんが、とてもいいことですよ。言うか言わないかで迷う中で人間の心は強く柔軟になっていくわけですから〉⑪

「そうなんでしょうが、どうしたらいいんでしょうか？」⑫

〈私の考えを言っていいですか？〉⑬

「お願いします」⑭

〈こういうことです。まず言いたくないことや秘密は原則としては言わない方がいい。ただし、言った方が自分の益になると思ったら言っても構わない。ただ、言う相手は、秘密を守ってくれる、言ったことをよく理解してくれる、自分の言った秘密を自分のプラスのために使ってくれる、ということです

がどうですか?〉⑮〈これが治療者の伝えたい点である〉
「……」⑯
〈私の話、長かったようですが、もう一度繰り返しましょうか〉⑰
「お願いします」⑱
〈(⑮と同じ話を繰り返す)〉⑲
「わかりましたが……」⑳
〈今日のところはこれぐらいにして次回にしましょうか？　面接時間もなくなってきたし〉㉑
「先生がそれでいいんであれば……」㉒
一応ここで終わった。Hは、一週間後に再び来所し、同じような展開になったが、今度は以下のことを語った。それを要約すると、
「半年前に、今の部長が赴任してきた。前から活発な人と聞いていたので、どうなるかと心配していたが、最初は人当たりも良くほっとした。そして、この部長の下で頑張ろうと思っていた。しかし、段々仕事量が増えるとともに難しい仕事も頼まれたりしだした。最初の頃こそ張り切っていたが徐々に重荷になってきた。
そのうち、このままいったらどうなるのだろうという不安と何とも言えない重苦しさを感じだし、遂に部長に『もう少し仕事量を減らしてくれませんか。帰るのが深夜になったりすることも多いので』と頼み込んだ。すると部長は『今、会社はとても大変な時だ。ここを乗り切らないと駄目だ。それに僕は

君より遅く帰っているよ』と言われ、何も言えなくなった。実際、部長は一番遅くまで残って仕事をし、また会社もそうしないと大変なのかなと感じ、自分が不甲斐ないだけかなと思い、新たに頑張ろうとしたが、今度は全身の疲労感と不眠（特に夜間・早朝覚醒）が出現し、心身とも苦しい状況になった。

心配した家内の勧めで精神科の病院を訪れ、うつ病と言われ薬をもらった。それで、少しは楽になったが、重苦しい気分は相変わらずで、気力・意欲は全く湧いて来なかった。それで医師の勧めで休むことになったが、休んでもあの職場に戻ると思うととても憂うつだとのことであった。上司のことは、人に漏らしてはいけない（一生懸命やっている部長を非難することになるから）と思って誰にも言わないでいたが、今日、とうとう言わざるを得なくなった」

というものであった。

これに対し、治療者はまず、よくこれだけのことが言えたことを思いやり、秘密は必ず守ることを約束した後、今後どうしたら楽になるか、二人で話し合った。その結果、他の職場に移ることが一番望ましいとなったので、人事に掛け合って職場変更が健康上望ましいとの手紙や診断書を書いた。移る件に関して多少の難航はあったものの、Ｈという優秀な人材を確保することが必要ということで、配置転換が可能になった。

その後、Ｈは新しい職場に異動し、生き生きとやれるようになった。そして、例の部長の方は社長から部下の指導を巡って注意を受けたそうである。

（事例Ｈの解説）

これでわかるように、なかなか治らない心の病、特に遷延うつ病などでは、秘密が隠れていることが多い。

ただ、秘密は不用意に暴かない方がいい。初心の治療者はすぐにクライエント・患者の隠された内容を探ろうとするが、秘密はある必要性があって秘密のままに置かれているのである。そして、そのまま秘密にされていく場合もあれば、明らかにする必要性が生じてきたり、時が熟してくると秘密が少しずつ現れてくるのである。

従って、治療者は秘密の取り扱いに相当慎重でなくてはならない。具体的には、①のように思いやりながら、③・⑤と選択的質問返しをして、相手の気持ちを整理しようとしている。この時はなるべく治療者の圧力を感じさせないことが肝心である。

ただ、問題は「言いたくない。秘密にしておきたい」という気持ちだけではなく、「言いたい。明らかにしたい。治療者にわかってもらいたい」という気持ちもあるのである。したがって、隠したい気持ちだけでなく、言いたい気持ちも尊重する必要があるし、また両方の中で迷っている気持ちも大事にする方がいい。その表れが⑦・⑨の働きかけである。特に⑨の迷いの中で存在し続けることの大事さは治療だけではなく、生きる上で是非必要なことと思われる。

そして、⑮では核心と思える大事なこと、「秘密を明らかにしてもいい三条件、信頼・秘密保持、理解、有用に使われること」を伝えている。

ちょうど面接時間が来たのは、次回まであれこれ考える時間が来てよかったのかもしれない。

ただ、まだ途中で三十分ほど時間があれば、どう展開したかはわからない。

なお、強調しておきたいのは、治療者はいつもクライエントに質問の形で聞いているし、⑮のような伝達の内容でも、必ず相手の意見を聞いているが、これはクライエントの主体性や自己表現を引き出すためである。ただ、いつもいつも質問形がいいとは限らないので注意した方がいい。また、長い文章になった場合で相手に伝わっていない可能性のある時は、⑰・⑲のように繰り返すのも一つである。

最後に、治療者の中には秘密を暴きたがる人もいれば、言いたくないことはひたすらそれを取り上げないでおくという方もいる。筆者から見たらどちらもあまり治療的とは言いにくい。やはり、相手の言いたくない気持ち、告げたい気持ちの両方を尊重することが、「良質の秘密保持」「良質の告白」につながるのである。さらには迷う気持ちを保持することの重要さもわかっておく方がいい。

◆質問・応答は自由自在の方がいい

さて、今まで質問学と称して有益な質問の仕方を説明してきたが、原則から言えば、質問のマニュアルや方法は横に置いておいて、治療者が自分の思った通りに行動していいのである。

すなわち、治療者が聴く方にしたかったら聴いたらいいし、質問したかったら質問していいし、意見を言いたかったら意見を言っていいし、クライエントの質問にそのまま答えてもいいし、質問返しで深めていってもかまわない。

要するに、自由自在で、出たとこ勝負で、好きなように振る舞えばいいのである。ただし、「良質の自由自在性」「適切な出たとこ勝負」「有益な無手勝流」になるには、ある程度、質問や応答の技と術を学んで、そうした技術・作法は意識せず行動するのが理想なのかもしれない。

第四章　ルールや構造枠の重要性（心理療法の開始に当って）

◆ルールや枠は治療に必要

人間関係もスポーツも芸術も自由なように見えて、ある程度の約束や規則・ルールがあるが、心理療法においてもそれは必須と言える。いわゆる、ルール設定・治療構造枠というものであるが、これがなぜ必要かというと、クライエントの多くが治療者は何でもしてくれるし、何でも私のことを聞いてくれるという幻想を持つことが多いこと（アラジンの魔法のランプ願望で治療者を万能者に仕立て上げ、奴隷のようにこき使うという幻想を持つのである）が一つ挙げられる。それ以外に、自分は何をしても許されるし、こんなに苦しいから何をしても認めてくれるという幻想を持ちやすい。

あるいは、そういう気持ちを最初は持っていなくても、心理療法が深まってくるにつれ、様々な幼児的誇大欲求や破壊的衝動が出現してくることがある。

それ以外に、いろんな事情があるが、要するになるべく安全に、治療者もクライエントも身を守れ、安心して治療に臨める枠やルールの設定が必要なのである。

◆ルールや枠の一例

治療者やクライエントの状況、治療の場所、治療施設の構造、両者の関係などで、いろいろなルールや枠が設定されるが、一応の枠として、筆者が引き受ける時の条件を提示してみる。これは一種の治療契約のようなものである。

a．治療目標の共有

（現実的で合理的な治療目標が設定され、共有されることが治療の出発点である）

クライエントや治療者の状況によって治療目標は様々であるが、次のようなものになることが多い。

①憂うつ・不安・苦痛・イライラ・怒りなどの軽減（消失という幻想を与えないことが大事）

②不安・うつなどを受け止めていく（それらを持ちながら適切な行動がとれ、不適切な行動は控える）

③感情と行動のコントロール

④規則正しい生活（睡眠の改善）

⑤社会復帰（可能性の拡大）

⑥その他（対人関係の改善、良い方向からも考えられる、安らぎ、生きやすくなる、心の整理、決断ができるようになる）

要は、同じことを目指すのだが、クライエントによって表現が異なってくる。大事なことは幻想的で不可能な目標を設定しないことが大事である。

ただ、目標がまったくわかりません、と言うクライエントもいるので、その時には「とりあえず、目標を見つけることを目標にしましょう」「目標が見つかるまで、少なくとも体だけは大事にすることを目標にしましょう」という形で契約をする。

もう一つは、目標は治療経過中にどんどん変わってくることがあり、それはそれでいいと思われる。治療目標とは要するに治療に導入するための一種の方便であるし、治療が錯綜として何を目指しているのかわからなくなった時に戻ることのできる一つの出発点・原点でもある。

b. 治療が共同作業であることの確認

（治療は本人と治療者等の共同作業で、治す主役は本人である。特に、本人の自覚と治療意欲が、治療の進展を左右する）

この共同作業という提示はとても大事である。というのは、クライエントの多くが、治療者が自分を治癒の方向に連れて行ってくれ、自分は何もしなくていいと考えているからである。ただ、何をどう共同作業したらいいかわからない人には、治療者が提示してそれを一緒に考えていきましょうと説明している。

c. 自傷行為、他害行為をしない

（自分や他者を傷つけることは治療の妨げになる）（治療の目標はより良く生きることである）

これについては、今までもそうだが、治療中に苦しくなったりイライラすることもあり得るということをわかってもらい、自分を傷つけたくなったり、他者に当ったり暴れたり破壊的な行動を起こしたくなるかもしれないがそれをコントロールするようにということである。

それでは、未だ自傷行為や家庭内暴力が止められず、それを主訴や来談動機としてやってきている場合はどうなるかということだが、その場合は〈これはあくまで目標であって、このことに違反した場合はそれはそれでまたその時考えましょう。取りあえずこうしたことを目標にやっていく気がありますか〉と提案をする。

d．面接についての約束

〈時間、料金についての合意。一回五十分、完全予約制、料金X円、電話での面接はしない、面接以外では話をしない等〉

クライエント・患者の多くは、時として面接外で治療者に会いたくなったり、電話したくなるものである。また携帯やパソコンでのメール交換もしたくなるものである。特に境界例やパーソナリティ障害、精神病傾向の強いクライエントであれば、よけいそうなりやすい。

今までの経験から言えば、面接だけに集中した方が治療的には益になりやすく、上記の約束が望ましいが、これも例外があるので、その時はその時で約束についてまた話し合いをすればいいのだろう。だから、メールを許可する場合にはそうすることのプラスとマイナスをよく吟味したうえで始めることが大事である。今のところ、ここは未知の領域でもある。

ルールや規則・約束についてはまだまだいろいろあるだろうが、取りあえずはこのぐらいにしておく。

で、今少し約束の必要性を説明しておく。

◆ルール（限界設定）の必要性

初心者の中には、きちんと約束せずに、心理療法やカウンセリングを始めてしまう人もいるので、今少し約束の必要性を説明しておく。

第一は、限界設定ということである。クライエントは万能感を抱きやすく、その万能感には限界がない。万能感の一つの例としては、自分は何でもできる、何をしてもいい、何をしても許されている、治療者は優れている、何でもできる、何をしても許してくれる、といったものである。ルール設定はそうした万能感にくさびを打ち込み、人間の営みや望みには限界があることを示す。ルール設定を限界設定と呼ぶのはそうした理由からである。

第二は、クライエントと治療目標を「共有する」ことを通して、治療が「共同作業」であるということ、治るかどうかどこまで治癒水準を上げていけるかは、クライエント・患者にかかっているということを明確に打ち出し、クライエントにも責任を持たせようとしている点である。今まで他者、特に治療者に何とかしてもらえる、治してもらえると思っていたクライエントにとっては大事な提示である。これはクライエントの主体性を引き出そうとしている。

第三は、クライエントに、他者の存在の自覚を促すという意味がある。特に他害行為の禁止ということだが、クライエントの中には自分の破壊行為や暴力行為をたいしたことではないように思っている者もいるので、他害行為は他者に大変な痛みをもたらす重大事であることを禁止事項に盛り込むことによって気づいてほしいのである。

第四は、自傷他害の反対として自分を傷つけずに生かし他者に害を加えず益するようにする自生他益、自分をも他者をも利する自利利他の精神をわかってほしいということである。

第五は、現実は「自分の思う通りにはいかない」「思う通りにいかなくてもかまわないと覚悟する」「思い通りにいかない辛さを感じながら、適切な対応をし、不適切な行動を控える」という、治療にとって基本ともいうべきことを提示している点である。

第六は、間接化・忍耐力・コントロール力の醸成という点である。クライエントはどうしても直接体験ともいうべき、情動や感情の体験に左右される。こういう形で治療目標や治療条件を見つめることで、間接化がなされるし、また感情や情動のコントロール力を高める。

以上の六つは、治療の基本のように見えるが、実は既に治療の目標・ゴールでもある。だから、この引き受ける条件を守り通したらそれはそれで一つの立派な治療という仕事をしたことになるのである。

◆精神医療の場での限界設定（薬の問題）

以上は、心理療法を引き受ける時の条件の一例だが、今度は、一般精神科診療、精神医療、心療内科治療についての、やはり筆者の引き受ける条件を挙げておく。筆者は臨床心理士であると同時に精神科医でもあるので精神科一般の診療も行う。

最初の、ａ・ｂ・ｃまでは、心理療法の場合とあまり変わりない。

ｄ．診察について

一般精神科医療では、患者数の多さもあって診察時間などが短くなる。しかし、保険診療で行える。また予約制ではない。ただ、電話での診察は原則としてしないこと、診察時間以外は会わないこと等は同じである。診察時間については予め伝えておいて合意を得ることが望ましい。

ｅ．行動記録（状態記録）

それから、これは必要な人（行動化など自分で自分の行動をコントロールできない人など）に限ってだが、自分の行動が治療目標に向けてどれくらい行動できているかどうか、健康的な生活がどれだけできているか、自分の状態や気持ちがどんなものか、簡単に記録してもらう。原則として毎日だが、一週間分をまとめてもかまわない。

これは、自分を観察したり、自己の行動のコントロールに役立つ。

ｆ．審査期間について

これも特別な場合（開始時、治療意欲がもう一つだったり、行動化が激しく自傷他害の行為を繰り返している場合など）に審査期間を置く。以上のａ〜ｅが守られているかどうか審査するための期間を二〜三ヵ月（診察が八〜十二回程度）置く。審査期間中は、審査としての治療を引き受けただけなので、原則として投薬等の治療的行為はしない。投薬は一つの目安である。ａ〜ｅのことが守れていると正しい薬の使い方ができるが、守れていないと薬を乱用する恐れがあるからである。

◆ルール・限界設定の合意の仕方（毎回がルール設定・限界設定）

ただ、以上の条件は提案であって、決定的なものではない。もし疑問があれば、話し合いをしてから合意に達することが大事である。

治療に関しては、先述したように「入口が出口を決定する」と言われるように、出発点がとても大事である。それゆえ、治療のスタートに際して、きちっとした取り決めを行っていこうと考えている。

これに対して、患者の方から時に疑問が出る。例えば「もともと自傷他害を止められないので来たのにいきなり、それを引き受ける条件にされても困る」といったことである。これについては、行動化の詳細や背景について話し合い、行動化の責任が結局は本人にあることが理解され、それが共有されるまで話し合いが繰り返されることになる。ルール・限界設定はそれを設定すると言うことよりも、そうした設定を巡っての話し合いが大事なのである。

また一旦ルール設定をして治療がスタートしても、治療状況によっては設定破りがしばしば起きる。ルール設定は、原則として大筋は変えない方がいい。なぜならクライエントの「不安定さ・構造枠のなさ」が、変えることによって助長されるからである。

しかし、何もクライエントは好き好んでルール破りをしているのではなく、やむを得ない事情があるのである。それを汲んでいき、少しの微調整を加えた「仕切り直し」ということが重要になるのである。

◆柔軟で温かいルール設定・限界設定（ルール違反に対して）

それでは、このようなルール違反が起きた時どう対処するかという問題である。ルール違反に対しての対処で一番大事なことは、そのルール違反を治療的に生かすという視点である。ただ、治療的に生かすと言っても、その生かし方は様々なものがあり、一概にこうとは言えないが、筆者の一例を示す。例えば、リストカットや薬物大量服薬などの重大な違反に対しては、

①まず事の詳細を聞くようにするが、言えないことも多いので無理に聞き出したりはしない。

②はっきり、違反行動とわかったらまずは思いやる（例えば、「約束違反になって残念だね」とか「約束を守ろうとしてこうなってしまう時があるよね」といったような思いやりの声掛け）。

③違反行動・行為化の背景・原因を探っていく。

④原因を探りながら、今後の予防と課題を考える（ストレス状況を作らない。コントロール力をつけるなど）。

といったことだが、実際には対応は治療状況において様々である。クライエント・患者は違反に対して罪悪感を感じていることが多いので、ことさらそれを責めず「今回のことを今後に活かせ

たらいいね」という対応でいい。ルール設定は、罰するためのものではなく、相手の成長に役立つ温かいものである必要がある。

ただ、罪悪感をほとんど感じていない場合はもう一度ルール・限界設定について話し合う必要があるし、場合によっては治療そのものの仕切り直しをせねばならない時がある。

◆ルール・限界設定は、日常的営みである

普通の人間関係、仕事、遊び、スポーツなどは全て決まりがある。つまり、好き放題できる訳ではなく、絶えず周囲との関係の中である種の規則・約束・ルールがあり、それに違反し続けるとその関係・営みは壊れてしまう。

これはわかりきったことなので、通常はあまり言語化したり提示されたりすることが少ない。医療行為でも同じで普通は「引き受ける時の条件」などは自明のこととして別に治療者側から提示されたりはしない。しかし、心の病の場合では（身体の病でそういうことが時にあるが）、しばしばこの自明のことが守られないことが生じる。それだけ、精神的に追い詰められていることの証なのかもしれないが、当り前のことをまず当り前にやれるようになるのが治療の一歩である。

【事例I】（三十歳、独身女性）（解離傾向の強い境界例）

〔Iのこれまでの歴史と問題点〕

Iは、二十歳の頃より精神不安定になり、不安・不眠・抑うつ感に加え、リストカット等の自傷行為や過食、パニック発作などが出現していた。いろんな精神科医やカウンセラーにかかるも思わしくなく、喧嘩別れすることが多かった。また、Iと両親との関係も不和が続き、一人暮らしを続けていた。また友人関係や異性関係も、最初のうちこそ良好なのだが、しばらく経つと不満・対立・トラブルが多発し、Iのイライラは募るばかりであった。

そんなIがインターネットで筆者の存在を知り、筆者の元に転院して治療を受けたいと申し出てきた。早速いろいろな事情を聞くと、「パニック発作の時は、過呼吸になるだけではなく、荒れて、包丁などで彼を傷つけそうになる」とか「苦しい時は大量に薬を飲んで救急車でよく運ばれる」「リストカットや過食が未だに止められない」という危険な行動化が浮き彫りになった。

さらには、「自分の中には、いろんな人格がいる。傷ついている弱々しい人格になると自殺を試みるし、荒々しい人格になると彼や親友に襲い掛かる」といったことや健忘がしばしばあり、解離性障害が強いことが窺われた。

また背後にあるのは激しい怒りであるが、そのさらに背景には強烈な見捨てられ感、見捨てられ不安が根強かった。彼女は、いわゆる「しっかりした自分」というものがなく、いわゆる「一人でおれる能力」が育っていなかった。しかし、だからといって他者（彼）と居ると安心かというとそうではなく、他者に強烈に依存したり、しがみついたり振り回したりするので、トラブルが絶えなかった。特に目立ったのは、少しのことで見放された、捨てられたと感じて自殺企図に及ぶことであった。

［Iとのルール・限界設定］

まず、治療者はIの来院理由を聞くと「ここだときちんと治してくれると聞いたので来た」とのことであった。そこで「治るとはどういうことか」を十分に話し合った後、治療目標として「苦しみの軽減」「苦を受け止める」「感情と行動のコントロール」「リストカット、大量服薬をしない」「将来や方向の明確化」といったことに絞り、それを共有した。

次いで、引き受ける条件について話し合ったところ、「先生は私にばかり責任を押し付けて、先生自身は私を助けてくれないのか」という話になったところ治療者が〈私はあなたの自助能力、『自分で自分を助ける能力が育つ』のを援助する〉と返した。しかし、簡単には理解し得なかったようなのでこの点は何度も話し合った。その結果、一応、治療は共同作業で患者も責任を負わねばならないことを理屈の上ではわかったようであった。

また、自傷他害行為の禁止については、「少しでも違反したら診てもらえないのか」ということを不安がったため、治療者は〈一応これは目標という訳で、これで終わりという訳ではない〉と言うと少し安心したようであった。

しかし、三ヵ月の審査期間を設けること（Iが現在でも自傷他害行為を続けているため）、審査期間中は薬を出さないこと、また、審査期間中にルール違反があればその時点でまた審査のやり直しとして、正式に引き受け投薬もするということになるまでまた三ヵ月かかるということといった点に関してはかなり抵抗を示したが、何とか合意に達した。そして、行動をコントロールできているかどうか見るために、行動記録を書くとのことであった。

この後、Iは張り切り最初の二ヵ月は頑張って、リストカットも大量服薬も他害行為もなく自分をコントロールしていた。しかし、二ヵ月半になって急にエネルギーが続かなくなったのか、彼との間で荒れ、大喧嘩の末に大量服薬し救急で運ばれる騒ぎになった。

そこでまたやり直しということになったが、何回となく期間内にルール違反の行動化が生じた。途中で、本人は「患者がこんな約束を守るのは無理です」と泣きついてきたが、治療者は〈ここが踏ん張りどころです。コントロールの大事さを体にしみこませることが肝心なんです〉と言って三ヵ月の審査期間を緩めることをしなかった。しかし、守ることの難しさに対する思いやりは忘れなかった。

ただ、そうやっていくうちに、一年半後にようやく三ヵ月間、ルールが守れ行動化もなかったので正式に引き受けたが、面白いことにこの間に、本人の怒りや見捨てられ感、対人関係のトラブルも少なくなり、社会復帰の意欲も出てきていた。

（事例Iの解説）

以上でわかるようにルール設定については十分な話し合いが必要である。また、一度ルール設定をしたら簡単に変えない方がいい。しかし、このルールを守り、自分の衝動性をコントロールすることの困難さに対する理解は是非必要である。いわゆる厳しさと温かさの両面が備わっているルール・限界設定が大事なのである。

それと興味深いのは、審査期間と言いながら、審査の間も治療が続いていることがわかる。それゆえ、審査治療も正式治療もそんなに本質では変わることはないのである。

◆ルール・限界設定は自由に（必要な時に行えばいい）

ところで、このルール・限界設定は常に治療の最初に行わねばならないのだろうか？　筆者の経験では必ずしもそうしなくても良い。そんなことは暗黙の了解に入っていて、そんなことを持ち出して面接の流れを断ち切ったり、不自然な提示になる場合はそのような設定を持ち出さない方が無難である。

また、自傷他害の恐れが強い場合でもそのようなことを話の焦点に持ってくる方がふさわしいところまで待つ方がいいのではないかと思われる。ルール・限界設定は、何よりも治療の進展に、クライエントに益するものとして使われる必要があるからである。

第五章　治療中の困難について（困難はつきもの、治療のチャンス）

第一節　治療困難（治療抵抗）について

◆治療困難こそ治療目標

当り前のことだが、治療は困難の連続である。初心の治療者は、話を一生懸命に聞き誠実に対応し話し合うと、クライエントが楽になり気づきや洞察も増え問題の解決に至ると考えたくなり、事実そう考えがちである。たしかに、そうなるケースもあるが多くの事例ではうまくいかないことに出会うことが多い。

それと、治療がいくら困難の連続と頭の上でわかっていても、いざ困難に出会うとあたふたするようである。

なぜ困難になるかというと、本人の抱えている問題点や症状・心の病は、それまでの歴史の総決算ともいうだけの根深さを持っているからである。だから、おいそれとその解決は難しいのである。さらには、多くの困難と、問題点・症状形成は密接に絡み合っているものである。だから、問題点や症状解決には、こうした諸困難の解決が必須なのである。

従って、治療とは、問題解決、症状軽減の一面はあるにしても、治療の仕事の本当の中身は、諸困難の解決・克服にあると言える。ゴールよりプロセスの方が大事という言い方よりも、「プロセスそのものが一つ一つのゴール」なのである。

治療の困難を精神分析では治療抵抗と呼ぶが、フロイトが「精神分析療法で大事なのは抵抗の分析である」[15]と言ったのは、むべなるかなと思われる。

それゆえ、難しいことかもしれないが、困難や治療抵抗に出会った時は「良かった。やっと困難点が見えてきた」と喜ぶぐらいの気持ちを持つ方がいい。もっとも抵抗・困難はない方がいいに決まっている。それは何よりも治療者を揺さぶり緊張させるからである。

◆治療困難の例（三十の治療困難点）

では、どんな治療困難があるのだろうか。結論から言えば、治療者にとって、治療の邪魔になる、厄介だな、困ったな、これさえなくなればいいのに、と思うような現象は全て、治療困難点と思えばいい。

だから、人によって治療困難点は変わってくると思えるが、大体の困った点を挙げると、

①自覚や気づきのなさ、自分を見つめるのが苦手。
②治療意欲に乏しい、表面上治す気があるように見せながら実際はあまり動かない。
③自主性・主体性がない。全て治療者におまかせである。自分の気持ちや意見を言えない。
④治療動機・治療目標が非現実的。
⑤途中で「実は、治療やカウンセリングなど望んでいない」と言い出す。
⑥話し合いができない。こちらの話を聞けていない。一方的に喋る。質問に正しく答えない。
⑦治療者に対して質問ばかり繰り返す。

⑧無関係な話ばかりする。雑談が多い。
⑨他責的で自分の問題点を見つめようとしない。
⑩同じ話の繰り返しばかりである。訴えを執拗に繰り返すだけ。
⑪治療者を過度に賛美して、何でも治してくれると理想化する。ちょっとでも自分の理想と違う振る舞いをすると治療者をこき下ろす。
⑫治療より治療者の方に関心を向け、個人的なことを聞きたがる。
⑬逆に治療者に怒りを向け、攻撃する。
⑭治療者へのしがみつき、治療者を追い回す（激しい転移）。
⑮治療者への暴力、治療者への脅迫、治療者が身の危険を感じる。
⑯絶望感、あきらめ。
⑰孤独感、寂しさ、疎外感。
⑱希死念慮、自殺願望、自殺企図、自殺未遂。
⑲行動化（自傷他害行動、過食、ギャンブル依存、買い物依存、セックス依存）。
⑳面接の遅刻、欠席。
㉑（家族や他者に対する）殺意や傷害の意図を語る。
㉒万引き、犯罪の事実の報告。
㉓頻回の電話、電話で自殺企図を訴える。

㉔現実認識が乏しい場合。
㉕認知の歪みが激しい場合。
㉖ルール違反を謝罪してもすぐ繰り返す。
㉗自分のできることなのに治療者にさせようとする。
㉘本人が来ないで家族だけが相談に来る場合。
㉙治療者のミスを責め訴えると言う場合。
㉚治療者に決めさせようとする。

といったことが浮かんでくる。まだまだ無数にありそうな気がするが、この辺にしておく。この中には、しばしば起こり得ることと、⑮・㉑・㉒・㉙のように稀にしか起きてこないこともあるが、いずれにせよ治療者はこうしたことに対しての対策を予め考えておいた方が良い。

もちろん、いくら対策を考えたところで、マニュアルやきちんとした対応集がある訳ではないが、考えることによって、考えないよりは、少しはましな対応ができる可能性は増えると思う。

第二節　治療困難に対する対応

◆治療困難に対する対策（良質の出たとこ勝負）（六つの対応策）

こうした困難への対策はマニュアルはないと言ったが、それでも治療者が殺されたり、クライエントが自殺したり、双方が不必要に傷ついたりするより、そうならない方がいいに決まっている。従って、治療者はこうした点について、他の事例や心理療法関係の著作を調べたり、仲間やスーパーヴァイザーの意見を聞いたりして、そういうことへの対処法についてあれこれ思いを巡らしておく方がいい。

ただ、実際には「出たとこ勝負」で治療者は動かざるを得ないと思うが、何もわかっていないで右往左往するよりは、ある程度のことを押さえて自由に動く方が「良質の出たとこ勝負」「適切な自由自在」が可能になりやすい。例えてみれば真っ暗闇の中を、灯りなしで進むのと、ライトを持ちながら探索するのとでは後者の方が危険が少ないだろう。「やみくも」と「出たとこ勝負」は違うのである。

それでは、困難な点に対する筆者なりの要点を記してみる（なお、詳しくは拙著『難事例と絶望感の治療ポイント』も参照してもらえるとありがたい）。

i．何よりも、困難点を取り扱うことが治療の役に立つようにという気持ちで対処する。

ii．すぐに困難点を取り上げた方がいいかどうか、もう少し困難点が治療焦点になるまで待った方がいいかどうか考え、様子を見る。

iii．ただし、緊急性がなくてもクライエントや治療者の生存や生活に重大な影響を及ぼす可能性のあるものは徹底的に話し合う。例えば、先に挙げた⑬・⑭・⑮・⑱・⑲・㉑・㉒・㉓などである。

この場合、話し合った結果、危険性が薄れる場合は（思っているだけで行動しないとか、誤解がとけるとか）続けてもいいが、そうでない場合は、警察を初めとして公的機関に自傷他害の恐れのある事件として訴えることも辞さない覚悟が必要である。また、一人で悩まず、仲間やスーパーヴァイザーにも相談することが望ましい。また、自信がない場合は治療者交代も考えておく方が無難である。

いずれにせよ、危険性が薄れるまでは十分に話し合う必要があり、両者の間にある程度の信頼感が存在しているかどうかを確認しておく必要がある。さらに一旦危険性が薄れても、それらはぶり返す可能性があるので、いつも注意し何度でも話し合う必要があると思っておく方がいい。この場合のポイントはそうした重大困難とその危険性、そしてその背後にある怒りや衝動を如何に見つめ、間接化するということが大事な点である。

iv．今挙げた八つの困難点（⑬・⑭・⑮・⑱・⑲・㉑・㉒・㉓）は、普通の困難と比較して「重大困難」と呼んでいいだろう。こうした重大困難に至るのにはそれなりの事情がある可能性が高い。そしてできれば重大困難に至る前に少しでもその可能性があるなら可能性の段階でそうした「重大困難の芽」について話し合えることが望ましい。

v．普通の困難については、話し合うことができる場合は話し合って、例えば「治療意欲の乏しい点」について二人で共同探究していく。この際大事なのは相手を責めるというより、そうした「治療意欲の低下」というのはよく起こり得ることだ、という理解と思いやりが大切である。その結果、例えば「もともと家族に言われてきただけだから」とか「治療目標がピンと来ていなかった」とか「治療がこんなに面倒くさくて辛いものと知らなかった」「治療に通っている自分がみじめ」「先生にいろいろ聞かれるのが嫌だった」ということが出てくるかもしれないので、それはそれでまた話し合いを深めていくといい。こうした普通困難の背後には、人間であるがゆえの弱点・未熟さが原因になっていることが多いがやはりこの点を見つめ間接化し、適切な行動を模索することが大事である。

vi．話し合いができにくい場合、例えば⑥のような場合は、治療者の方から〈このまま話を聞いていているだけでいいですか〉と介入して、考えさせるのも一つである。

◆治療とは、治療困難との格闘である(16)

その他、困難点に対する対策は、以前の拙著(16)に書いたので繰り返さないが、ここでは次のことを強調しておきたい。それは「困難点は、たしかにクライエントの核心的問題点であり、それを共同探究することでクライエントに重大な気づきと改善がもたらされる可能性があるが、同時に困難点は大変な苦痛をもたらす可能性があるので、減らされる困難はなるべく減らし不必要に困難点を増やさないようにする」といった点である。この「困難共同探究」と「困難軽減」の両立が治療にとって望ましいのであろう。

第六章　転移について（治療の最重要ポイント）

第一節　転移について

◆転移の普遍性と取り扱いの重要性

治療困難と密接に関連しているものとして転移（感情転移）という現象が挙げられる。転移とは、治療者へのしがみつき・執着や反対の不信・疑惑・拒否・憎悪といったようなものである。また転移とは「患者・クライエントが治療者に抱く感情の総体」であるが、逆に「治療者がクライエントに抱く感情の総体」には逆転移の名が冠せられる。

転移・逆転移は一般的に厄介な現象と見られている場合もあるが、とんでもないことで、転移感情・逆転移感情は、治療の前・最中・後、全ての期間において生ずる現象であり、これがあって初めて治療が可能になるという非常に貴重なものである。ただ、転移の取り扱いは難しい面がある。転移・逆転移を適切に扱えば、それらを有効に活用したことになるが、不適切に扱えば「転移・逆転移にさらされる」ということになるのである。

転移・逆転移は例えて言うなら、火や水のようなもので、それはどこにでも偏在しているもので、上手く使えば人間の生活を豊かにうるおしてくれるが、下手に使えば火事・火傷・洪水といった災厄をもたらす。

この意味で、火や水が、感情の象徴とされているのは、むべなるかなという思いがする。

◆転移の重要性

治療過程において、転移は大抵の場合、出現してくる。それは、治療者への過度の期待やしがみつきといった陽性転移や、恐れや拒絶といった陰性転移などであるが、慣れていない治療者は、転移感情について困惑したり辟易したりする。

しかし、治療にとって転移は非常に重大な要素である。ユングは、フロイトに「あなたは転移をどう思うか」と聞かれ、「それは治療のアルファでありオメガです」と答え、フロイトは、大いに満足したとの話がある。ただ、転移の取り扱いはそう簡単ではない。フロイトは「分析治療の中心は、転移の分析である」と言いながら、一方で「抵抗分析の中で一番厄介なのは転移抵抗の分析である」と述べているが、まさに至言であろう。

ただ、ここで、転移全体に述べることは到底不可能なので、例によって、筆者の体験的要約を述べておく。

◆転移とは？（感情転移の定義・特徴）（十の特徴）

a．転移の範囲は幅がある

転移、または感情転移は広義の意味と狭義の意味とに分かれるように思われる。

広義に解釈すると転移は、患者の治療者に対する感情総体を指すと思われ、狭義に考えると、それは「患者の人生において、それまでに出会った人々（主に両親や同胞等）に対して抱いた感情や願望、衝動などを、治療者に移し換えること」と思われる。

つまり転移とは「ある種の感情を治療者の方向へ転じて、治療者の方に移動させる」ということで、だから転移と呼ばれるのである。

b. 転移されやすい感情は（人物・自然に対しての感情）

どんな感情が転移されるかと言えば、一番多いのが、母親や父親に向けていた感情が転移されることが多いがそれだけではなく、同胞、先生、友人、恋人、上司、子どもなど自分にとって大事だと思える人物に対する感情が治療者に向けられることが多い。

また大事なことは、現実の両親や人物ではなくて、自分の期待する（あるいは恐れている）想像上の両親像や人物像に関する感情が治療者に向けて転移してくる。

もっと言うと、人間だけでなく神や悪魔、女神や魔女など、想像上の神話上のものに関する感情まで転移してくる（いわゆる元型的転移）場合がある。極端に言えば、花や動物、太陽・月・星といった天体的・宇宙的なものへの感情も転移してくることがあるのである。

c. 幻想的性質

ここからわかるように、転移感情（転移された感情）は、しばしば不合理で非現実的で空想的な色彩を帯びてくることが多い。

いわゆる自分勝手な感情を、治療者に移す（映す）ことで、それは投影とほぼ同義語と考えてもいい。

d．治療者に対する幻想的感情

従って、治療場面では、しばしば、現実の治療者の役割や能力（患者の自覚や自立を助けることで、それはあくまでクライエントが主役となってする作業で、治療者は脇役としてそれを援助するぐらいである）以上のことを期待しがちになる。例えば、「お母さんのように二十四時間見守ってほしい」「恋人のように、常に自分のことだけを考えていてほしい」とか、「父親のように、自分を引っ張ってほしい」「神様のように一瞬で楽にしてほしい」「先生（治療者）が大好きだ。一度でいいから二人きりで一晩を過ごしたい」という空想・投影を向けることがある。

このような幻想的期待は、陽性の転移感情と呼ばれるが、幻想であるがゆえにいつか期待は裏切られることになり、その時は「先生に裏切られた」「先生は冷たい」「先生は天使づらして、実際は悪魔だ」といったような陰性転移が生じることになる。

e．人間関係は、幻想（転移）と現実の交錯

ただ、幻想は一般の人間なら持って当り前である。そして日常の人間関係において、しょっちゅう相手に何らかの幻想を投影している。ただ、健康度が高い人間は、幻想を投影しているだけでなく、客観的な現実認識も持てている。通常の人間関係は、幻想と現実認識の交錯の中で生じてくる。

f．転移（幻想）が促進されやすい場合

健康度がより低くなっている患者は、先述したように現実認識が乏しいというか未開発である。従って幻想が肥大し、投影が強くなり、強烈な転移感情を抱きやすい。

g．人間関係であれば転移は必発

このように、現実の人間関係でも治療関係でも、転移現象は必発だと考えられる。それは、相手へのとらわれであり、執着でもあり固執でもある。

h．転移は永遠に続く

幻想や転移はなくなることはない。それは、心臓から絶えず血液が出ていくように、脳や心の中で絶えず産出されるものである。

i．転移に問題の核心がある

転移感情は治療抵抗と同じく厄介視されることがあるが、とんでもないことで、転移や抵抗は治療の原動力であり、またこれによって問題の核心点に近付けるのである。

j．転移の取り扱い方が肝心

だから、大事なことは、転移や抵抗をどのように認識し、どのように取り扱うかといったことである。

k．転移感情の間接化

転移感情という直接体験を、距離を置いて間接的に見つめ、整理するということで、患者の内的抵抗の克服やより高い発達段階への移行や成熟がなされる。

◆感情はもともと転移性を持っている（全ての感情はある意味で転移感情と言える）

だいたい、喜び・悲しみ・寂しさ・怒り・イライラといった感情は「ある状態や対象に対する主観的な価値づけ」と言えるように必ず対象を有している。それゆえ、感情の内容も対象も様々に変化、すなわち転じて移動する訳である。そして、感情を向ける相手、つまり転移する対象は人間とは限らず、物や自然、あらゆることに渡ってくると言える。

だから、転移の分析とは感情の分析と思えば、そう転移を特殊なものと考える必要はない。ただ「転移が生じた」といった形で言われる「転移感情」とは、おそらく治療の中で、その感情の理解や分析が必要になってくるほど、重要になった、強くなったということなのだろう。

◆転移感情（感情）の分析の有用性

それから、転移感情を取り上げることやその分析は、治療上大変有効なものであるが、その理由に関して少し、私見をまとめたので以下に提示する。

a．安心感の獲得

安心感が得られる（治療を始めるとクライエントは、しばしば治療者に好意を抱いたりし、強い時には治療者を親や恋人のように感じてしまうこともある。逆に治療者に強い恐れを抱くこともある。このような陽性・陰性の転移感情は、今まで経験したことのないようなもので、クライエントを不安にさせることが多い。この時、そうした転移感情を話し合い、それは人間として当然で、また秘密を打ち明けていく側面を持つカウンセリングでは特に生じやすいものであることがクライエントに理解されると、クライエントの安心感は高まる)。

b．正しい認識が得られる

幻想性と現実の区別がつき、正しい認識が得られる（転移感情は、クライエントの幻想であることが多い。この幻想だけで動くと様々なトラブルが生ずる。ただ、カウンセリングの過程で転移感情を取り上げ、幻想から出発して現実認識が得られると、幻想だけに振り回されずに、正しい認識のもとに行動ができる)。

c．カタルシス（モヤモヤの発散。毒消し。心の膿取り）

クライエントは、現在も含め、多くの辛い苦しい歴史を持っている。それは治療者への転移感情として出現することが多い。治療者が、その転移感情を尊重し、それを大事な心の表れとして受け止めると、クライエントは、これまで人生で感じていた辛さ・苦しさ・傷つき・不満・怒り・イライラ・寂しさといった、心の膿や毒のようなものを発散し、治療者の存在は「癒しの器」となっていく。心の「膿取り」や「毒消し」の作業ができる。

d．再体験・新たな体験ができる

事実はともかく、治療場面で見るクライエントは、満足な母親体験・父親体験、あるいは友人体験・恋人体験などを持っていないことが多い。逆に、傷ついたり恐ろしい体験を有していることが多い。こうしたクライエントが、治療者との間で、心に染みいるような有益な人間関係・感情体験を持てると、クライエントは癒される。

e．自己認識、自己の対象関係認識の深まり

クライエントは、治療者への転移感情とその分析を通じて、今までの両親体験、さらには両親に対する正しい認識を得られ、それまでの歪んだ狭い両親像が修正され、両親に対する正しい、時には思いやりのこもった認識を獲得でき、これは心の安定につながる。

f．自覚や洞察の獲得

転移感情の分析を通じて、自分の病状や問題点の背景・原因が理解できる。

g．良性の退行とエネルギー回復

クライエントが安心して退行できる〔転移感情の理解によって、退行は当然あっていいと認識され、良き退行ができる。それは自我がセルフ（自己）に同一化することで、エネルギーの回復にもなる〕。

h．治療者の心の安定

転移の理解の共有は治療者の安心にもつながり、それはまたクライエントの安心を増やすといった良循環につながる。

i．心の中核・コアに迫れる

総じて治療とは、知的なやりとりというより、感情の交流である。そして、この転移感情を通じてのやりとりは、クライエント・治療者双方の心のコアを扱うことになり、双方とも変容を遂げていくのである。

以上、転移感情を通じて取り扱うことの意義をほんの少し述べたが、まだまだ、いろいろな意味合いがあるだろう。いずれにせよ、転移や感情は人生の宝庫である。

第二節　転移に対する対応

◆強い転移感情（しがみつき、怒り、恐れ、過度の期待など）に対する対策

ただ、このような素晴らしい転移感情は、その素晴らしさゆえに、時にというよりしばしば治療者を悩ませるように最初は働く。素晴らしいものや貴重なものは、最初は困難で厄介な姿を取って現れるものである（醜い意地悪な老婆が素晴らしい女神に変身するという童話はよくある）。それがしがみつきのような転移感情である。ここではそれに対する対応を少し述べてみる。

しがみつきとは、相手（治療者）に取りすがることであり、また相手に対する執着や転移感情が強いということである。では、これに対してはは具体的にどうすればいいのだろうか？　転移の取り扱い方は一様ではないが、ここでは、一つの例を挙げる。
①患者は来院前から、すでに幻想というか転移を持っていることが多い。その治療者が有名な治療者なら当然だが、そうでなくても、「今度こそ治してくれるに違いない」「楽にしてく

れるだろう」といった感情を抱きやすい。

②従って、初めの時はなぜ、自分という治療者を選んだのか、どういう理由で選んだのか、患者・家族に聞く必要がある。ここで、クライエントの幻想の一端が明らかになることがある。しかし、これを聞き出すのは必ずしも簡単ではない。幻想や転移感情を言語化するのは、結構大変な作業なのである。従って、治療者の助けが必要となる場合も多い。

③初回面接で、転移をどのくらい向けてきているかを観察していくと同時に大事なことはそのクライエントが転移を起こしやすい人かどうかを見ていくことである。今までの治療者とトラブルを起こしたり、幾人もの治療者を遍歴したり、前の治療者の悪口を言ったりする人は、要注意である。

④一通り、病歴・成育歴・治療歴を聞いた後、治療のルールや約束を提示する。転移を起こしやすい人には、単に提示するだけでなく、相手の感想を聞いておくことが大事である。もし「厳しすぎる」とか「守れない」と言った場合は、どの点が厳しく、どの点が約束遵守困難な点なのかを聞き、それについて詳しく話し合うことが必要である（治療契約や治療構造がしっかりしていないと、その違反について明確化できにくくなる。転移感情は、しばしばルール違反という行動化として生じやすい）。

⑤転移感情は遅かれ早かれ、治療過程で出てくることが多い。まず、治療者の役目は、転移が出現してきているかどうかを疑ったり、察知することである。

◆転移現象の観察（二十七の例）

転移が出てきていると疑われる例をいくつか挙げてみる。

・「この患者の感情はどうも自然ではない、二人の関係は普通の治療関係からはずれているのではないか」といった感覚を感じる時（この自然さ・不自然さの感覚を養うことが治療者としての能力を上げることになる）。
・治療者を誉める。誉め過ぎる。誉めることでもないのに不自然に誉める。
・治療者を理想化する、万能視する（「初めて、本当の治療者に出会った」「この先生なら私を治してくれるに違いない」など）。
・治療者のことを命綱だと言ったり、「先生がいるので生きていられる」と言ったりする時。
・治療者に関心を持つ（特に個人的なことに）。
・治療場面以外で治療者に会いたがる。
・治療者のこと（経歴、家族等様々）についての話が多くなる。
・電話、手紙が頻繁になる。
・すねたり、甘えたり、ひがんだりする。
・治療者の気持ち（真意）を探ろうとする（「先生は私を本当に助けてくれるのか」的発言）。
・治療者を独占したくなる、治療者の家族に嫉妬する（「奥さん、幸せですね」）。

・治療者をけなすようになる（冷たい、理屈っぽい、何も答えてくれない等）。
・不信感、疑惑を向けてきているような時。
・怒ったり、腹を立てているような時。
・イライラしている時。
・希望が持てない、絶望していると言う時。
・沈黙が多くなり、質問にも答えなくなる時。
・治療者に対する不満を表明する時。
・利用されている（研究材料等に）と言う時。
・治療者と競争しようとしている時。
・口論になる時。
・あまりにも受け身的で、従順な時。
・あまりにも愛想のよい時。
・治療（者）を恐れる時。
・行動化がある時、自傷行為、大量服薬、拒食、過食、セックス依存など。
・治療者が妄想の対象になっている時。
・自殺したいという時。
・家に帰りたくないという時、面接が終わっても席を立たない時。

まだまだ、いろいろ挙げられるが、いずれにせよ、上記のことは、治療者へのしがみつきや転移感情の表れ、または出現の芽という可能性を考えていい。もちろん一方で、患者であれば、これらはごく自然な反応であるという感覚を持っておくことも大事である。

◆転移を疑った時の対応

患者の言動が自然な反応か、転移の萌芽なのか、転移の疑いなのか、明確な転移なのかを判定することは難しいし、またこれらを区別する明確な基準はない。

ただ、この際、大事なことは、これが転移と確定できるかどうかということを考えるよりも、この転移と疑われる現象が強くなっていくかどうか、この現象は患者の治療上の抵抗になっていないかどうか、治療関係を歪めないか、これを取りあげて話し合うことが有用かどうかといったことを考える方が大事なことである。明確な転移かどうかは別にして、ある転移と目される現象を取りあげ、それで患者が洞察を獲得し、現実生活への適応力を回復したら、それは明らかに治療的に有用な作業である。

転移の可能性を感じたり、転移を疑った後の治療者の対応は結構難しい。決まった順序はないが、一応考えることは、転移の強さの程度、転移の表現が暗示的・間接的な段階か直接的表現をとっているか、転移が抵抗になっていないかどうか、転移というより自然な当然の反応ではないのか、なぜこのような転移現象（正しくは転移と思われる現象）が今生じてきているのか、この転移の起源は何かということになるだろう。これは転移をとりあげるかどうかを決める一つの準備的連想（治療者側の）といってもいいかもしれない。

◆転移の取りあげ方

転移の取り扱い方に一定のものはないが、一つの例を挙げてみる。

①まず、陽性転移が優勢な時はあまり取りあげない。陰性転移の場合も最初からいきなり介入するより、それが強くなってきた時に取りあげる。しかし、陽性転移があまりに強くなり過ぎ、危険だと感じた時は、それを話し合う〔具体的には〈今、私（治療者）にどんなことを期待していますか〉と聞いたりすることから出発する〕。

②陰性転移もそれが治療上の重大な抵抗になっていたり、それを取りあげないと、自殺や行動化、中断といった重大な事態が生ずると判断した時は取りあげる〈具体的には〈何か私に不満はないですか？〉〉。

③また転移がかなり直接的表現をとっている時に取りあげると、患者が気づきやすい。具体的には〈私のことを命綱だと言っておられますが、もう少し詳しく話してくれませんか〉といった問い方である。

④患者が転移を考えていける状態にあると判断される時は取りあげてもいいが、絶対にそれが必要という訳ではない。

⑤陽性転移でも、あまりにもそれが過度である場合（理想化、万能視、性愛欲求等）、それを放置せず話し合う方が安全である。

⑥転移性精神病の徴候がある時も、やはり放置しない方がいい。

これを取りあげ、話し合っていくうちに患者が、過度の期待や幻想、逆に恐怖や怒りなどを抱いていることを理解すれば、現実の治療者の姿・役割・能力を示し、そのことを理解してもらう。その後で、そうした患者の転移感情すなわち治療者に関する思い込みや投影は自然であるが、現実からずれていって、治療を妨害する可能性があることを理解してもらう。

次にその転移（思い込み）をどう思っているか聞くが、そこで「こういうところが私の問題なんです」と言えば、その転移感情の背景を共に考えていく。

さらに転移感情と患者の防衛や性格との関係、さらに幼児期の両親との関係も検討されていくと思われる。

それと順序は逆になるかもしれないが、患者の抱く転移は人間的に意味があってそれが普通の人間の証であることを話し合う（患者は転移感情の存在に気づいた時、衝撃を感じる場合があるから）。

さらにその転移の有しているプラスとマイナスについても話し合うこともいいし、転移感情やしがみつきが、日常の生活で出ていないかどうかを考えさせることも大事である。

しがみつきや転移感情は厄介だが、クライエント・患者の本質的なところや、その問題点の核心がわかる場合もあるので、むしろ治療のチャンスだと思っておくとよい。そして、早くからその芽や現れに気づいておき、取り上げるタイミングを図っておくことが大切である。

第三節　転移感情の取り扱いに対するスーパーヴィジョン例

ここで、筆者がスーパーヴァイズした例をいくつか挙げる。ただ、非常に簡略化して要点だけを述べているだけに過ぎないことを断っておく。

【事例J】（十七歳、女子高校生）（治療者が振り回された例）

［病歴・治療歴］

Jは、最初、不登校と家庭内暴力を来し、困惑した家族がカウンセラーに相談に行った。カウンセラー（四十代後半、女性）は、一生懸命に、カウンセリングに来たがらないJに手紙を送ったり、電話したりして、関係を持とうとした。

その結果、Jはカウンセリングルームに来るようになり、治療面接が始まった。Jは今までの辛さや、学校や両親の不満を訴え、治療者は前と同様に一生懸命に受容・共感をこめて聞いた。そのうち、Jとの間で、面接の回数の増加、喫茶店での面接、カウンセラーの自宅への電話などが生じてきた。また電話の内容も「絶望。死にたい」と苦しく怖い内容ばかりになってきた。

次第に重荷になってきた治療者は、ついに「夜中の電話だけは止めて頂戴」と言ったところ、Jは激怒し「見捨てられた。死んでやる」といって、実際に手首を深く切り、救急車で搬送される騒ぎになった。

また、Jの家族にも「カウンセリングの最初こそ、よかったが、むしろ今はカウンセリングを受ける前より悪化してしまった」と恨みがましく言われたため、すっかり落ち込み、筆者のスーパーヴィジョンを依頼してきた。

［スーパーヴィジョンの内容］

筆者は、まず治療者の苦労をねぎらった後、このセラピーというかカウンセリングを振り返ってもらった。その結果、過剰と思える依存感情、母親転移の理解が共有され、初期に本人や家族と治療契約を結び、治療構造をしっかりしたものにしておくべきだったことに治療者は気づいていった。

［スーパーヴィジョンの後］

その後、治療者は、これまでのことを家族・本人に謝罪し、治療契約の重要性を示し、もう一度その上で、カウンセリングを再開したいのならする、とJ自身の決断を重視した。

Jや家族は、自宅に電話をかけてはいけないということに抵抗を示したが、緊急の時の処置などについて話し合ったり、精神科医の応援を受けるということで、承諾し、今度は治療構造をきっちりした上でカウンセリングが再開された。

しかし、再開後も、たびたび強い母親転移やそれに伴う陰性転移感情・行動化（リストカットなど）を向けられ、うんざりするという逆転移感情を感じた治療者は、治療契約違反を厳しく指摘した。ただ、クライエントは、逆にそれに反発し、治療はまた行き詰まった。そこで、再びスーパーヴィジョンを受け、あまり限界設定や治療契約を厳しくしないこと、クライエントも必死になってこの治療契約に含まれるルール（自傷・他害行為の禁止）を守ろうとしているのだから、その努力を認め「頑張っているけど、ついつい耐えられなくなってしまうんやね。まあ、今度は守れるといいね」というねぎらいの言葉をかけることなどを学び、そう接した結果、クライエントの安心感が増し、陰性転移感情も減り、治療者の陰性逆転移感情も減少していった。

この後、治療は進展・行き詰まり・スーパーヴィジョン・カウンセラーの気づき・再進展という形で展開した。その中で、治療者は、次第に核心は、自分自身の逆転移の分析や逆転移感情のコントロールであるということを理解し、少しずつ治療は安定に向かいだした。

その後、カウンセリングは、クライエントが大検を受け、大学入学を果たしたところで終わっているが、その後も不安になるたびにカウンセラーの元に相談に来ているようである。

（転移感情を取り扱うこと、セラピーを行うに当っての、治療契約の重要性を示してくれている）

【事例K】（二十五歳、独身女性）（クライエントの母親転移と治療者の母性的逆転移の共鳴）

［病歴・治療歴］

Kは、就職して、二年余り経ったところで、不潔恐怖やパニック障害が生じ、心療内科にかかり投薬を受けたが、あまり改善せず、別のところでカウンセリングを受け始めた。母性的で温かかったカウンセラー（三十代後半、女性）の支持的・受容的な関わりの中で、会社や対人関係や家族関係の悩みを表現でき、症状は軽減し、精神症状も安定したかに見えたが、仕事の復帰となると急に不安が生じ手足の麻痺やしびれが出現した。

折角、良くなったのにまた悪くなったことでがっかりした治療者は、クライエントに「大丈夫。私が付いているから」と安心感を与えようとし、またクライエントの求めに応じて、面接回数を増やしたりした。

しかし、クライエントの不安は少しましになったものの、身体症状が続き、クライエントは、次第に抑うつ的になってきた。また、カウンセラーに対しても「ちっとも楽にならない。先生は何もしてくれない」という陰性転移感情を向け始めた。これに狼狽した治療者は、どうしていいかわからなくなり、スーパーヴィジョンを求めてきた。

［スーパーヴィジョンの内容］

スーパーヴィジョンのテーマは、クライエントの再悪化であったが、筆者は、スーパーヴァイジーに対し「不安を鎮めたり、面接回数を増やしたりすることもいいが、この人の不安に向き合いその不安の分析・探究をし、その不安に対してどうするのかを話し合うのも一つの手では」といったことを示唆した。

［スーパーヴィジョンの後の展開］

治療者は、その後、本人の不安を手探りで共同探究した結果、「会社に戻ることの不安」「二年経って責任が重くなってその負担に耐えかねること」「もともと、自分は自立できていなくて、大人になりたくないこと」「もっともっと甘えたかったこと」「母は厳しく甘えられず、また母に従うだけで自立できなかった」といったことを述べ始めた。

カウンセラーは、それに対して「よく、それだけ気づけた」と評価しながら、それだけいろいろ複雑な思いがあるならゆっくりしていったら、という姿勢でカウンセリングを進めていった。

そうすると、クライエントは落ち着いてきて、また家で初めて母親に反抗的な態度（朝、起こしに来る母親に対して「うるさいわね。私が寝たいと思っているんだから私の言う通りにして」と言ったりしたこと）を取れたりし、それが認められ、その後母親に不満をいろいろ言えるようになった。心配した母親が、カウンセラーの元に相談に来たが、カウンセラーは「自立の表れですから心配しなくていいですよ」と説明したため、母親は一応安心したようであった。

その後、自由になってきたクライエントは、ゆっくり将来のことを考え、自分のしたい仕事（語学系の仕事）につき、そこで男性とも付き合えるようになり、カウンセリングは終了した。

治療者は、この治療を振り返り、「このクライエントは、私に母親転移を向け、私も同じように母親的逆転移感情を向き返したのだと思う。でも、それだけでは、自立にならないので、この母親転移を見つめ直し、これから自由になることが必要だった。そうできなかったのは、私自身が母にあまり甘えることができなかったのでこのクライエントに同情し過ぎてしまい、不安を鎮めることばかりに目が行ってしまった」と述べていた。

(クライエントの母親転移に治療者の母親的逆転移感情が共鳴してしまった例である)

【事例L】(十六歳、女子高生)(投影同一視傾向が強い例)(正直が最良の治療)

〔病歴・治療歴〕

Lは、成績優秀で名門進学校に入ったが、そこでは皆が優秀なため、負けまいと思ったが次第に息切れし、過呼吸・パニック発作を起こし、ある精神科医の元に通院しだした。少しは落ち着いたものの今度は母親への暴言・暴力、リストカットなどが出現した。医師は境界例を疑い、とても自分の手に負えないということで某男性カウンセラーに紹介した。

そのカウンセラーは、医師からあまり説明を受けないままLと出会ったが、クライエントが知的で美しく洞察力があるように思ったので、つい引き受けてしまった。

その後、熱心に症状の背後にある現在の状況や生育史、家族状況などを語り、カウンセラーも「こんなに頑張ってきたのなら息切れして当然だよね」という形の理解を含む受容・共感的態度で接したところ、症状は急速に改善し、状態は良くなった。

治療者は、「境界例と言われていたのに案外うまくいくな」という気持ちや「このまま、治ってくれれば」との思いが出始めた。しかし、十回目頃より突然、クライエントが「先生は冷たい。私に無関心だし、私のことを重荷に思っている」と言いだした。治療者はびっくりして「そんなことはない。一体、どうしてそんなことを言うのか」と反発した。
それに対して、クライエントは、「最初の頃の熱心さがなくなってきている。途中であくびをしたり、眠そうにしたり、それに私の幼い頃のことや母とのこと等、あまり治療に関係ないことまで詳しく聞いている。どうせ、私は研究材料でしかないし、私のことをどこかで発表するんでしょ」といった内容のことを断片的にしかし怒りを込めて語った。治療者は、それを聞いて当っているところもあって驚いてしまったが、言い返すことしかできず、一転してカウンセリングは、言い合いの場所になってしまった。そして、そういうことが続く中、またリストカット等が出現し始め、家族からも文句が出て、治療者はすっかり追い込まれ、筆者にスーパーヴィジョンを頼んできた。

［スーパーヴィジョンの内容］

スーパーヴァイザーは、治療者の困惑に共感した後、あくまで仮説であるがと念押しをした上で次のことを指摘した。

「最初の頃の改善はよくあることで転移性治癒に過ぎず、クライエントが文句・非難という形で自己主張しはじめることはよくある。そして、ここからが治療の正念場であって、陰性転移感情という治療抵抗が出てきたところから、初めて本格的な治療に入れる。ただ、転移性治癒までいけないカウンセラーも結構いるのでその点はいいのでは」（分析流に言えば、底に眠っている無力感・不安感が「見捨てられ不安」として、治療者に投影され、その投影された治療者を自分と同一視するので、治療者のことを放っておけなくなり、治療者を支配しようとして文句を言ったということになる。理想化と価値下げが生じていると言ってもいい）。

「クライエントの指摘に対して当っているところは認めると言った『波長合わせ』をした方がいい。眠気、あくびに関しては謝罪してもいい。その上で、本人の見捨てられ不安を取り上げ、その不安を持ちながら『今後カウンセラーに何を期待するか言えるかな』といった『ふわり質問』をして様子を見る方がいい」

「研究材料という点では、すべてのカウンセリングで言えることなので、クライエントも例外ではない、と断った上で、ただ発表する時は、こういう点で役に立ったという部分の発表になるし、もちろん匿名性は守るし、あなたの許可を得るつもりだ、と言っていいのではないか。要するに、セラピーは『正直正太郎』が核心なのだ」

「このように謝罪と説明をした上で、でも、自分はクライエントの改善を願っている気持ちはあるので、全く無関心という訳ではない。だから、どうして、こんなズレが起きてきたのか不思議だということを話し合えればいいのでは」と、いった内容のことを述べた。

［その後の経過］

その後、治療者は謝罪し、誠実に説明したため、クライエントも少しは落ち着いたが、簡単にはいかず、何度かリストカットなどの行動化が生じた。しかし徐々に状況・状態は落ち着き、「自分の本当にしたいことを見つけたい」「周りに振り回されないようになりたい」「自立したい」というような核心の問題に触れるようになった。

　また、前の怒りに関しては、「あれは、結局自分の方のモヤモヤ、不安だったと思う。でも、先生が眠そうにしていたのも事実。最初、先生がそれを認めなかったので、腹が立ったけど、後で謝ってくれて、少し一息ついた。また、これからがんばる」とのことであった。

（ここでは、転移性治癒、投影性同一視、理想化と脱価値化、見捨てられ不安、波長合わせ、ふわり質問、正直正太郎が大事だったと思われる）

【事例M】（二十八歳、独身男性）（よくなった後の陰性転移の発現と波長合わせ）

〔病歴・治療歴〕

　クライエントは、長年のうつや強迫症状、対人恐怖などがあり、いわば「最後の砦」という形で、治療者のカウンセリングを受け始めた。いくつもの治療機関を転々としていて、過去にカウンセリングを何度も受けたり、薬物療法歴もあった。

　治療者は中堅の女性カウンセラーであったが、彼女は、クライエントの転移がカウンセリングの前から相当強いことを感じたため、周到に治療契約を結び、その上でカウンセリングに入った。

　治療者は、母性的であるだけでなくクライエントの問題点も取り上げていくという父性面（相互検討を深めるといった）の関わりを慎重に進めていった結果、気持ちの安定、外出の増加、症状の減少などの改善が見られていった。ただ、肝心の就労となると、ためらいがあるようで、なかなか仕事には踏み切れなかった。

ただ、一年半を経過した後、いい就労先が見つかり、いよいよ仕事に行こうとした矢先に、クライエントが「ちっともよくなってない。このカウンセリングは一体どうなっているんだ?」と詰め寄ってきた。びっくりした治療者は、「何を言っているの。こんなによくなったじゃないですか。仕事に行けるところまで来ているし」と思わず、言い返してしまった。

そうすると、クライエントは「まだまだ、強迫症状はあるし、対人恐怖も強いし、気力もまったくない。これで良くなったとどうして言えるのか」と言い返してきた。ますます、狼狽した治療者は、「それは、あなたが働きはじめるのを恐れている抵抗の表れよ」と言ったところ、クライエントはもっと怒りだし「何の根拠があってそう言うのか。僕は働きたい気持ちでいっぱいなのに」と言い返してきた。

これ以後、カウンセリングは、口論や言い合いの場所になったようで、ついにクライエントは「これまでのカウンセリングは、全く無駄だった。今までのカウンセリング料全額返してほしい。本当は慰謝料も欲しいぐらいだ」とまで言ってきた。すっかり困惑しまた怖くなってしまった治療者は、筆者にスーパーヴィジョンを求めてきた。

〔スーパーヴィジョンの内容〕

筆者は、治療者のこれまでの苦労を評価し、今の困惑について共感を示した後、次のようなことを述べた。

「治療者が逆転移に駆られて言い返してしまうのは、無理ないところかもしれないが、やはり治療者の仕事はまず波長合わせだから『たしかに良くなってないところがあるかもしれないわね。ちょうどいい機会だから今までのカウンセリングを振り返ってみましょう』『それで、まずどの点が良くなっていないのか。良くなってない原因はどこにあるのか考えていきましょう』というぐらいは聞いてもよかったかもしれない」

「治療者が、本人の良くなってないという訴えを治療抵抗と考えたのはおそらく正しいのだろう。しかし、クライエントは弱い立場にいるので『正しさは非常な圧迫になる』ということを心得ておくのはどうだろうか。正しいことを言う時期というのは結構難しいような気がする」

「カウンセリング料金を返すかどうかについては、慎重にした方がいい。治療者側の経済的心理的痛手もあるかもしれないが、返すことによって今までのカウンセリングが無効であったことの印象をクライエントに与えるので、それに対しては『料金を返してほしいということだが、返した場合と返さない場合とを比較してみて、どちらが治療の役に立つかを考えていくのはどうですか』と返してもいいかもしれない」

「治療者を訴える権利はクライエントにある訳だから『訴えるのを止める訳にはいかないし、また裁判というのは真実を明らかにしていく過程だから、あなたのプラスになるかもしれないわね。ただ、すぐに裁判というより、日本臨床心理士会の倫理部門にまず訴える方が、裁判費用などはかからないしその方がいいようにも思う。それとここが大事。訴えた結果が、あなたの治療のプラスになるかどうか考えてみるのも一つと思うけど』というように返すのはどうだろうか」

といった内容のことを治療者と話し合った。

［スーパーヴィジョンの後の治療経過］

治療者は、上記のスーパーヴィジョンの内容を踏まえてクライエントと、今までの治療経過を振り返ったところ、「今は悪くなったかもしれないが、結構良くなった時期もあった」「それと、悪くなる時と働くことが話題になる時がどうも重なっているようだ」という理解を共有できた。

しかし、クライエントは「悪化が、働くことの恐れと関連している」ということは、頑として否定したので、治療者はそれ以上の追及をせず、むしろ働くことの大変さを強調し、カウンセリングの目的は、より安らかに楽に生きやすくなること、といった点である、ということを述べた。

これでクライエントは落ち着いたし、カウンセラーは、就労よりも生きやすさを重視するようになった。そして、少しずつアルバイトにも行き始めたがあまり続かなかった。そして、最近では「障害年金をもらって、職業訓練を受けながら社会復帰していこう」ということを話し始めている。もちろん、料金を返せとか、訴えるという話は出ていない。

（訴えや裁判を恐れる治療者は多いが、真実の明確化というプラス面をわかっておくと安心である。ただ、道に外れたことさえしてなければ、まずは訴えることなどは現実にはない。大事なことは「訴える」という形で出てきた、本人の陰性転移感情の適切な取り扱いが重要である）

【事例N】（四十代後半、独身男性）（パーソナリティ障害治療における遠隔スーパーヴィジョン）

（この例は、治療者の属する心理室の室長であるスーパーヴァイザーの姿勢に疑問を感じたため、筆者にスーパーヴィジョンを求めに来た例である）

［病歴・治療歴］

Nは、頑張り屋であったが、目立ちたがりでクラス委員になったりして活発であったが、度が過ぎてトラブルもあったという。二十歳ごろから不安やパニック障害が出現し、医療機関にかかったりしていた。しかし、なかなか治らず、医師と揉めることが多かったという。ただ、症状はあまり改善しないものの、何とか仕事だけは続けていた。

しかし、最近、強烈な死の恐怖が襲ってきたり、脳や内臓が溶けるのでは、という心配が生じ、某総合病院の精神科を受診した。診察後、クライエントはすぐに心理室に紹介され、現治療者に審査カウンセリングを受けることになった。

カウンセリングを受け始めてから、すぐに不安症状は落ち着き、話題は今までの歴史や対人関係の問題（「いつも、人と揉めてしまう。誰も自分のことをわかってくれない」）に話が移った。また話がどんどん飛んだり大きくなったりして「自分ぐらい才能のある者はいない」とか「これまで、自分を馬鹿にした上司や医師に復讐してやりたい」ということまで言いだした。それで、治療者は、カウンセリングをするに当って、「自傷他害行為はしない」ということを含んだ治療契約を結び、正式に不安の軽減や生きやすさを目標にして、正式にカウンセリングを受けることになった。

ただ、定例のスーパーヴィジョンで、室長であるスーパーヴァイザーから「このクライエントは、境界例やパーソナリティ障害の疑いがある。だから、ここでは引き受けない方がいい。あなたは今後このクライエントに対して無関心、不熱心になって何となく相手が来るのを止めるように持っていくべきだ」と言われ、すっかり困惑してしまった。そして、筆者にスーパーヴィジョンを求めてきた。

［スーパーヴィジョンの内容］

スーパーヴィジョンの中で次のことが明らかになった。すなわち、そこの総合病院では、以前、境界例やパーソナリティ障害の患者に相当苦しめられたことがあるらしく、そこの精神科医は「自分は境界例やパーソナリティ障害は診ない」と言っており、暗に心理室の室長に対して、そうした患者を追い返すように圧力をかけていたとのことであった。そこで、筆者は、「その医師や室長の不安をまず理解してあげる必要があると思うがどうか」と聞いた上で、「ただ、そのクライエントに無関心に接すると、却って怒りだしてトラブルが生ずるように思うが、どうか」とまた質問した。

結局、クライエントの怒りや寂しさや誇大感・万能感を理解して受け入れてあげ、徐々に現実検討能力を引き出していくのが一番安全なやり方で、それがクライエントの役に立つし、ひいては室長や精神科医の不安や「境界例・パーソナリティ障害アレルギー」を和らげることになるだろう、という理解を、筆者とスーパーヴァイジーは共有した。

最後に、こういう形で管理者や医師からの陰性逆転移感情が生ずることがあり、その対応も、治療者の仕事にならざるを得ない、そしてこういう形で、室長や精神科医も育っていくのだろうという結論になった。

［スーパーヴィジョンの後の経過］

この後、治療者は、室長兼スーパーヴァイザーに「なるべく危険のないように、事故のないようにカウンセリングを進め無理しないようにする」と安心させ、すぐに切ると危険だからということで、カウンセリングの継続を納得してもらった。その後、カウンセリングは比較的順調に進み、本人は落ち着くと共に不安や怒りも少なくなり、無事に終了し、精神科医や室長の心配は杞憂に終わったようであった。

（このように、「表のスーパーヴァイザー」と「裏のスーパーヴァイザー」を使い分けるのも一つの手である）

【事例O】（四十五歳、独身女性）（恋愛性転移と治療者のコントロールの大事さ）

［病歴・治療歴］

Oは、四十三歳まで母親と共依存のような形で生きてきたが、その母親が癌で死亡したために、深刻なうつ状態に陥った。それを見た看護師長（母親を看取った一人）がカウンセリングを勧め、ある男性カウンセラーが受け持つことになった。

カウンセリング開始直後から、そのクライエントは、母親の素晴らしさと「母がいない辛さ」を訴え続け、「母がいない以上、私に残された仕事は死ぬことだ」と言い続けた。実際には、自殺しなかったが、自殺を仄めかすような発言があり、治療者は、必死でその苦しさを受け止め、「あなたの苦悩を少しでも分けてください」といった対応を続けた。

するとと、クライエントの治療者に対する陽性転移感情は強まり恋愛性転移感情と呼ばれるような事態になってきた。クライエントは、「一度でいいから抱いてほしい」とか「ホテルで一晩二人きりで過ごしたい」と言うようになり、次第に治療者はこのカウンセリングを続けるのが苦しくなり、筆者のスーパーヴィジョンを求めてきた。

［スーパーヴィジョンの内容］

治療者は、筆者に、「この恋愛性転移をどう扱ったらいいのか」と聞いて来たが、筆者は、むしろ、治療者の逆転移感情の方を取り扱った。すると、治療者は、「実は、このクライエントから、このような感情を向けられると、自分自身が動揺してしまう。もし境を越えたら大変だ」という気持ちを告白した。筆者は、「それは人間として当然です」と理解を示した上で、だから問題になるのは、むしろ治療者自身の「逆転移感情のコントロール」であろう、と述べた。

それから、クライエントの自立可能性について検討したところ、「可能性は少ないがないことはない。いずれにせよ、転移感情はクライエントのものだから、クライエントの波長に合わせておくのがよく、治療者の逆転移感情の統制に気をつけて、治療者自身がその間接化をしておけばいいのでは」ということになった。

［スーパーヴィジョンの後の経過］

その後、治療者は、クライエントの転移感情を尊重し、治療者の行動化に気をつけながら、無理に転移の解消をしようとせずに、その転移感情の推移を見守ることにした。

すると、クライエントは楽になったようで、無理な要求は影をひそめ、またクライエント自身は、異性の友人を見つけ、今は比較的安定した状態でいる。希死念慮は相変わらずだが、自殺行動は起こさないでおれているようである。

（転移感情の分析とは、結局、逆転移感情の分析である。また、転移感情を無理に解消しなくてもいい場合もあるのである）

【事例P】（三十五歳、既婚男性）（薬転移について）

［病歴・治療歴］

クライエントは、仕事の多忙さやストレスで、うつ状態やパニック障害を呈し、精神科医の投薬と休養の診断書で一時的に回復した。しかし、復職後もまだ不安・抑うつ感情が取れないので、カウンセリングを求めてきた。受け持った治療者（中年女性）は、本人の状況や性格特性を聞きながら、ゆとりを持って、仕事や人生に臨むような方向で、カウンセリングを進めたところ、かなり改善してきた。

ただ、その後で、クライエントから「ところで、薬はいつまで、飲むべきなんでしょうか」と聞いてきた。治療者は、「私はカウンセラーなので薬のことはわかりません」と言うと、クライエントは不満そうに「でも、先生は専門家ですし、それに私の事情を一番知っているのは先生ですから、何とかお願いします」と言ってきた。困惑した治療者は、スーパーヴィジョンを求めてきた。

［スーパーヴィジョンの内容］

筆者は、治療者に、「クライエントは、面接者に転移を起こすだけでなく、薬をはじめ自分の健康に取って重大だと思えるものには何にでも転移感情を持ちやすい。だから、薬転移を起こしても不思議ではない」と述べた後、一応「『私は専門家ではないので確かなことは言えませんが』と前置きをした上で、薬に関して期待するもの、飲み続けて心配なこと、このことを精神科医に言えるかどうか、言ったらどうなりそうか、といったことについて話し合っておくのは大事なことのように思うがどうか？　もちろん、薬に関して私は知りません、という態度で行くのが悪いとは言わないが……」と治療者に聞いてみた。

そうすると、治療者は、「私も聞いた方が良かったと思ったんですが、無責任なことを言っては、と心配して。でも聞くだけで、クライエントに考えさせる分にはいいですわね。やはり、クライエントの心配には可能な限り答えてあげた方がいいですわね」と答えた。

［スーパーヴィジョンの後の経過］

治療者は、以上のようなことを踏まえて、クライエントと話し合った結果、「一度、今の精神科医に聞いてみます」と言った。しかし、クライエントが聞いたところ、その精神科医は「はっきりしたことは言えません。自然に減っていきます」としか言わなかった。

ただ、治療者は、クライエントにそれを聞いたことの勇気を評価すると共に「セカンドオピニオンを求めるか?」と聞き、クライエントがそれを受けることになった。

クライエントが、カウンセラーに紹介された精神科医のところへ行き、事情を話すと「薬は必要がなくなったら減らしていいし、最終的にやめていいです。必要がなくなった時というのは『不安・抑うつ感・症状などが減ると共に、それらを受け止めていけるようになった時』です。ただ、そういう時が来ても直ちに全部止めるより、少しずつ減らしていく方が安全でしょう」ということで、随分安心したようであった。

そして、今の主治医に「そういう方針で行っていいかどうか」聞くと、それでよい、とのことなので、元の主治医と共に減薬に入るようになったようである。クライエントにとっては近くの医師の方が便利なので、二番目の精神科医の元には、また困ったら行くつもりとのことであった。

（ほとんどのクライエントは困難で追い詰められている状態にあるので、薬を必要としていることが多いし、この事例Pは実際に服薬している。また服薬中のクライエントにとっては、薬の副作用の心配とかいつまで飲まねばならないかということを気にして当然である。さらに、忙しい精神科医や薬だけを中心にする精神科医より、関係の深くなった心理治療者に薬のことを聞きたくなって当然である。だから、心理治療者は薬のことが話題に出ることを予め覚悟しておいた方がよい。

そう言えば、筆者も、十年程前に日本心理臨床学会で薬についての講演をしたことがあるし、その後も心理士の集まりでも心理療法の雑誌においても薬のことが話題になることが多くなっている。心理療法と薬物療法は車の両輪である。もっと言うと心理療法の中に薬物療法、社会療法、生活療法などが含まれていると同時に、薬物療法を効果的に行うには心理療法的営みが必須である。人間が心と肉体を持ち、また心身一如の存在であると考えれば当然である。従って、この薬転移は起きてきて自然であるし、治療上、相当重要だと考えておいた方がいい)

第四節　逆転移感情について

転移があると同時に逆転移感情があって当り前である。事によったら、逆転移の方がはるかに重大である場合もある。

◆逆転移とは?

逆転移、または逆転移感情とは、治療者のクライエントに対する感情総体（クライエントに対する価値づけ）を指す。

治療が二人の相互関係である以上、転移があれば逆転移もあって当然である。ところで逆転移感情とは何か?ということを巡っては種々の議論があり、その定義をどうするかという問題は後に譲るとして、筆者は取りあえず「患者・クライエントに対する治療者が感じる感情総体」を指すと考えている。

すなわちクライエントと関わっている時に（正確に言えば関わる前も、関わった後でも）感じる喜怒哀楽、好悪、気分、情動、情操等で、そこでは主としてある状態や対象に対する主観的な価値付け（好き・嫌い、快い・不快、満足・不満足、安心感・恐れ、関心がある・退屈、共感・怒り等）がなされている（今度のクライエントは感じが良いとか、興味をそそる事例だとか、逆に厄介だとか、相性が合わないとか、恐いといった感情である）。

◆逆転移は見立てや治療方針に影響を及ぼす

また感情は感情だけで独立している訳ではないし、感情だけに留まっている訳ではない。治療者の感じる感情は意識的にせよ無意識的にせよ、治療者の判断（診断や見立て、治療方針等）、思考過程、また意志や決断にも影響を与える。筆者は、精神科の診断が、精神科医によって違ってくるのは、この逆転移も影響しているのではと感じる時がある。また、クライエントへの対応の場合でも「冷静になって考えれば（すなわち逆転移から自由であれば）もう少しましな対応ができたのに」と思うことはしばしばある。

難しいことだろうが、治療者が逆転移から解放され、それを自由に活用し正確な判断ができれば随分とクライエントの治療は進むのではないかと夢想することがある。

◆逆転移感情の内容

ただ、そうは言っても、我々は少しでもクライエントの役に立てるよう心がけている訳なので、そのためにも、この逆転移感情から自由になる必要がある。逆転移から自由になるには逆転移感情をよく見つめ正確に観察する必要がある。逆転移感情の間接化が必要なのである。そして、逆転移を正しく観察するには、逆転移感情についてよく知っておく必要がある（ゲーテは「知らないものは見ることができない」という名言を吐いた）。

a．逆転移感情の内容と転移感情の内容とは似ている（治療者もクライエントも同じ）

逆転移感情の内容は、転移感情のそれと大差はない。転移感情が、クライエントの抱く尊敬・好感・期待・依存・理想化・性愛といった陽性転移と、恐れ・不安・不満・不信・怒りなどの陰性転移感情に分かれるように、治療者の逆転移感情も陽性と陰性に分かれ（大抵は両者が入り混じる）、その内容もクライエントの転移感情とほぼ同じである。

もっと言うと、治療者とクライエントはとても似ている人種だと思われる。両者とも敏感でコンプレックスが強く、欲求や煩悩にとらわれやすく、また傷つきやすく弱い人間であり、またクライエントと同様（それ以上に）治療者は自分の逆転移感情を見つめるのを嫌がり、指摘されてもそれを受け付けないことが多い。筆者は、いつも患者の精神病理ばかりが問題にされ、治療者の精神病理があまり問題視されてこなかったことを常に疑問に思っていた（もちろん真面目に治療者の精神病理や逆転移に取り組んでいる人たちもいるが）。早く精神医学の教科書に治療者の病理や症状が記載される日が来ることを祈る。

それで、逆転移の内容や現れ方であるが、これは多種多様である。おそらく同時的に様々な感情が湧くのだろうが、思いつくままに列挙してみる。

b．治療開始時の不安

まず、不安である。それは、もちろん治療がうまくいくかどうかを巡ってであるが、より具体的には、クライエントを正しく理解できるか？　良好な関係を持てるか？　ちゃんと治療契約を結べるか？　治療中、行動化は起きないか？　危険なことは起きないか？　不本意な中断がないか？　悪化しないか？　クライエント（家族）に責められたり非難されたりしないか？　まとわりつかれないか？　行動化が起きた時、医師は守ってくれるか？　自分の精神状態が悪化しないか？　自分が行動化を起こしてしまわないか？等の恐れであるが、これらは治療者なら誰でも感じる不安の一つであると同時に、不安のごく一部を示したことに過ぎない。

c．期待、願望

ただ、こうした不安の裏には期待がある。それは、治療がうまくいってほしいということであるが、さらに厚かましく本人の精神力動がかなり理解され、本人もかなり自覚が得られ、随分と成長し、治療者に感謝する、といった願望が横たわっていることが多い。もっとも、これは治療の原動力にもなるのである程度はむしろ必要なものである。こうした願望は初心者に特に多いが中堅の心理臨床家によく見られる。特に他の治療者がやっていた事例等では、密かに「私ならもっとうまくやれる」という欲求を持たされるものである。

この期待のさらに裏には、治療的野心というか、治療者独特の欲望が秘められている。それは、クライエントを、研究の対象、自己満足の対象、親密欲求の対象、金銭の対象、練習台としての対象、発表や出版の対象、名誉欲の対象というように様々な欲望の対象としてしまいやすいといったことである。場合によっては、クライエントを母親または父親、子ども、恋人代わりに見立てたり、サド・マゾ欲求を満たす対象と考えてしまうこともある。

d. 治療中の逆転移（同情、愛着、期待、執着、退屈、困惑、後悔、怒り、恨み、無力感、自責、羨望）

治療が進んでくると、もっと逆転移感情は複雑になる。クライエントに同情したり愛着したり、クライエントのことが頭から離れなくなり、毎回の面接が楽しみになる。ひどくなると面接に欠席したりすると電話を掛けたくなったり、またさして必要でないのに面接が続いて欲しい気持ちが大きくなり、治療を長引かせたりする。

逆に退屈したり、早く終了すればいいと思ったりする。あるいは、うまくいっていると思ったクライエントが徐々に依存感情を強く向け、困惑するかもしれない。それだけにとどまらず、クライエントにしがみつかれてくると、このクライエントを引き受けたことを後悔し始め、うんざり感がひどくなる。また、こんなに自分を苦しめるクライエントに怒りを感じてしまうし、このようなクライエントを紹介してきた医師を恨みたくなる。

また、クライエントに振り回され、苦労していることを周りに理解されず、孤独感に苦しんだり、努力するたびにかえって悪化する治療状況を見て無力感を感じるかもしれない。さらには、このように悪化させたのは自分であるという罪悪感、また逃げ出したいと思う気持ちを責める自責の念が強くなる。こんな時は治療者であることを止めたくなったりするし、もっと追い詰められると病的状態になったり、生きることすら止めたくなってしまうところまで追い込まれることもある。

今のような厄介なクライエントとは別に、クライエントが改善するにつれ、仕事も友人や異性との交流もでき始めることで、クライエントに羨み、妬み、羨望を感じたり、またそういう感じを持つ自分自身に嫌悪感を感じてしまう場合もある。

まだまだあるだろうと思われるが、ざっとこのような感情が湧き起こる可能性がある。

◆逆転移感情の背景にあるもの（逆転移の起源）

a．逆転移の内容や程度は様々

ところで、逆転移といっても、その内容は人様々である。静かに沈黙しがちなクライエントが苦手な治療者もいれば、そうしたクライエントに好感を持つ治療者もいる。

またクライエントへの愛着や恐れといっても程度も内容も様々である。こうした差はどこにできるのだろうか？　普通に考えれば、クライエントの特徴と治療者個々人の特性、二人を取り囲む構造や環境的要因といったところが浮かんでくる。

b．クライエントが引き起こす逆転移（客観的逆転移）

治療者の多くは、クライエントがものわかりがよく真面目で少し知的で治療契約を守れ、ファンタジー豊かで夢を多く持ってくる人であれば、安心するし好感を持つ。逆に我儘な境界例や攻撃的な統合失調症患者、反社会的な行動を繰り返すアルコール依存症患者であれば身構えてしまうし、厄介なクライエントだといった陰性逆転移感情を強く刺激される。

こういうクライエントの行動やパーソナリティに対応する治療者の反応を、ウィニコット[17]が「客観的逆転移」と呼んだのは、正しいと思われる。これは、治療者がどのような人であれ、概ね普通に感じる逆転移感情だからである。

c．治療者によって変わる逆転移（主観的逆転移）

ところで、クライエントの沈黙、キャンセル、行動化、治療者に対する非難・文句、依存欲求などの厄介な事態に対する治療者の反応は、決して一様ではない。冷静に受け止め、それを治療の良き機会と捉えていき、実際にそのようにしている治療者から、悪性の逆転移感情だけに振り回されて、クライエントを傷つけたり、治療を停滞させる場合がある。

後者の例を挙げると、治療によって良くなってきて異性と付き合い出した女性クライエントに対し、「これは治療中における行動化だ」と言って交際を禁止した結果、彼女は悪化してしまった。この場合の正しい治療的対応は、その交際が治療や彼女の人生にとってどんな意味があるかを共に考えていくことであったと思われるが、このような治療者もいるのである。この男性治療者は後でスーパーヴィジョンを受けた結果、超自我や支配欲求、羨望が強すぎることに気づき、それが自分の成育史と関係していることを自覚した。

また、あるクライエントに対して、ある治療者はうまくいかなかったが、別の治療者（経験も実力も同じような）だと相性があったということも良く聞く。

また、意識するしないにかかわらず、同一のクライエントに対する好き嫌いが、各治療者によって生じてくるのは自然であり、そうしたことの背景には、その治療者なりの人格や特性、歴史が関係しているのだろう。

このように、クライエントに対して、治療者が自分の幼時体験に由来する葛藤やコンプレックスに振り回されるような逆転移を、ウィニコット[17]は「逆転移性感情」と呼んだが、これは「主観的逆転移」とも言える。

これは、ある人物に対して好きな人も嫌いな人もいるのはごく自然なことなので、主観的逆転移はあって当り前だと思われる。もちろん、誰からも好かれる人、誰もが敬遠する人もいるので客観的逆転移もあって当然である。考えてみれば、我々の対人関係は、治療関係と同じく客観的逆転移と主観的逆転移の混合から成り立っているとも言える。

◆逆転移の種類（七つの逆転移のタイプ）

逆転移はあまりに多様な現象なので、その分類などは極めて難しいように思えるが、一応の人為的な分類をすると、結構、逆転移現象の理解が深まり、整理がつくように思えるので、それを挙げてみる。福島[18]や遠藤[19]の論文中に引用されているGeddes[20]らは七タイプもの逆転移を挙げている。

a．補足型同一視（補足型逆転移、相補型逆転移）

これは、ラッカー[21]により提唱された現象で、クライエントの感情や行動や転移に関してその足りない点を補うといったもので、概ねクライエントのその時の感情・考えと対立することになるが、うまくいけば、クライエントの感情や思考の幅を広げる。

もう少し言うと、治療者がクライエントの抱く内的対象像（母親像、父親像といった）に同一化して、例えば「このクライエントであれば、母親はうんざりするだろう」と母親像に共感することを指す。従ってクライエントの感情を補うことになる。これは、クライエントの転移に対立するから、補足型陰性逆転移と呼んでもいいのだろう。

要するにこの相補型の逆転移感情の中にいる時は「このクライエントはこのままでは良くない。何かを補わないといけないし、何か変化しないと治療的展開はない」と考えている状態だと言ってもいいし、その時のクライエントに対する批判的傾向を持った逆転移と呼んでいいだろう。

b．融和型同一視（調和的逆転移）

これは、クライエントと自分が同調するような感情になることで、共感と考えてもいい。これは、クライエントの心にあったことが、そのまま治療者の側に浮かんでくることである。換言すれば、治療者がクライエントの内的自己像に同一化することである。

これはクライエントに同一化することになるので、融和型逆転移とも呼ばれる。

（このaとbは、いずれも、クライエントの内的対象や体験と治療者を同一視するものであり、aは同一視した対象を補うものであり、bは同一視した対象に融合し同調する反応である）

（この二つの同一視や逆転移は、クライエントに影響を与えるだけではなく、これらをよく観察することにより、クライエントの内的対象やクライエント自身の理解が深まることが考えられる）

（結論を言うと、aの逆転移傾向は、クライエントの問題点に目が行きその結果クライエントに介入して相互検討なり話し合いをしたくなる傾向を指し、bの逆転移はこのままでいい、といった受容・共感傾向を指すのだろう。治療は両者の繰り返しと入り混じりであると思われる）

c．間接的逆転移

治療者とクライエントとの直接的関係ではなくて、治療者の上司、同僚、スーパーヴァイザーなどの第三者に自分を認められ評価されたい等という願望に基づいてクライエントを利用する時に起きてくる逆転移であり、これにより、治療者は自分を取り巻く人間関係や自分自身の欲望を知ることができる。

この点で結構多いのは、上司やスーパーヴァイザーの目（評価や叱責等）を気にしたり、同僚や他の治療者たちに対する羨望や競争意識的な感情でもある。また心理士が精神科医に抱く感情も精神科医が心理士に抱く感情も、この間接的逆転移と呼んでいいので、よくよくこれを観察吟味しておく必要があり、これが有益な連携につながる。これは上手く使うと非常に治療的となる。

d．施設に対する逆転移

クライエントが治療者を評価するというより、治療施設・治療機関を理想化しているがために治療を継続しているような場合に、治療者が個人的には自分が無視されている等と感じて起こる逆転移（治療者は、これを見つめることで施設や機関に対する感情やさらにそれを通して、施設や機関そのものの性質を掴める。この逆転移は、臨床心理士が精神科医と共にクライエントを受け持った時、クライエントが医師の方を理想化する時に起きてくる心理士の感情と似ている）。ただ、先の事例Nで見たように、施設の精神科医や室長の患者への逆転移にさらされ、困惑してしまう場合もある。この場合は、「施設（精神科医、室長）の逆転移」に対する配慮をせねばならないという「治療者側の逆転移」が問われる訳である。

このc・dでわかるように、治療はクライエントと治療者二人だけでするものではない。クライエントの背後にはたくさんの人間関係が、治療者の背後にも上司・同僚・スーパーヴァイザー・他の治療者たち・施設などいろいろなものが関係してきているのである。従って、治療者としては、その点にも目を配っていきながら、自分の心の動きを見ていく必要がある。

e．様式的逆転移

治療者独特の個性やスタイルから生み出される逆転移で、主観的逆転移と似たようなものである。治療者のパーソナリティや対人関係の様式には、クライエントの特性にはあまり左右されず、ほぼ一貫した特性を持つという面がある。そこからは、当然治療者独自のクライエント観が出てくる訳であり、これを stylistic な逆転移と呼ぶ。この場合、自分がどんなクライエントと相性がいいか悪いかを考えることで、自分の特性や弱点を知ることができる。

これは言わば、治療者の持ち味のようなもので、これをよくわかっていることで、クライエントと治療者の不幸な出会いが少しでも避けられるかもしれない。

f．生態的逆転移（状況的逆転移）

治療者の日常生活の出来事が治療に影響を与えることをいう。忙しさ、人間関係や家族間の葛藤、経済的不安、体調の心配、親しい者の死などの対象喪失などは、治療者が明確に意識しているにもかかわらず、面接状況に影響を与え、予約のキャンセルや面接時間の短縮、共感の減退をもたらす。

よくあるのは、多忙や睡眠不足が相まって、昼食後の面接に眠気を来したり、想像力が湧かないことである。治療者の有能さは、日常の健康管理を如何にきちんとしているかにもよっている。

これは、治療者の精神衛生という領域にも関わってくる問題であるが、いずれにしろ「敵を知り己を知らば百戦危うからず」の喩えもあるように、治療者は自分の心理面だけでなく、身体的状態も社会的状況もよくわかっておく必要がある。

この意味でこの生態的逆転移は状況的逆転移と呼んでいいのだろう。

g. 古典的逆転移（逆転移神経症）

これが、もともとの逆転移のことで、要するに治療者がクライエントに向ける感情が、治療者自身の幼児期の人間関係に由来し、幼児期の感情をクライエントに置き換えている状況を指す。

◆逆転移の有益さと有害さ

さて、ここまで、逆転移の内容、起源、タイプなどを見てきたが、逆転移はあまりに自然な現象であり、逆転移現象は生命活動のような自然発生現象である。また無意識や火や水と同じく益にも害にもなる。

すなわち程よい陽性逆転移感情は、苦しい治療の原動力になるだろうし、陰性逆転移でもそれをよく見つめれば、クライエント理解の鍵ともなる。

要するに、逆転移は、治療者にエネルギーを与えるし、また良きアンテナとなるのである。もっと言えば、治療者がクライエントを観察したりしていろんな所見を得たり、様々なことを感じ、それらを整理し治療方針を立て、治療的関わりをしていくのは、全て、治療者のフィルターを通してである。その意味で言えば、治療の究極的営みとは、結局自らの逆転移（自らの心のあり様）を見つめ、それを生かすことに尽きるのではないだろうか。それから考えれば、逆転移感情が度を過ぎたり、それらをうまく見つめられず、それらをコントロールできなければ、治療にとって、大変な妨害的破壊的要因になる。

◆逆転移研究の歴史

逆転移も転移と同じく昔からあった現象だが、こうした感情に名前を付けたのはもちろんフロイトである。以下では、成田の記述を参考に、逆転移の歴史について素描してみる。

a．フロイト

フロイト[22]は、『精神分析療法の今後の可能性』（一九一〇）で「われわれは患者の影響によって、医者の無意識的な感受性のうえに生ずるいわゆる『逆転移』の存在に注目していますが、医者は自己自身の内部にあるこの逆転移に注意してこれを克服しなければならないという要求を掲げたいと思っています」と述べており、これを克服の対象と最初は見たようである。また『転移性恋愛[23]』（一九一五）の中でも「分析医にとってこれは（婦人患者の恋愛）、分析医が起こす恐れのある逆転移に対する貴重な解明であるとともによき戒めをも意味している」と逆転移に触れている。フロイトはここでも逆転移に関してやや否定的な記述をしているようだが、ともかくも逆転移現象の解明とそれを通じての治療者のあり方を模索しているようである。

また『分析医に対する技法上の注意[24]』（一九一二）では「（精神分析技法で）肝心なことはただ、

何事にも特別な注意を向けず、聞き取られる一切の事柄に対して『差別なく平等に漂わされる注意』を向けるだけのことである」と述べ、またもう少し先で「分析医の無意識は、患者が思い浮かべた事柄（連想）を決定している無意識そのものを再構成するのである」と記している。ここでは、逆転移という言葉こそ用いられていないが、患者の無意識の再構成に治療者の無意識（即ち逆転移）が重要だということが強調されており、すでにフロイトは、逆転移の危険性と有用性に気づいていたと言えるようである。

b．フロイト以後の逆転移に関する見解

フロイト以後、逆転移に関する関心はますます昂まり、特に対象関係学派では、投影同一視の概念を使って、逆転移感情が、患者の精神内界や治療関係の真相（深層）を明らかにするという立場をとっているようである。

i．ハイマン

例えば、クラインの弟子のハイマン[25]は「治療者が自分の感情を感知するというかたちで患者の無意識が表面化してくると考え、治療者の内部に生じてくる感情反応を、患者のコミュニケーションの隠された意味あいを理解するための有用な道具として使おう」と考えたとのことである（これは、逆転移こそ患者の無意識を知るアンテナであるという考えだが、スピリウスによれば、当のクライン自身は、逆転移を「治療者の情緒的反応」というように拡大解釈するのに反対し、逆転移は患者に誘発された治療者の欠点という考えが強かったとのことである）。

ii. ビオン

同じくクラインに分析を受けたビオン[26]は、コンテナー（容器）の考えで、転移・逆転移関係を、赤ちゃんと母親の関係に例えている。これは、①赤ん坊は自分の対処できない経験を投影同一視によって母親の中に投げ入れる、②母親は夢想の機能によってその意味を理解して、赤ん坊に返してやる、③このようにして赤ん坊は自分の経験を、自己の内に受け入れられるようになる、④治療者はこういう母親の機能を果たし、患者が分裂・排除した不安・恐怖や自己の一部を患者に返してやる、といったことである（具体的に言えば、母親は乳児の空腹を満足へ、痛みを喜びへ、孤独を人との交わりへ、死の恐怖を平和な感情へと変形できるのである）（治療者も患者に対して同じことをできればいいが、これが難しい作業である）。

すなわち、ビオンは、患者の投影同一視を安定した気持ちで受け入れられる治療者の能力を、保持する力（コンテインするキャパシティ）と概念化し、治療者の主要な機能としている。ビオンのコンテナーは、何か「毒消し」や「中和」の容器と言っても良いようである。

ビオン研究グループの一人、グリンベルグ[27]は、治療者が患者からの投影同一視に翻弄されて、患者の振り付ける役割を無意識のうちに演じてしまうことを論じ、この治療者の特殊な反応を逆投影同一視と呼んでいる。逆転移と逆投影同一視の異同はどうなのか考える必要があるが、二つとも危険をはらむと同時に、治療の大きな武器となるようである。

iii. ラングス

一方、コミュニカティブ精神分析で有名なアメリカの精神分析家ラングス[28]は、治療者の役割を、①治療の枠組・基本的ルールを設定し、維持する、②患者を抱え、投影同一視を保持し代謝する、③患者の象徴的連想、投影同一視そして意味を破壊する努力（反治療的な）を解釈するといった三つに要約する。そして、これによって患者は、①安全感を獲得し、②投影同一視していたものを自己の内界に保持するようになり、③自己の言動の意味を理解できるようになる、といったものである。

このように、時代とともに、逆転移の有用性が強調されるようになったが、薬という身体的治療や受容・共感的理解といったカウンセリング的接近が有効であり危険でもあると同時に、逆転移もまた有効に使うのは結構難しく、いつでも治療妨害要因になる危険性を秘めている。

◆逆転移の辞書的定義

逆転移の歴史に触れたついでに、各辞典（事典）に載っている逆転移の定義を述べておく。こうすると一層読者の逆転移に関する想像力を豊かにできると思う。

①「分析者の被分析者に対する、ことに被分析者の転移に対する無意識的反応の総体」（精神分析用語事典）（これはごく一般的である）

②「精神分析家が患者に向ける感情が、分析家自身の幼児期の人間関係に由来し、幼児期の感情を患者に置き換えているような状況」（アメリカ精神分析学会による精神分析事典）（こ

こでは幼児期に重きを置いている）

③「患者に対する分析家の意識的あるいは無意識的な情動的反応の総体であり、歴史的には治療において重要な地位を与えられてきたが、今日その地位については疑義を差しはさまれている（ラカン派のシェママによる『精神分析事典』）

（ラカン派の「他者」の概念や、ユング派の「元型」の概念は、分析家を治療の主体から引きずり降ろす結果、逆転移といっても個人対個人の関係ではなくなっているということか）

④「治療者が自分自身について何かを知ったり、学んだりすることへの治療者自身の抵抗の現れとして、又自分自身のある側面を忘却し、未解決の葛藤を隠しておきたいという願望の反映として考えられる」（シンガー）

「患者から治療者に何かが伝達され、その伝達されたことが受け取られ、記録され反応されたということとの強力な指標」（シンガー）

「転移は吟味されないでそのままにされている時にのみ治療的に害となるのと同じように、逆転移も払いのけられ、無視され、真面目に取り上げられないときにのみ損害を与えるのである」（シンガー）（臨床心理用語辞典より）

（逆転移を抵抗としてとらえ、その意識化の重要性を説いている）

⑤「精神分析療法において、患者の治療法に対する態度、感情、考え、特にその転移に対して生ずる治療者の無意識的反応（態度、感情、考えなど）」（精神医学事典）（これは一般的）

（各事典により微妙に定義が違っているのが面白い）

◆逆転移分析の重要さと困難さ

a．逆転移分析の意義・目的

今までの記述から、逆転移感情は当然であるが、大事なことは早くそれを見つけ、それに向き合うことであり、そして、その感情を分析しつつ、それに対する適切な行動を取り不適切な行動を避けていくことが重要であるということがわかられたと思う。

b．逆転移分析の困難さ（逆抵抗の根深さ）

ただ、逆転移分析は簡単ではない。それは、患者の抵抗や転移が、長年の歴史の積み重なりであると同時に、治療者のそれも、一人の人間として相当の歴史を背負っているからである。

さらに、治療者は患者より防衛が巧みであり、また相当追い詰められないと自分に向き合おうとしない人が多い。治療者はクライエントと同じく、敏感で傷つきやすく、自己愛や万能感が人一倍強く、コンプレックスも多いし大きい。しかし、日常生活は何とか行えているので、わざわざ自分の弱点など見たくないものである。

もっと質《たち》が悪いのは、自分の逆転移を分析したと言いながら、肝心の点を隠しているような技法に長けている点である。

ただ、逆転移を分析し尽くすことが大事だというよりは、逆転移感情をどう生かすかということとなので、その点について述べてみる。

◆逆転移分析の方法・手順（逆転移感情を治療的要因にするために）

a. 逆転移を疑うこと（逆転移を疑う三十二のサイン）

まず、治療者は、自分の感情や振る舞いの中に逆転移が出ていないか見ていく必要がある。どのような感情が逆転移なのかを正確に言うことは難しいが、筆者は次のような感情、態度、体感、考え、振る舞いなどが治療者に生じたらまず逆転移を疑う。

・クライエントに興味・関心を感じる（↓↑無関心、退屈）。
・クライエントを好ましく感じる、愛着を感じる（↓↑嫌悪感、拒絶感）。
・クライエントに安心感を感じる（↓↑恐怖感、不安感）。
・あるクライエントの治療に際して「やりやすい」と感じる（↓↑難しい、難事例と感じる）。
・クライエントに同情する（↓↑怒りを感じる）。
・クライエントの家族に同情し、クライエントに怒りを感じる（↓↑本人に同情し家族に怒りを感じる）。
・治療者が眠気を感じる。
・治療者が自分の身体に異変（筋緊張、動悸等）を感じる。
・クライエントの面接来訪を心待ちにする（↓↑「できれば来てほしくない」と感じる）。

・クライエントに異性を感じる、性的ファンタジーを浮かべる（↓↑全く感じない）。
・常にクライエントのことを考えている（↓↑全く考えない）。
・カウンセリングに自信がない（↓↑自信満々である）。
・治療の見通しがつかない。
・クライエントを安心させようと必死になる（↓↑クライエントの不安に対して何もしない）。
・クライエントに共感し過ぎる（↓↑共感しようとしない）。
・クライエントの話に大げさに反応する（↓↑全く無表情）。
・クライエントの心情がとてもよく理解できると感じる（↓↑全く理解できないと感じる）。
・面接前の電話予約や面接開始の際に、治療者が自分を売り込み過ぎる（↓↑全く不愛想で「治るかどうかわかりませんよ」と言う）。
・治療者がクライエントと個人的な関係を持ちたくなったり、実際に持ってしまう。
・治療者が自分の個人的なことを面接で喋り過ぎる（↓↑全く個人的なことに口を閉ざす）。
・治療者が面接の中断を恐れる（↓↑早く「手を切りたい」と思う）。
・面接が中断した後、クライエントに電話をかけたりして、しつこく追いかける。
・クライエントからの電話に長々と応じる。
・クライエントの質問に何でも答える（↓↑全く答えない）。
・クライエントの話を聞く一方で治療者の意見を言わない（↓↑治療者の意見を言い過ぎる）。

・クライエントの話を全く遮らない（↓↑遮ってばかりいる）。
・治療者が一つの治療法に固執する（↓↑いろいろな治療法を試み過ぎる）。
・クライエントに対してイライラする。
・クライエントの沈黙に対して何もしない（↓↑少しの沈黙でも耐えられず何か言わせようとして、いろいろ質問する）。
・クライエントのことを喋りたがる（↓↑一切話したくないし話さない）。
・あるクライエントを事例検討会に出そうとする。事例発表したくなる。
・あるクライエントを是非治したいと考える。クライエントの治療に熱心になり過ぎる。
・前治療者に競争意識を感じる。または、前治療者に不満を感じる。

まだまだ、あると思われるが、一応思いついたことだけ述べておいた。

以上の反応は治療者なら、誰でもいつでも感じたりしているものなのだろうが、まずは、こうしたことを踏まえて、逆転移現象を疑うことが大事である。

b．逆転移の同定・明確化

疑った後は、どういう逆転移があるか、どれが強いかを考える。そして、主に強力に働いている逆転移感情に目を向け、①それが陽性の逆転移感情か、陰性の逆転移か？　両方混じっているか？　②陽性ならその内容は？（愛着、関心、満足感、欲求、性的ファンタジー等）、陰性ならその内容は？（嫌悪、退屈、拒絶、不安・恐怖、抑うつ感、不満・イライラ・怒り、困惑）等、その逆転移感情の性質・内容、逆転移行動の内容を明確にしてみる。
これは、結構難しいことでもある。自分が逆転移を起こしているかどうか、起こしているとすればそれはどういう内容なのかについて自信がなければ、仲間やスーパーヴァイザーに相談することが重要である。

i．逆転移感情の背景、原因についての探求

逆転移感情は、転移感情と同じく、①治療者の歴史と現在（幼児期の葛藤、成育史から対人関係の歴史、性格、態度、コンプレックス、治療者の能力、現在の状況等）、②クライエントの歴史と現在、③両者を取り巻く環境、構造、種々の人間関係等から成っていて、相当複雑である。だから、逆転移の原因は、心の病の原因と同じく、①それが、治療者、クライエントの間で共有され（双方とも納得し）、②治療の役に立った場合は、その原因理解はそれで正しかった、とすればいいかもしれない。

しかし、自分の原因の背景をそのように正しく理解することは、逆転移感情の内容を同定することよりさらに難しいので、その場合でもまたスーパーヴァイザーへの相談が必要になってくる。

ii．逆転移感情の経過予想。そのメリットとデメリットの予想

それと同時にこの逆転移感情はそのままにしておくと将来どうなっていくかという読みと、この逆転移感情のメリットとデメリットは何かということを評価するのも大事なことである。

この予想や評価もかなり難しいことだが、例え仮説のようなことであっても、そうしないより

は、そうする方が逆転移を利用しやすい。

c. 逆転移を取り上げる場合の注意

逆転移を取り上げるとは、治療者が自らの逆転移感情から得られたクライエントの問題点などを話題にするということである。介入とも呼ばれる。介入に際して大事なのは、クライエントとの波長合わせである。クライエントが準備ができていないのにいきなり、治療者の逆転移感情をぶつけても意味がないどころか悪い結果を招く。

大事なことは、治療者の逆転移を頼りにしながらクライエントの理解を深めていき、ここでこういう話題に応じることが丁度いい、クライエントの役に立つという形で話し合えるといい。つまり、クライエントもその問題（治療者の逆転移が探り当てた）を話し合うことをどこかで欲しており、その話し合いが治療のプラスになるといった場合に取り上げられることになる。

d. 取り上げた場合の予想も大事

逆転移が探知した問題点を話し合った場合、良い結果（話し合いやクライエントの理解・洞察が進み、信頼関係が増し、方向性が明確になり、クライエントの自信が増大する等）になればいいが、必ずしもそうではない。悪い結果（無反応、拒否・疑惑・不信・怒りの増大等）が出る場合も覚悟しておく方がよい。

そして悪い結果が出た場合に、どういうふうに対処するのが適切でどうするのが不適切なのかを予め予想しておく方がいい。こういう場合はマニュアルなど役に立たず、出たとこ勝負になることが多いが、「良質の出たとこ勝負」を発揮できるためにも、予め対策を考えておいた方がいい。

e．介入後の結果の吟味

取り上げて話し合った結果の詳細で正確な観察は大事であり、またそれを元にして十分な吟味をすべきである。そして、それに基づいて次の対応を考えたりクライエントの理解を深められたりする。

すなわち、治療者の働きかけ↓クライエントの反応、転移の表出↓治療者の逆転移の出現↓治療者は逆転移を元に働きかける↓クライエントの反応↓その吟味↓治療者の働きかけ、といった繰り返しが、治療作業なのである。

◆逆転移とその対応例

今の逆転移の分析などふまえながら、実際例を見てみよう。

【事例Q】（パニック障害の女性）（安心させようと焦り過ぎた例）

治療者（カウンセラー）は、何人もの精神科医にかかりながら、薬物療法だけの治療でなかなか、改善しない三十歳の主婦Qのカウンセリングを引き受けた。治療者は、最初、病歴や成育史を聞いていき、夫との葛藤が問題点だと考えた。クライエントは、話を詳しく聞いてもらったことで最初はほっとしていたが、相変わらず身体的不安や死の不安を訴えることが多かった。

治療者は、それに対して、「医学的には問題ないこと」「身体的不安は夫との問題が片づけば治っていく」「心配しないように」と必死に安心させようとしたが、クライエントは「先生も今までの精神科医と同じでこの不安症状を何ともしてくれないんですね」と失望した形で面接を終えた。

治療者は、自分の対応に問題があるのでは、ということでスーパーヴィジョンを受けると、そこで、①もっと不安の中身を詳しく聞いていくこと、②彼女にとっては、夫との問題より、目の前の不安が重大であることを指摘された。

そこで、不安症状に焦点を当てていくと、死の不安や心臓の不安もあるが、自分の気が狂うのではという不安も強いことがわかった。それから他の人より不安が強いのは、結局自分というものを持てず、絶えず自分に自信がないと感じていたことがわかり、夫との問題は、そういう自己不全感の一つの表れだということがわかった。

治療者は「自分が早く治療を進めたかった」という焦りや「詳しく話を聞いてもらってクライエントが喜んでいるように思えた」という逆転移・思い込み（実は、自分に自信がないクライエントは人に合わせていただけである）に気づき、自分の急ぎ過ぎや楽天的に考える点（不安を含め嫌なものを避けるといった点）がそうした逆転移感情の原因だと考えられるようになった。同時にクライエントの「好かれたい転移」の治療者への合わせ過ぎも、そうした逆転移を助長したということに気づき、その後、治療はより深まるようになった。

第七章　自殺について（治療の最も困難な点）

第一節　希死念慮や自殺企図について（自殺問題の重要性）

◆自殺傾向は人間の実存的条件

自殺の問題は治療上必ず出てくる現象と言える。それは人間が望みというか欲求・希望・願い・理想といった一種のベクトル・方向性を持たされることに起因する（私は「何の欲求も持ちません。持ちたくありません」と言っても、それは「無欲求」の状態を希求しているということにやはりなるのである）。

従って人間は、心や頭に日々「思うようになってくれたら」ということを浮かべてしまう。そこから、思うようになって欲しい↓現実は思うように行かない↓辛い・苦しい↓苦しさが消えて欲しい↓なかなか苦しさは消えない↓苦しさの元である自分を消したいと思う↓死にたくなる、といったことが生ずるのである。

よく、上手くいかない時や失敗した時に「あっ、もういや、死にたくなった」と思ってしまうことが多いという現実を見ればわかるだろう。だから、自殺・自死の問題は人間の実存的条件であるとも言える。

ただ、多くの人は、「思うようにいかないのが人生であり現実なのだ」「思うようにいかない辛さを持ちながら適切に行動して不適切な行動は控えよう」というように、意識するしないは別にして、自分の身を大事にできている。この非常に単純なことができなくなってしまうのが、希死念慮、自殺といったことなのである。そして、困難な立場に立っているクライエントはそれができにくくなっているのである。

◆自殺の問題の複雑さ

ただそうは言っても、自殺の問題は簡単ではない。自殺にまつわる出来事や現象は、あまりに複雑で、奥が深く、また幅広い問題を含んでいるので、到底この項だけで論じ尽くせるものではない。ただ、心の病の治療にとっては、最重要課題の一つであり、治療者にひどいショックを与えるものであるし、また希死念慮が表面化しただけでも慌てる治療者も多い。

そこで、自殺に関する議論は避けられない問題であるが、ここでは、取り急ぎ、是非とも強調しておきたいことの要約をやや自由連想風に述べる。

第二節　自殺について（心理治療との関連で、原因）

◆心理治療に自殺はつきものである（良くなると、自殺の能力が増える場合もある）

①治療者は、特に経験の浅い治療者は、クライエントが「生きる」ために治療・カウンセリングに来ると思っているが、実は密かに死に場所を求めて、すなわち「死ぬ」ためにやってくるクライエントもいることを忘れてはならない。リルケ[29]が『マルテの手記』で「人々は

生きるためにこの街（パリ）にやってくるようだ。しかし、僕には、死ぬためにやってくるように思える」と記したように、心理療法に「いかに死ぬか」を求めて来ている人もいるのである。

②この自殺願望は、初期から問題となることもあるが、治療中期ぐらいから表面化することもある。治療が進み、自分への自覚が出て、あまりに辛くなったり、自己否定的になる時がある。治療の進行に伴い「病が深くなる」時もあるのである。

③時に、治療がうまく行き出しているのに、希死念慮、自殺願望が出てきたり、実際に自殺企図が行われたりする。初心者は不思議がるが、治療によって「生きる希望」が出てくるということは、それだけ課題も不安も「希望通り行かない可能性」を感じることも出現し、辛さ・苦しさを強く感じ自殺に走ることもあるのである。また良くなることで行動力が増し、自殺の遂行力も高まる。だから、良くなるとは、自殺の能力を増やすことになる場合もあるのである。稀ではあるが、治療が成功裡の終結を迎えたにもかかわらず、終結後、数日で自殺する場合がある。あたかも、心理療法を終えていよいよ死ぬ決心がついたというような場合である（だから、筆者は原則として終結とは言わず、〈とりあえず、この辺でお別れしておきましょうか。もし何かあったらいつでもおいでください〉と言うようにしている。

④願望や希望の増大は、前向きの期待と同時に、苦労や期待通りにいかない辛さ・不安・絶望の増大をもたらす。辛さが強くなると死に関する考えが頭をかすめる。そして、その辛さ

に圧倒され、死に至ることもあるのである。

従って、繰り返し言うが「良くなる」とは自殺の能力を高めることにもなる場合もある。奇妙なように思えるが、これらは、経験を積めばわかってくることである。ただ、経験の浅い治療者でも良きセンスの持ち主ならすぐわかることだろうし、ベテランでもなかなかわからない治療者もいるだろう。
⑤筆者のクリニックでは、初診の患者のほとんどに健康調査を行うが、これまで来院した患者一万一千人のうちの半分が「死にたいと思う時がよくありますか」に「はい」と答えているのである。いかに患者・クライエントの背後に希死念慮が潜んでいるかがわかるであろう。

◆**自殺の原因は、複雑きわまりない（自殺促進因子、動機、準備条件）**

①自殺者は年間三万人で、これは交通事故死の四倍である。また自殺未遂者は自殺者の十倍に上ると言われている。さらには、自殺行動（既遂にしろ未遂にしろ）によって、心の傷を負う人（本人や関係者）は、年間百万人を超えるとのことである。
それでは、こんなに多い自殺の原因は何か？　これが単純な問題ではないのである。よくマスコミ等で「リストラやいじめや闘病生活や失恋を苦にして自殺した」という報道がなされ、視聴者や読者は、リストラ、いじめなどが自殺の原因だと単純に理解してしまいやすいが、そんな簡単なものではない。だいたい、リストラやいじめにあっても自殺しない人はいく

らでもいるのである。

②その前に、人はもともと、「生きたい気持ち」と「死にたい気持ち」の両方を持っているという単純な事実を理解しておくことが大事である。「人間は誰でも生存を欲し、できればより良く生きたい」と考えている。しかし、現実はそういくとはかぎらない。「より良く生きたい」あるいは「つつましやかにひっそりと生きたい」と願ったにしろ、現実はその通りいくとは限らないし、また思ってもみない苦難に出会うこともある。ジャン・クリストフ(30)は「生きることは苦しむことだ」と言ったが、まさにその通りで、人生は思う通りにはいかないもので、絶えず辛さとの出会いの連続なのである。

そして、辛さを感じると、人間（に限らず生物一般）は、その辛さをすぐ排除したがる。これは、もうＤＮＡレベルに組み込まれた根源的傾向である。そして、その辛さを排除したくなるが、その辛さを排除できず、その辛さに圧倒されると「辛さを持っている自分自身を排除したい。消したい」と考え、そして希死念慮、自殺願望が出てくるのである。何もタナトスや、フロイトの「死の本能」を持ち出さなくても、人間はもともと死にたがる傾向を持っているのであり、これが自殺の根本原因の一つである。

③死にたい傾向をもっと別の表現で言うと「追い詰められた」「追い込まれた」「このまま消えてなくなりたい」「全部壊してしまいたい」「別に生きなくてもいいや」「自己嫌悪と罪悪感が同時に襲う」「苦しみから解放されたい」「自分で蒔いたものを刈り取る」「生き恥をさ

らしたくない」「一時的に休息が欲しい」「人生を真っ白な状態に戻したい」「過去も未来もない八方塞がり」（雑誌『宝島』からの引用）といったものであるが、根本に流れるものは「苦しさに支配されるが、苦しさから逃れる道が見えて来ないため、苦しさを持っている自分自身を消そうとする試み」と言えるだろう。

④自殺促進因子

それでは、根本に流れる「死にたい気持ち」をさらに強めるものは何かということだが、平山[31]は、自殺促進因子として、i．病的体験因子（罪責妄想、「死ね」という幻聴など）、ii．衝動因子（内的衝動をカタルシスするための手段として行われる。苦しい衝動を楽にするという意味）、iii．感情障害因子（抑うつ気分、不安、焦燥感が強度になる状態）、iv．労働因子（職業に関する絶望、職場での孤立）、v．社会家族因子（社会や家族との亀裂、孤立、疎外）、vi．薬物因子（薬物依存やアルコール依存のことか）、vii．実存因子（自己の悲劇的な生命を断つことで、救済しようとする態度）の七つに分け、その因子の増強が、自殺に導くとしている。これは分類としては優れているが、これ以外でも、病苦（慢性的身体病、予後不良の病気）、経済的苦しさ、過労、罪悪感、内に向かう攻撃性、苦しさをアピールしたい気持ち、社会的抗議などが浮かんでいる。詳しく論ずるとまだまだ出てくるであろうが、とりあえず、読者には、自殺の原因の複雑さをわかってほしい。

⑤自殺の動機

もう一つの分類として、自殺研究の大家である大原[32]は、中年男性の場合では仕事上の問題、女性では家庭の問題、青年の場合では異性問題、前途不安、受験や就職の失敗、子どもの場合では、家庭内や学校でのトラブル、そして、老年期では、仕事の悩みと身体疾患等を自殺の動機として挙げている。

⑥自殺の準備条件

ただ、動機だけでは自殺にすぐ直結するとは限らず、そこにはそれを強化する準備条件もあると考えられる。この、自殺に至る準備条件としての自殺傾向形成にあずかる三条件としては、社会・環境的要因（変動、激変、宗教等）、精神疾患の要因（うつ病、統合失調症、境界例など）、心理学的要因（性格の偏り、人間関係の歪み等）が考えられる。

◆自殺可能性と、その標識

自殺の原因、動機、準備条件と関連して、自殺の可能性を示す標識の一例を挙げておく。可能性標識例は、キールホルツ[33]の挙げたうつ病における自殺の可能性の標識であるが、別にうつ病に限らず、どの場合でも同じであろう。彼の挙げたものをまとめてみる。

Ⅰ．自殺を示唆するもの（①家族、近親者の自殺行為、②自殺企図の既往、③自殺実行の具体的行動を考える、④自殺、墜落、大災害の夢を見る、⑤将来の計画の喪失）

Ⅱ．病気の特徴（①うつ病相の初期あるいは回復期、混合状態、②不安焦燥状態、感情的狭窄、攻撃性の抑制、③重篤な罪責感、自己不全感、④生物学的危機（思春期、妊娠、産褥期、更年期）⑤長い不眠、⑥不治の疾病、またはそれにかかっているという妄想、⑦アルコール症、薬物依存〕

Ⅲ．環境との関係〔①小児期の混乱した家庭環境、崩壊した家庭、②対人接触の喪失・欠如、③仕事の喪失、責務の欠如、財政上の心配、④宗教的拘束の欠如〕

これらの因子が多ければ多いほど、自殺の可能性は高くなると言える。

◆自殺の種類

自殺の原因が複雑であると同時に自殺もいろいろな種類の自殺がある。逃避的自殺、罪責自殺、他者を助けるための自殺（保険金自殺）、アピール型自殺、衝動的自殺、熟考型自殺、心中、抗議自殺、あとおい自殺、集団自殺、哲学的自殺など多くの種類がある。

原因と同じく自殺を一律に捉えてはいけない。

◆自殺の前兆

a．**自殺は強制された死（自殺のサインは、救助願望のサインでもある）**

自殺問題に取り組むには（これは心理治療で必須の課題である）、自殺のサインをどう見抜くかということになってくる。

自殺のサインが出るということは、自殺者のほとんどがぎりぎりまで「死にたい気持ち」と「できれば生きたい気持ち」の両方に分かれていることを示している。喜んで死ぬ人はほとんどいないし、自殺は、高橋[34]が言うように「強制された死」である。特に、精神科やカウンセリングオフィスを訪れる患者・クライエントの場合は、筆者の経験では一〇〇％迷っていた人であった。だから、自殺予防の鍵は、そのサインや前兆をいかに見抜き、いかに適切な対応を取るかにかかっている。

ただ、前兆と言っても、かなり明確にわかる場合とほとんどわからない場合とその間の無数の中間の場合があり、前兆を掴むことが難しい場合もある。だから、前兆が必ずあると思い込んでいると、とんでもないことになる可能性がある。しかし、前兆を知っておくことは大変大事なことなので、以下にその前兆を挙げてみる。

b．自殺の前兆・サイン

i．死にたい発言、自殺をほのめかす行動

直接、口で「死にたい」「自殺するしかない」と言う表現は明らかに自殺のサインである。巷では、未だに「本当に死にたい人は、死にたいと言わないものだ」という誤った考えが流布しているようだが、経験によれば「死にたい」と言う人の方が、言わない人に比べ、自殺の可能性は高い。しかし、「死にたい」という言葉は、「生きたい」という救助願望の信号でもあるので、それを取り上げて話し合う必要がある。また、自殺の計画を言ったり、遺書を用意したり、自殺をほのめかすような言動なども要注意である。

ⅱ．死にたい発言が減った場合

それと、注意せねばならないのは、そんなに良くもなっていないのに、今まで訴えていた「死にたい」発言が減る時である。こんな場合は、「死にたい」発言が出ている時よりさらに危険になることをわかっている必要がある。これは、自分の発した救助信号を正しく受け止めてくれなかったという患者の反応で、それこそ手をこまねいていると、自殺を実行される。

ⅲ．絶望感の強い発言

「将来にはなんの見通しも喜びもない」「生きてて苦しいだけで、生きる意味は何もない」「将来は職もなく、暗い人生しかなく、家族にも苦しみを与えるだけだ」「もうどうにもならない」「どんなことをしても、取り返しがつかない」といった、前途を塞がれた発言である。

ⅳ．苦しさがあまりに強い発言・行動

「死ぬほど苦しい」「言いようもないほど辛い」といった発言が伴い、実際苦しさのあまり、じっとしていられず、うろうろしている時も危ない。ここに睡眠障害が加わるとさらに苦しさは増す。焦燥感も苦しさの表現の一つだから、焦り、イライラが強い患者も危険である。苦しさが容易に消えないので、苦しさを持っている自分自身を消そうとするのである。

ⅴ．自分を責める発言

「自分のせいで会社に迷惑をかけた」「自分の責任で家族を苦しめた」「自分は死ぬしかないほ

ど罪深い人間だ」「自分は汚れ切っている」など、いたずらに自分を責める発言である。こういう人は「死んでお詫びするしかない」と考え、自殺行動に走りやすい。

vi．逆に静かになる

iiでも述べたが、自殺を決意すると、かえって周りに訴えなくなる。従って、訴えが急に減ったり、引きこもったり、周囲に無関心になったり、やや超然とした感じになると危ない（ここらあたりに、本当に死にたい人は「死にたい」と言わないものだという誤解があるのかもしれない）。こういう人は、かなりプライドが高く、また重い責任を負わされているような気がする。

vii．不自然な感謝、身辺の整理

自殺を決意した人は、状況に合わない（つまり良くなっていないのに）感謝、例えば「今まで本当にお世話になりました」「今までのこと感謝しています」という言葉を発する。また身の周りの物や手紙や写真を整理したり、思い出の品を人にあげたりというのも、この世の別れとの表現と考えられる。

viii．サポート体制のなさ（孤立無援）

家族の誰かが亡くなったり、家族・関係者との関係が悪化したりして、周囲に苦しさを話せる人やわかってくれる人がいない場合も大変危ない。だから、希死念慮を感じたら、家族をはじめ、周囲の人間関係を詳しく聞く必要がある。

ix．それ以外に気をつける発言・行動（未遂的行動、事故傾性の高まり、健忘、過労、対象喪

失、連鎖自殺、感情の不安定とコントロールのなさ、心身の苦痛、投げやり的態度、絵画表現等）

今までに挙げたことと重なるが、自殺未遂的行動（「薬をたくさん飲もうとしたが、途中で止めた」といった発言）、そのための薬を貯め込んでおく行動（だから治療者は、絶えず、患者が薬を貯めていないかどうか注意を払っておく必要がある）、高いビルに昇るといった行動、不自然な交通事故（自殺を目指すような）、事故傾性の高まり（事故を起こしやすい傾向の上昇ということだが、考えてみれば事故の多くは注意をすれば防げる訳で、事故傾性が高いということは、隠された自殺願望の表れと言えるかもしれない）といったことが挙げられる。

また、似たようなことだが、「自分が何をしていたかよくわからない」といった記憶があいまいな体験を訴えた時も危険である。あまりの絶望のゆえに、ぼーっとしてしまうといった意識水準低下や解離現象のようなことが起きるが、こういう時は自殺願望を実行に移しやすい。その他、「もう疲れてしまった」「はやく楽になりたい」といった表現も危ない。過労自殺という言葉もあるほどで、疲れきってしまうと、冷静に考えることができなくなり早まった行動をとりやすい（川人[35]によれば、公務員の場合で、月百時間以上の残業をしている職員が二九％おり、年間百人前後の国家公務員が自殺しているとのことである。最近は、過労死の中に、自殺も入れられるようになってきているが、この過労自殺者数は、年間に少なくとも一千人以上はいると、川人は述べている）。

それから、深刻な対象喪失をした人の中で、「早く母さんに会いたい」「恋しい人のもとに行きたい」というような発言をする人もいるが、これも要注意である。

また、キールホルツも挙げているが、うつ病患者（それ以外でも）にとって家族等の大事な関係者が自殺したりすると、本人も自殺しやすいと言われている。連鎖自殺と呼ばれているが、これは単なる対象喪失の悲しみだけでなく、模倣や歪んだ同一化、流行に巻き込まれるという傾向も原因の一つとなるようである。

また、怒りや攻撃衝動が高く、それらをコントロールできず、攻撃的・衝動的行動に出たり、感情が不安定で、突然興奮したり、泣き出したりする場合も危ない。これと関連して、アルコールや薬物を乱用してコントロールできない場合も注意が要る。

不眠、身体的不調に代表される、心身の苦しみにさいなまれている場合にも、早く楽になりたいということで、自殺が決行されやすくなる。

それから、絶望感にやや似ているが、全てに投げやりになったり、あらゆることに興味を失うような状態も注意が必要である。

以上は、日常行動の中での自殺のサインであるが、石川[36]は、絵画表現の中にも、自殺のサインを示す人の例を挙げている。彼によれば、それらは、具体的な自殺や死の場面を描くものと、象徴的な表現である場合の二つがあるとのことである。

第三節　自殺可能性のある患者に対しての対処

◆自殺可能性の高さの程度の判断（苦しさやうつ状態の程度の見極め）

自殺可能性はあらゆる患者にあるが、ここでは、その可能性の高いものへの対処を述べる。もとより、決まった対処法がある訳ではなく、以下は筆者の経験から得られたごく一部のものである。

まず、どこまで、苦やうつが深刻か見極めることと同時に、先に挙げた自殺の可能性や自殺のサインがどこまで出ているかをよく見ておくことが重要になる。

そして、深刻なうつ状態の場合や自殺の可能性の多い人の場合、普通に考えると希死念慮を述べるように思われるが、実際は希死念慮を口にする人としない人があることにも注意しておかねばならない（これは、不信感・絶望・諦め等を考えれば、当然かもしれない）。

◆希死念慮を明確にさせる

希死念慮を述べる人は、それを話し合ったらいいのだが、それを口にしない後者の人はより深刻な事態のように思うので、この場合には少し踏み込んで〈こんなに辛かったら、この世から消えたいと思ったことはないですか?〉とか〈ふっと死んだら、楽になるのにと考えることはありませんか?〉と、聞くことが多い。一応、自分の意志で外来に来ている人で、希死念慮を持っている人は、大抵の場合、肯定する。

◆希死念慮の辛さの思いやり

もし肯定したら、口にした人と同じように、まずは、自殺まで考えざるを得ない大変さ、苦しさ、辛さを、思いやるようにする〈というより、まともな治療者なら、自然にそういう気持ちになるだろう〉。向こうの辛さが、かなりこちらに伝わったら〈自殺まで考えざるを得ないところまで追い込まれて、本当に大変ですね〉とか〈辛いですね〉とか言ってもいいのかもしれないが、別に口にしなくても、治療者が心底思いやっていれば、言う必要がないかもしれない。むしろ、心がこもっていない状態で〈大変ですね〉等と言ったら、かえって不信感を招くかもしれない。

◆希死念慮の程度、その歴史・背景、自殺実行の可能性などを聞く

希死念慮が、明確になると、自然とその背後にある物語を聞きたくなるが、患者の中には、これらを語ることが相当大変な場合もあるので、それを配慮しながら聞かないといけない。また、当然だが、一回で聞き切れるものではない。

聞くポイントは、希死念慮が急に浮かんで来たのか・徐々なのか、いつ頃からなのか、原因として思いつくことがあるか、思いつくとすればどんなことが浮かんでくるか、希死念慮を抱き始めてその後その気持ちは、どうなったかなどである。もちろん断片的に聞かずに一つの物語とし

て聞くことが大事な姿勢である。

続いて、核心的なところに入っていく。すなわち、希死念慮だけに止まっているのか、自殺の計画を立てたことがあるかどうか、計画を立てたとして実行しようとしたかどうか、実際に実行した未遂歴があるのか、現在でも実行しようと思っているのかどうかといったことである。こうしたことは、聞きにくいことは確かだが、患者の辛さ・苦しさ・語りにくさへの思いやりを持っていて、同時にそれを聞くことが、治療にとってとても重要であることの確信が治療者側にあれば大抵の人は話してくれる（特に自分の意志で訪れた人などは）。

◆希死念慮を巡っての話し合い（心身疲労が主になる場合）と「死なないこと」の約束

疲れきっていることが最重大点であれば、「今、心身疲労、脳の疲労の頂点にあること」を、本人と共有できるかどうかが治療ポイントになる。これは、自殺に至る物語を、治療者の援助で構成でき、治療者との信頼関係が少しでも芽生えていれば、比較的素直に「疲れている」ことを認める。認めると、〈薬物、休業等の処置を取って休養することで、頭を冷静にしてそれでもう一度希死念慮について話し合おう〉と提案するが、これは大抵受け入れてくれる。そして次回まで、自殺を含む自傷行為をしないとの約束をしておく。この時は〈治療が終わるまで自殺しない〉という約束をすることもある。

うつ病患者（に限らないが）は、比較的義理がたいので、約束を守ってくれる。筆者は、この約束を破られたことは、境界例を除いてはあまり経験していない。

この場合、うまくいけば、薬や休養により、冷静さを取り戻し、「自分がいかに悪い方悪い方に考えていたか」を自覚することになり、自殺の危機は一応回避される（筆者だけの印象かもしれないが、自殺に至る物語を語れるというのも大きいかもしれない。物語の持つ治癒力は大変大きい）。

◆希死念慮の話し合い（追い詰められた状況）（環境調整、死なない約束）

二つ目は、疲労を自覚してもらったとしても、本人の状況がかなり深刻な場合である。例えば、①会社の重責を担い、質・量ともにすごい負担のかかっている仕事を持っている場合で、本人が休むのをためらっている時、②会社で疲労しているのに家族の中で孤立していて家庭が休息の場になっていない時、といったものが考えられる。

こうした場合は、心身や脳の休養を取っただけではあまり解決にはならない（だいたい、こういう深刻な事態にいる人は、休養を取ることすら難しい）。こういう時は、追い詰められている状態が少しでも楽になるように、本人と相談したり、会社・関係者に働きかけるなどの工夫をしていく。しかし、簡単に事態が解決しない場合は、長い時間が必要となり、この時こそ〈治療が終わるまで自殺はしないように〉〈死にたい気持ちになったら必ず治療者に言うように〉との約束が大事になってくる。「もう、こんなに辛いのなら、楽にさせてくれ」という方もいるが、その場合は治った例を出して、「やはりあの時死ななくて良かった」と言う人が大部分であることを強調する。また、追い詰められると、どうしても一挙の解決（つまり自殺）に至りたくなるということも説明する。

②の場合などは、家族からも事情を聞き、本人の心の準備を整えた上で、本人・家族合同面談をしたりもする。この時は、主に、双方の言い分を聞き、双方の交流を図り、埋められるずれは埋めるようにする（埋められないものは、双方、ここにずれがあるということを相互理解するだけでも十分である）といった働きかけをする。筆者は、別にどちらの側に着くわけでもなく、お互いの流通を良くしようとするだけである。家族は、医師から呼ばれるだけで身構えてしまうところがあるから、そういう時は、まず家族の苦労、家族の気持ちを理解することが大事になる。

いずれにせよ、このように少しでも状況が軽くなったり、サポート体制を強化して、本人を楽な状態に置くことに努める。しかし、それでもかなりの心身の疲れが続くようだったり、希死念慮が強そうであれば、もちろん入院を考える。

◆うつ病傾向の根深い場合

三つ目は、本人の自己否定、うつ病を来す性格傾向、うつ病的思考傾向等が、かなり根強く染み付いている場合である。こういう人は、ぎりぎりのところで生きてきて、ちょっとしたきっかけで、うつ状態になり、一挙にそれまで隠れていた問題点が出てくる。

もちろん、この場合も、そうした問題点を話し合うことになるが、「自己否定から自己変革、自己肯定へ」といったことや、うつ病に特有の「悪い方悪い方に考える癖」「全か無かの思考パターン」「部分の全体化（ちょっとしたことを全て悪く拡大解釈する）」「極端な義務意識」「強度の罪責感（何でも自分が悪いと考えてしまう）」の修正は、かなり難しい。なぜ、難しいかというと、それらのパターンが、彼等の生活に深く深く染み込んでいることが多く、なかなか変えられないことが多いからである。だから、そうした思考パターンや性格傾向を生かすという方針になる場合もあるが、これだって、非常に長い作業になっていく。

特に難しいのは、自己否定がかなり根強い場合である。こういう人たちは、何かの対象喪失の後をきっかけに、うつ状態に陥り、「自殺以外は考えられない」ということが多いようである。また彼らは、幼い時から失意体験が多く、「人生や人間には絶対何も希望しない。希望してもかなえられることはなかったから、希望するだけ傷つくだけである」という考えが、どっしりと根を張っている。

◆死の意味についての話し合い

こういう場合、筆者は、あまりこうした癖を修正するというより、この癖の意味・起源をもっともっと理解しようとしていく。その方が、結局は、自殺禁止をやみくもに振りかざすよりは、信頼関係が形成され、自殺防止になるように思える。というのは、自殺は禁止したところで、自分で実行しようとすればできる訳である。これは、入院しても同じで、自殺の危険性は、少しは減るものの、一〇〇%大丈夫というわけにはいかない（ここのところは、特に家族に説明しておく必要がある）。

従って、本人にとっての死の意味を話し合うことの方が大事になる。そうすると単なる自己否定だけではなくて、「その自己否定は実は他者否定、他者への攻撃性であり、それを他者へ向けるのが恐いので自分の方に向けていたといったことであったり」（その結果、攻撃性を治療者との間で話し合うことで、自己否定が少し和らぐ）「自殺願望より、休息願望の方が本音であったり」「自殺願望の背後に充たされなかった甘えがあったり」「自殺だけが、残された唯一の自己実現の手段であったり」ということが判明することがある。そして治療者と死について話し合うことが、とても重要なその人の生の営みとなるのである。

もちろん、こうした難事例では、治療中、自殺の危険が高まる場合が多いので、その時は入院のことを考えたりもする（死ねば、本人と死について話し合うことができなくなる訳だから、それは本人にそう伝える）。

第四節　自殺の危険が高い場合

◆話し合いが通じにくい場合

今までの話は、話し合いができる人の場合だが、患者によっては、全く話し合いができない時がある。特に、自分の意志ではなく連れて来られた患者に多いが、押し黙ったままで、一言も発しないことがある。

こんな時は、〈ご自分の意志で来られたのでしょうか?〉とか〈大変辛そうですが、お話できますか?〉とか相手の気持ちを思いやるようにする。質問も、〈夜、眠れますか?〉とか〈毎日、苦しくないですか〉とか、なるべく答えやすいように配慮する方がいいだろう。これで少し話してくれる人もいるが、もちろん押し黙っていることも多い。

そうすると次は、家族から事情を聞くことになるが、その過程の中で、相当患者の辛い事情が判明してくる。この場合、〈ご家族のおっしゃっている通りですか?〉とか〈この点は、ご家族の言う通りで間違いないですか〉とか、できるだけ患者に負担のかからないように、さらっとしかも思いやりを込めて聞くと、うなずいてくれたりする時がある。そして、それをきっかけに患者が話をし出してくれる場合もある。

しかし、こんなことをしても、事情を本人から聞けない場合は、治療者の方から、一歩踏み込んで〈こんな事情になっているとすれば、本当に辛いですね〉とか〈これだけ、大変だと口をきく気にもなりませんよね〉とか、〈もう何もかも諦めきっているのでしょうか?〉とか〈ここに連れて来られたこと自体がご不満なのでしょうか?〉とか聞く場合もある。これらの質問が、患者の心の琴線に触れた時は、やはり、うなずいてくれて、そこからまた話し合いが始まる場合がある。

これでもまだ駄目な場合、家族の話から、うつ状態の程度がひどく、自殺の可能性が高いことが判明したら、患者に対して、まず〈今は話せる状態でないのかもしれませんが、医師としては、この事態は放っておけません〉と述べる。次に家族（患者に対してでもあるが）に向かって、治療法と見通しを簡単に説明した後〈自殺の危険性が高そうなので、目を離さないでおれるかどうか、通院・服薬をさせられるかどうか?〉を聞く。家族がとても無理だと言った時は、入院を勧める。

ただ面白いことに、この時点で初めて、患者が「入院は嫌です」と口を開く場合がある。筆者は、こんな時、本人に反対するよりは〈確かに、入院は嫌かもしれませんね〉と患者の気持ちを汲んだ後、〈よければ、どういう点で、入院が嫌なのか教えていただけませんか?〉と聞くことで、話し合いが始まる場合がある。この場合、背後に、あきらめ・絶望感、不信感、疾病否認、入院への恐怖、家族への罪責感、今までの治療者への不信感（治療歴の多い人の場合など）等が出てくる場合があるが、これもゆっくり、話し合いの主題にしていけばよい。

しかし、これらの手段を尽くしても、やっぱり話し合いができない場合は、入院を勧めることになる。

◆自殺の仕方、死後の未来予測、実況中継の工夫（物語作業の重要性）

さて、話し合いができる場合があっても、断固自殺の意思は変わらないという人もいる。この場合は、〈家族や残された人たちのことを、考えることはないですか?〉とか〈死ぬ時期としては今が最適でしょうか〉とか〈今、最適だとしたら、それはどうしてでしょうか?〉と聞いてみる時がある。時には〈今、死ぬことは、どうみても良い死に方とは思いません。豊かな死が、迎えられるまで、もう少し待てませんか?〉と強く言う場合もあり、これで反応して思い留まってくれることもある（中には、ある治療者が〈そんなに死にたければ死んでしまえ〉と言ったところ、かえってその患者が反発して「くそっ。生きてやる」と言って自殺を思い留まり、よくなったという話を聞いたことがあるが、筆者はそんな思い切ったことは、とても言えない。きっと、相当深い読みがあったように思われるのだが）。

これでも変わらない時は、下坂[37]も試みている、自殺の仕方や死後の周囲の反応に対する話し合いをしてみる。言わば、自殺のシミュレーションというか、自殺を巡っての実況中継を、治療者と共同でやるのである（筆者は、他の患者、特に妄想患者に対しても、この実況中継を試みる場合がある）。

具体的に言うと、希死念慮の内容はもちろん、自殺の方法、場所を聞いたり（この場合、薬を使うにしろ、飛び降りを選ぶにしろ、その方法・場所を選択する理由も聞く）、遺書を誰当てにどんな内容で書くのか、死後の遺族の反応、葬式の情景、死後の魂の行方を聞いたりする。逆に自殺しなかったとしたら、どんな人生になるかを、想像してもらうことも大事である（この時も、単なる事象の想像だけでなく、そのように想像する理由まで聞くことが重要である）。

この作業をすることで、患者の今まで隠されていた面がかなり明らかになる。つまり、自殺に至る動機のさらに深い理由、実は状況さえ変われば生きたい気持ちもあること、家族や関係者に対する様々な矛盾を含んだ気持ち（怒り・恨みと期待・甘え等）、今まで口にできなかった未来への願望、過去の外傷体験や秘められた暗黒の歴史等が、少しずつ患者にも治療者にも見えてくる（というより、混沌の中で、患者の隠された歴史や物語が再構成されるといった方が正確かもしれない）。

こうした物語の発見、再構成、共有（患者と治療者間での）の開始によって、何が生ずるであろうか？

一つ目には、患者がこういうことを語ったのは、治療者が初めてであることが多く、治療者が特別でかけがえのない存在になってくる（もちろん、これで安易に信頼関係が着いたと考えることは早計である）。また、そうした治療者と関係を持っている患者も、自分のことを特別だと考えるようになる場合がある。

二つ目には、この物語の発見・再構成・共有（物語作業と呼んでいいかもしれない）により、自殺の問題よりも、そちらの方の作業の方が中心になり、治療関係が続くことになる。続いている限り、患者は生き延びる。だから、〈この（物語に関する）話し合いを次回またしましょう〉という約束や〈過去の歴史がはっきりして、死以外にはいかなる意義もないということがわかるまで、自殺は中断しましょう〉といった取り決めが自然とできることになる。うつ病者に限らず、患者一般は（境界例等の例外を除き）、こういう約束を守ることが多い。

三つ目には、この物凄い暗黒の歴史を生き抜いてきたという感覚が生まれる時があり、「生きているのが奇跡」と感じる時がある。患者の中には、あまり口にはしないが、この奇跡を実践し得ているという自信めいた雰囲気を醸し出す人もいる。

このような三点が、治療関係を維持する力になることは言うまでもないであろう。

そして、最後にうまくいった場合には（残念ながら、いつもうまくいくとは限らない）、希死念慮の意味の探求や物語作業の遂行によって、徐々に患者の古い部分は死に、新しい自分が生まれてくるということになっていく。患者の中には、希死念慮や自殺未遂等の死をめぐる体験をすること、またそれらを話し合うことで、初めて成長できたと言う人もいる。筆者は、決して、自殺を勧める訳ではないが、自殺にはそういう意味や価値があるようにも思える（これに関して、樋口は「なかなか見分けはつけにくいが、自殺未遂者の中に時々それを成し終えて、死の体験がなかったら今の成熟したこの人はいないというような人々にも出会うのもまた事実なのである」と述べているが、同感である。ヒルマン[38]もまた「死につつあるものだけが、真に生きることになるのである」と述べており、生の中の死の重要性を強調している)。

ただ、希死念慮の意味やそれに関する物語についての話し合いは、患者があまり乗って来ない時は、無理にしない方が賢明である。また一人ではとても無理なので、治療者が適切で負担のかからない質問をして、患者から物語の材料を引き出し、断片的な物語をモザイクのように組み合わせて治療者が要約し、それを患者に提示して、ずれがないかどうか、しっくりくるかどうかといった共同作業を行う。患者との間にずれがあれば、治療者は、そのずれの意味を考え、再び治療者の要約を伝え、患者の反応を見る。このずれはとても大事で、治療者の要約をすっと受け入れるよりは、反対してくる患者の方が、個性と主体性を持っていると言え、このずれを話し合うことで、さらに物語は深みを持ってくる。ただし、あまりに大きなずれは、治療関係を破壊してしまう恐れがあるので、治療者の発言は、慎重でなくてはいけない(老子が「ある程度方向性が同じでないと話し合えない」と言ったのは、こういうことを指すのだろうか)(要約すると、小さいずれは生産的になるが、大きいずれは破壊的になるということになるのであろう)。

しかし、こうした作業を続けてもなかなか楽にならない場合がある。また、こうしたことは魂の深部に向かっての作業であるから、それは時にとても苦しいことになり、自殺で一思いにかたをつけたくなる時がある。こんな時は治療関係を維持できなくなるので、もちろん、入院が必要になる。しかし入院しながら、可能であれば、物語作業を続ければいいのだから(もちろん、適度の休息を入れながら)、随時最悪の場合に備えて準備しておく必要がある。

最悪の場合というと、こんなこともある。境界例の女性でひどいうつ状態にあった人であるが、筆者が、外来ですごく忙しい時に、突然電話をかけてきて「今、手頸を切って、ガス栓をひねったところです。これでお別れです」と言うのである。びっくりして〈思い留まる気はないか?〉とか〈今、一番望んでいることは?〉とか〈とりあえず、次回の面接で詳しく話し合いましょう。それまで待てますか?〉とか聞いても、死ぬ決心は変わらないようなので、筆者は〈こんな事態は電話では、どうにもならない。とりあえず、死んでほしくないので、一一九番に電話して救急車でそちらへ行ってもらう〉と言った。筆者の気持ちとしては、たとえ、こちらの気を引く狂言であったとしても、救急にお願いするつもりであった。ところが、筆者がそう言うと、彼女は「すいません。ガス栓を止めますから、救急車を呼ばないで下さい」「次回の診察に必ず行きますから」と述べ、結局救急車は呼ばず、彼女の言を信用することにした。次回、彼女は診察に現れ、「死ぬほど苦しいことをわかってほしかった」と述べ、二人は苦しくなった時、どうすればいいかということと、電話されても解決は無理で、救急車を呼ぶより手はないということを話し合った。その後、彼女との関係は続いたが、そのような電話はなくなった。

◆基本はやはり治療的人間関係

以上、自殺願望に対する対処法を述べてきたが、筆者の経験によると、自殺防止の根本は、やはり治療者との人間関係にあると思われる。今まで、自殺に至った患者はいるが、深い治療関係ができていて、自殺を遂行してしまった方はいない（もちろん、「耐えられない。今から死ぬ」と言って来られた方は少なからずいるが）。また、うつ病かどうかは別にして、有名人の自殺の報道があった時、相談相手がいなかったという話をよく聞く。つまりは、周囲に深いサポートのできる人間（治療者とは限らない）がいる・いないといったことが生死を分けるようである。

一般臨床でも、自殺の危険の高い重症抑うつ患者は、その時、意味のある深い人間関係を持っていない、または過去にも持っていなかった（過去に持っていればそれを支えにできる場合もあるが）、逆に辛い苦しい貧しい人間関係しかなかったという印象を持つ。

しかし、そういう方が初めて意味ある重要な人間関係（つまり、治療者との関係）を持つことは、大変貴重で救いにもなるのだが、同時に大変なとまどいや辛さ・苦しさも伴うことを忘れてはならない。

第五節　（自殺が問題になった）うつ病治療について

◆うつ病による自殺未遂の例――中年の危機

ここでは、具体的に、自殺を巡って、治療者がどう対処したかを述べる。事例は管理職にある中年男性である。川人[35]は、一九九〇年代に入って、中高年の自殺率の伸びを指摘しており、また自殺研究で詳しい高橋は、ある座談会で「職場のメンタルヘルスと自殺」を自殺の三大テーマの一つとして挙げている。とすれば、この中年管理職というのは、一番自殺の危機にさらされやすい位置の一つにいると考えられる。

中年というのは、一方で、知恵や人格が成熟し、今までの経験・活動の集積によってさらなる飛躍が考えられる時期であり、また脂が乗り切った時期と考えられるが、他方で喪失が始まる時期でもある。すなわち、若々しさ、体力、知力、気力、記憶力、健康、若々しい容貌といったものが徐々に失われ、逆に成人病などの危険が増大してくる。人生前半は「いかに生きるべきか」が課題になるが、人生後半は「いかに失っていくべきか。いかに死んでいくべきか」が課題になるとも言える（もっと「失いつつ得ていく」ということを目標にしてもいいかもしれないが）。

しかし、喪失を嘆いてばかりいる訳にもいかない。体力等の低下とは逆に、地位が上になってくるので管理職の仕事と責任が増大してくる。また部下の指導や、複雑な人間関係の調整に心を砕くことも多くなり、上司と部下の板挟みになって悩むということも生じる。また技術革新や変化の多い時代であるから（パソコンの導入に代表される）、劣った体力、知力でも、若年者と共にそれについていかねばならない（また、仕事以外でも、家庭の長としての責任が増大すると共に、夫婦の危機も顕在化したり、親の面倒や子どもの反抗に悩むということも生じてくる）。

つまり、喪失の危機と、責任・負担の増大という二重のしんどさを背負うのが、中年期の特徴であるが、それ以外に辛いのは、人生が残り少なくなり、もう先がある程度見えてくる時期だという点である。こんな時、人間は、内面の中で、今までの前半生の総括を迫られる。つまり「もう、先があまりない。今までの人生はこれでよかったのだろうか」「この仕事を選んでよかったのだろうか」「この妻（夫）と暮らしてきて、これでよかったのだろうか」といったことで、様々に悩む場合がある。もちろん、ここでやり直して納得した人生を送る方もいれば、焦って誤った決断をしてしまい後悔に苦しむ人もいる。また、何の手立てもないまま、迷いの日々を送る人もいる。

やり直しの効きやすい青年期ならまだしも、人生の後半に入ってからの上記の悩みはより深刻のように感じる。孔子は「四十にして惑わず」と言ったが、それは中年の危機を乗り越えた人の理想型で、かなりの人が、ダンテの言うように「人生の旅の半ばにあって、正路を失い、暗き林の中にまどう」ということになるように思われる。

【事例Ｒ】（四十三歳、男性）

［自殺未遂・受診に至る経過］

（真面目、優秀、高い業績、仕事中毒、完全癖）

Ｒは、両親双方とも教師という厳格な家庭の長男として育った。彼は、親の言うことを良く聞く素直な子で、また勉強好きの成績優秀な優等生だった。それに、スポーツもそこそこやり、生徒会の役員もしたりして、先生の受けもかなり良い子で、めでたく有名国立大学の法学部に入学できたのである。そして、卒業後は、ある大手の会社に就職した。

意欲的で、根が真面目で勤勉なRは、与えられた仕事を順調にこなし、上司からの評価もかなり高い方だった。また、順調に結婚して一男一女をもうけ、家庭生活も平和な状態であった。ただ、仕事に熱心なあまり、学生時代にやっていたテニスも全くせず、休日も仕事関係の読書にふけるということで、忙しい毎日を送っていた。当然、業績も上がり、上司からの信頼も厚くなり、四十歳になった頃、かなり重要な仕事をまかされた。その結果、日頃多忙な状態がさらに忙しさを増したのである。

Rは、ある目標を設定すると、それをやり遂げるまでは頑張り抜くというタイプで、しばしば深夜帰宅になったり、休日出勤をしたりしていた。いささか過労気味になっていたのだが、根が真面目で、やり残しは大嫌いということもあって、あまり、休養を取ろうとしなかった。

（過労、高血圧、胸痛の不安、悩みの抱えこみ）

そんな時、突然心臓がドキドキして胸が苦しくなるという発作が起きた。びっくりしたRは、早速診てもらったが、多少血圧が高いだけで、どこも異常はない。しかし、その後も動悸や胸部圧迫感が時々あり、Rは健康に自信を失っていき将来に不安を感じるようになった。Rは、友人にほんの少しだけ、動悸や胸の苦しさについて話をしたのだが「気の回し過ぎだ」と一笑に付され、その後は誰にも言わず、一人悶々としていた。Rは、何人かの友人はいることはいるが、深い悩みを話し合ったりということはなく、表面上の付き合いであることが多かったのである。

（課長昇進、負担増加）

　こうした中、まかされていた仕事をやりとげ、Rはほっとし、とりあえず息をついた。上司の評価はさらに高まり、Rは課長に昇進することになった。Rは長年の目標がかない、しかも同期の者より早いということに満足と優越感を感じ、周りも祝福してくれたが、内心、こんな身体で続けられるのだろうかという不安を感じていたとのことであった。

　さて、課長になったRは、今までとは違って、自分が部下に指示を出さねばならないし、また指導を行わねばならないし、部下の仕事配分にも気を配らねばならなかった。また、マニュアル通りにいかないことも多く、公式を越えて、その場その場で、柔軟で高度な責任ある判断を下さねばならないことがあり、すっかりとまどってしまった。もちろんRも、大企業の課長職の大変さはわかっていたつもりだったが、まさかここまではと思っていなかったようである。

　折しも、課長になってしばらくしてから、その課で重要なプロジェクトが始まり、その責任者にもなったRは、ますます負担を感じるようになったが、持ち前の頑張り精神で仕事にあたり続けた(部下がちゃんと仕事ができなかった場合、その分まで、自分が引き受けてしまうということまでしたようである)。

(不眠、早朝覚醒、動悸、叱責のショック、うつ症状の出現)

　ただ、頑張っても、仕事の業績が上がる訳でもなく、疲労だけがつのり、仕事への自信が失われ、憂うつな気分が強くなってきた。そして不眠がち、特に夜間や早朝に目が覚め、その時恐れていた動悸や胸部圧迫感、過呼吸などが起きたりしてきた。ただ、こういった状態であっても、人に相談することもなく（というより弱みを見せるのが嫌だったし、前の経験もあって相談することには抵抗があったようである）、何とか仕事を続けようとしていた。しかし、集中力の低下はいかんともしがたく、プロジェクトや仕事の進み具合が遅くなってきた。そんな時、彼の上司（かなりな猛烈社員で業績を上げることばかりに夢中になっていたらしい）から「R君、最近の君はどうなったのかね」と叱責を受け、これもかなり、彼を落ち込ませた。

Rは、もちろん、これまで多少の困難を経験してきたが、それらは乗り越え可能なもので、そういう困難はかえって彼の自信を強めてきた。しかし、今回のようなことは、全く初めてで、どうしていいかさっぱりわからなくなってきた。疲労、不眠、精神機能低下、とまどいに加えて、仕事ができていないことでの罪悪感、自分の無能力感も強く、また上司から叱責を受けた（彼はひそかに頑張り過ぎているな、あまり無理するなという評価・労わりが欲しかったようだ）こともあって、精も根もつき果てたような感じになった。

ただ、こんな時でも「ぐっすり眠りさえすれば、また元気も回復する。眠るためには運動が必要だ」と考え、疲れているにもかかわらず、テニスに行ったりするが、全く楽しめず、また期待していた睡眠はちっとも得られず、不眠や疲労はますますつのってきた。また、上司からの叱咤激励は相変わらずであった。

（うつ状態の泥沼化、希死念慮、自殺未遂）

もう、こうなると考えは悲観的なことばかりである。「俺は結局無能な人間だったのだ」「こんな無能な人間が、課長職を務めて申し訳ない」といった無力感、罪責感が強くなり、また身体に対する強い不安、不眠・体調の悪さ・気分の悪さのすごい苦しみ、出口が全く見えないという絶望感等が加わり、「もう自分は死ぬしかない」「死んでお詫びするしかない」という考えが、彼の中でどんどん大きくなったのである。

そして、疲れ・絶望・不眠が極度に達した夜、彼はもう思考力もなく、頭が真っ白になったような感じで、首吊り自殺を図ろうとしたが、途中で妻に見つかり、とりあえず未遂に終わった。妻の方は、疲れたり不眠で悩んでいるようには感じていたのだが、これを見てびっくりし、本人を精神科に連れていこうとした。しかし、本人は「俺は頭はおかしくなっていない」「病気ではないから行く必要はない」と行く気はない。そこで、妻は、本人の弟夫婦などに説得してもらい、四人で、筆者の外来を受診した。

［治療経過］

〈初回面接〉

まず、治療者は〈どういう事情で来院されたのか〉と聞くが、本人は黙して語らずという感じであった。ただ、明らかに疲労・苦悩の色が濃く、何かぼーっとしているような感じだった。そこで重ねて〈ご自分の意志で受診しようと思われたのですか？〉というふうに聞いても答えが返ってこない。治療者は、ここで〈相当お疲れのように見えますが、奥さんの方から事情を聞いていいですか？〉と聞くと、力なくうなずいた。

そこで、上記の事情を一部聞かせてもらい、またなぜ、このようなことになったのかという話を、主に奥さんとの間でした。ただ、その間、本人に〈今のことは間違いないですか?〉と聞いていったところ、本人も重い口を開き、いかに今が八方塞がりになっているという事情を途切れ途切れではあっても、少し説明した。

治療者は、ここで、〈ここまで、精一杯やってきたのに、業績の上がらなかった辛さ〉〈それだけではなく、今、刀折れ矢尽きた心境で、精魂つき果てていること〉〈また、とても申し訳なく思って死んでお詫びするしかないと思っていること〉を思いやると、伝わったようなので、次のような話し合いをした。

治療者〈これだけ辛い大変なことが積み重なると、自殺しか考えられないということですか?〉

R「ええ……」(力なくうなずく)

〈というと、全く真っ暗闇の中にいて、見通しが全く立たないということですか?〉

「そうなんです」

〈今のあなたは、心身も脳も著しく疲労していて、狭い考え方しかできないし、従って、悪い方にしか考えられていないと思うのですが?〉

「そうなんでしょうけど、もうどうにもならないという気がします」

〈そういう気持ちに追い込まれるんでしょうけど、いかがですか。一時、休養して、同時に薬で心身や脳の疲労をとって、冷静に考えられる力を回復するのが先決だと思いますが、いかがです

か?〉

「それが、日曜日などに休養しても全く休養にならないし、苦しくてしょうがないんです」

〈ええ、多分そうなるでしょうね。形だけ、休養しても、憂うつ、絶望、不安、焦り、イライラといった苦しい気持ちが押し寄せてくるので、脳はカッカッして、オーバーヒートのような状態になって、本当の休養には全くならないでしょうね〉

「ええ、おっしゃるとおりです。でも、薬なんて効くんですか?」

〈自分の努力だけで、熱や痛みが取れないのと同様、脳の疲労、もう少し詳しく言うと、脳の神経伝達物質の失調は、自分でもがいても泥沼にはまるだけなんです。熱や痛みと同様に薬は、脳の疲労やオーバーヒートを取ってくれます。わかっていただけました?〉

「ええ、なんとなく」

〈それじゃ、薬を出しておきます。不安・イライラを鎮め、夜の睡眠を助ける安定薬と、気分を明るくし、意欲を出すのを助ける抗うつ薬です。次回まできちんと飲めますか?〉

「はい」

〈それから、今度来られるまで、自殺をしないと約束できますか?〉

「それは、自信ないんです。あの苦しさに襲われたら、逃れたいとしか考えられないんです」

〈多分、そうなんでしょうけど、その時、ご家族のことを考えられたりはなさらないんですか?〉

「そうなんですね。家族のことを考えると馬鹿なことをしたなとは思うんですが……」

〈ということは、次回までは、大丈夫ですか?〉

「何とか、それだけは思い留まるようにします」

ということで、治療者は一ヵ月の休養の指示を出し、四日後にもう一度来るように言った。

[それ以後の経過]

(要約と反省)

この後、本人は、薬(パロキセチンという抗うつ薬とロフラゼプ酸エチルという安定薬)のせいか、少しは眠れるようにはなったが、まだ頭がぼーっとしていること、苦しさは少しは楽になったが、まだ暗い気持ちが続いていることを訴えたので〈前にも説明したようにこの脳や心身の回復には、平均三ヵ月はかかると言われますのでそう焦らないように〉と言っておいた。

そうこうしているうちにだんだん、本人は、休養が取れるようになってきて、少しは冷静に考えられるようになったので、今までのことをお互いにふりかえってみた。

それを要約すると、①身体に関する不安があって、何となく落ち着かなかったこと(中年になり、身体に無理がきかなくなったのに無理をした)、②そのこともあって、課長になった後、きちっとやらねばという気負いが強過ぎたこと、③ただ、内心では身体のこともあって不安だったが、誰にもわかってもらえないだろうと思って打ち明けられなかったこと、④課長になった後、予想以上に、指導、管理、高度な判断といったことが大変で、不安とともに疲労が積み重なったこと、⑤またプロジェクトに関しても本当は「もう少し待ってください」と言いたかったが、とても、それができなかったこと、⑥また一番ショックだったのは、今までは、努力すれば何でもできると思っていたし、事実そうなっていったが、今回は、それが通じないことになり、全くどうしていいかわからなくなったこと、⑦さらにショックなのが、今までは、かなり評価してくれていた上司から、労わりより叱責の言葉を受けたこと、⑧こんなことが積み重なり、もう悪い方にしか考えられなくなった、今まで頑張ってきたことは何だったのか、自分の人生は全く無意味・無価値だったと思い込んでしまった、⑨それと、不眠や体調や気分の悪さがひどく、こんな苦しい思いをしたことがなく、それにもすっかり戸惑っていたこと、といったことを反省した。

そして、この反省は自分の性格や姿勢にまで及び、①自分はイエスマンであり過ぎたこと、②完璧にやろうとしすぎること、③途中で止められないこと、休息に入れないこと、④「努力すれば何でも通ずる」と思い込み過ぎていたこと（いままで、それで順調にきていたのでそれでやれると思っていた。自分は困難に強いと思っていたが、真の意味で、思い通りにいかない時があるという挫折に慣れていなかったと思う）、⑤人からの評判をすごく気にして、人からの賞賛・評価だけが生き甲斐になってしまっていたこと、⑥神経質過ぎて何でも大きく考えてしまうこと、⑦一旦悪く考え出すと、とめどなく悪い方ばかりに考えが走り、良い時のことや良い点のある自分などを全く思い出せなかった（時間の連続性に対する気づきが弱かった）、⑧家族を含めた人間関係を大切にするより、いかに仕事ができ、出世ができ、周りからの評価が得られるかしか考えていなかった（自殺のことも、家族のことが気になりながら、自分の苦しさや恥の解消の方を優先しようとしたことが、問題だったと思う）、といったこと（すなわち、メランコリー親和型性格傾向や執着傾向、順調希求傾向、努力至上傾向、自己愛傾向等）を語った。

治療者は、こうしたことのプラスとマイナスを患者と共に吟味したところ、こうした性格傾向は危険やマイナス面もあるが、いい点も多いということと、基本原則は、この性格の危険な面によく注意しながら、こうした性格傾向を生かしていこうということになった（もっとも、こうした作業には随分時間がかかった。特にいったん否定的に考えてしまった性格傾向を肯定的に受け入れるのは、大変難しかったようである。しかし、最終的には「自分は、優秀であったので、うつ状態になった」ということを納得したようであった。もちろん、優秀であることの危険やしんどさを十分わかった上であるが）。

こうした作業を経て本人は再出勤した。この時は課長職はそのままであったが、プロジェクトの長は降ろしてもらった。そして本人は、上記の反省を元に、今までのように気負い過ぎたりすることもなく、またそんなに完璧にしなくてもいいと考えるようになったり、少々うまくいかなくてもかまわないと開き直れるようになったり、さらには上手な断り方もできるようになってきた。

さらには、仕事以外にもテニスを再開したり、ハイキングや美術観賞といった趣味も持つようにしたり、ゆとりを持てるようにもなってきた。

そして、再出勤して一年後ぐらいに、Rは「実は、うつ状態になる一～二年前から、うすうすだが、こんなに仕事ばかりで自分の人生は何だったのだろうかと感じていたような気がする。しかし、そんなことを考えだすと仕事ができなくなってしまうのではと思って、見ないようにしていたと思う。仕事に一生懸命になり過ぎたのは、実はそうした虚しさを隠すための反動だったような気がする」と述べ、今後の人生をもう少し広い視野に立って見るようになってきたのであった。

◆事例Rの要約

Rの自殺未遂やうつ状態は、彼の性格傾向と中年特有の状況が相まって生じた、比較的典型的な「中年の危機」を良く表していると思われる。

Rは、幸運にも未遂で終わり、その後の治療も、初期の抵抗を乗り越えた後は、比較的素直に治療作業についてこられ、その結果、「硬いメランコリー親和型性格・硬い執着性格・硬い自己愛傾向」から「柔軟なメランコリー、執着性格」・「他者との関係も大事にするという健全な自己愛傾向」へと変化できた。現実にはこういかずに、自殺既遂に至ったり、未遂でもあまり治療に通わなかったり、通っても少しよくなると勝手に中断して自己のうつ体験や性格の見直しをしなかったりする人も多いのだが、彼の場合は、中年の危機を通して、逆に良い方向に成長できたのであろう。しかし、注意すべきは、いつまた硬い不健全な傾向が出てくるとは限らないので細心の注意を払っておく必要がある。

それから、もう一つ「努力すれば何でも通じる」というのは、猛烈上司や学校のスパルタ先生が言いそうなことだが、これが人を追い詰める大変危険な思想であることに留意しておくべきである（戦前の軍国主義にもこういう傾向があったのではないだろうか）。もちろん努力の価値を否定するつもりはないが。

◆長期化するうつ病は、自殺に注意すること（自殺と治療中断さえなければ原則的には治っていく）

今までの筆者の論調は、どちらかというと自殺予防という形で、自殺反対論の立場で論じているようにとられたかもしれないが、筆者自身は、そんなにはっきりと自殺反対を明確に打ち出せるほど、確固とした意見を持ってはいない。中には、自殺によって初めて自己実現を遂げる場合や、死以外に救いがないという現実や、潔い意義ある自殺というのもあるような気がする（本当のところはよくわからないが）。

しかし、治療者として、希死念慮の強い人とたくさん会って来た経験で言うと、それらの中で、今自殺することが、この人にとって意義あることだ、豊かな死になると思える例は皆無であった。むしろ高橋(34)が言うように①希死念慮は両価的（生きたい願望もあるということ）、②希死念慮を持つ多くの人が精神疾患にかかっており、その病気が治れば、残された人生を意味あるものにするのは可能、③自殺企図は他者へのメッセージ、④自殺は死にゆく人だけの問題ではないということ、を強く感じる。特に治療者—患者関係で考えると、特にそれを印象づけられる。

従って、やはり、今筆者にできることは、自殺の意味を深く考えながら、死んだ方がいいという結論が出る（出そうにないが、まだわからない）まで、本人の死の苦悩を深く考えると共に、実際の死は先延ばしにしてもらうということしかできそうにない。

それと、経験によれば、自殺さえせず、治療関係が続くと、多少の波や時間的な差はあっても最終的には良くなったり前進していく例が多いことを経験している。それから思えば、やはり自殺のことについては、常に注意を払っておきたい。特に、あてもなく、うつ病が長期化している場合など、絶望感の強まりとともに自殺の危険も増えるから本当に要注意である。

第八章　夢の治療的利用

第一節　無意識の意識化（夢により、普段気づかないことを気づかせてくれる）

夢は時として治療やカウンセリングの役に立つ。以下それを示す。

フロイト(39)は「夢は無意識への王道である」と言ったように、夢は無意識という第二の現実に気づかせてくれる。気づくことの重要性は言うまでもない。我々は全て気づきによってその時の適切な行動を決めているからである。もっとも、真実であるが辛い内容（癌の診断など）の気づきに圧倒され、それを適切な治療という形で有効に使えないどころか、落ち込んでしまう例もあるので、その時には気づきを受け止められる心の手当が必要であろう。無意識とは、通常は簡単に意識されない「第二の現実」であるが、夢、心身の症状、錯誤行為などで、その片鱗が少し気づかれ、面接や自由連想、瞑想や催眠などによって、その全容がはっきりしてくる（完全にわかる訳ではないが）というものである。

無意識に気づくことで、我々は心が広くなり、謎が解け、心の理解が深まり整理され、適切な日常生活と対人関係、正しい決断が可能になることが多い。もちろん、これは簡単にいかないことが多く、また気づいた内容を生かすどころか、それに振り回されてしまうことも多いのである。

第二節　無意識を知らせてくれる夢

夢で無意識に気づいた簡単な例を二つ挙げる。

【事例Ｓ】（鞄を忘れる夢）（四十五歳、男性）

Ｓは、なんとなく疲れやすいということで各科を転々として筆者の元へきた。彼は「最近、しきりに鞄を忘れ、狼狽してしまう」という夢をよく見るとのことであった。この反復夢を二人で共同探求したところ、「どうも鞄には会社の書類が入っていること」「鞄を忘れるというのは、忘れたらどうしようという不安の昂まり、ひょっとしたら忘れたがっている気持ちの忍び込みがあるのかもしれない」ということに気づいていった。

その後、彼は自分の人生と仕事の歴史を語る中で、「絶対に認めたくないことだけれど、今の仕事に嫌気がさしているのでは」と語り、それで、今後の人生について語り合っていくことになった。その結果、彼は今の仕事に留まることになったが、①今までと違ってがむしゃらにやらない、②仕事（活動）と休息のリズムをつける、③自分だけで、仕事を引き受けようとせず、わからない時は誰かに相談する、できることとできないことの区別をつける、④今まで抑えていた趣味（登山など）も積極的にやるようにしだした、という変化が見られた。その結果、彼は前より生き生きとゆとりを持って生活できている。

推測だが、この夢を見なかったり、見ても正しく利用しなければ、うつ病に陥ったかもしれない。夢により、無意識という第二の現実（今の仕事から逃れたい、考え直したい、別のことをしてみたい）に、実感を持って向かいあえたことで、うつ状態を予防できたと言えるかもしれない。

【事例T】（森に迷い、洞窟に入り込んでしまう夢）（三十歳、男性）

Tは三十歳の理系の大学院生であるが、最近集中力が低下し、ミスが多いとのことで、教授から勧められて、筆者の元に相談にきた。Tは、面接三回目で「うっそうと茂った森の中に踏み迷い、やっとのことでそこから出たと思ったら、今度は大きな洞窟に入り込んだ。そこは迷路のようになっていてなかなか出られない」といった夢を報告した。

これについて、Tは「何の連想も浮かんで来ない」と言ったが、筆者が丹念に粘り強く聞き出したところ、言いにくそうに「実は、このこんもりした森から、どうしても女性のあそこの密生した毛（陰毛）が浮かんでくるのですが、恥ずかしくて言えませんでした」とのことであった。洞窟に関しては、さらに言いにくかったが、女性器を連想するとのことであった。筆者は、この「言いにくい」ということも含めて、連想を進めると、次のような自己理解に到達した。

それは、①現在、博士論文に取り組んでいるのだが、身体からもやもやしたものが感じられて研究に集中できていない、②もやもやしたものとは、性への欲求で、女体に関する果てしない関心である、③自分はこうした性への関心を抑え過ぎていたと思う、④抑え過ぎていたのは、両親（両方とも厳格な教師）の影響が強いが、同時に女性に接近して振られたり拒絶されたりする恐れでもあったと思う、といった内容であった。

筆者が、異性への関心や性的欲求はきわめて神聖なものでまた人間生活にとって必要なものだ、と述べ、それらについて話し合う中で、彼は性に向かいあえるようになり、徐々に女性とも話したりできるようになってきた。そして、今までずっと避け続けてきたお見合いもできるようになり、気にいった女性との交際が始まると共に、彼は勉強に集中できるようになり、結婚と同時に博士号の獲得が可能になり、今は幸せな生活を送っている。彼が言うには、洞窟の迷路とは、性に呑み込まれて自分を見失うのではという恐れや、女陰の複雑で神秘的な構造に対する限りない関心と恐れ（驚いたことに、彼は女性器の正確な形態さえよくわかっていなかった）だったのではと回想している。

性がかなりオープンになった現代でも、Tのような男性（女性も）は珍しくはない。ただ、いくら拒絶し回避しても、夢は正直に本人の心や身体の状態を伝えてくる。Tはそのメッセージを、苦労や抵抗はあったが、よく生かしたと言えるであろう。

第三節　夢で初めて体験できる（現実では体験できていないことを）

◆夢による初体験

音痴だと思っている人が、夢の中で、堂々と歌を歌って周りの喝采を浴びたり、不器用だと思い込んでいた人が、ダンスのステップを軽やかに踏んでいたり、スポーツを苦手だと感じていた人が、テニスで軽快なラリーができていたりというのはよくあることである。このように日頃とても無理だと思っていたことが夢の中で実現して、夢見手を驚かせたり、喜ばせたりすることがある。これは先ほど述べた「無意識の気づき」と似たような側面を有するが、夢の中では生々しい迫真性を持った体験として実感するので、それだけインパクトが強く、本人に自信を持たせたり、新しいことへの取り組みを可能にさせたり、幸せを呼ぶことになる。そうした例を挙げる。

【事例U】（二十八歳、女性）（夢の中での自己主張）

Uは、ある一流企業のOLであった。彼女は仕事もよくでき、対人関係でも優れ、上司や同僚からの信頼も厚く、後輩からも慕われていた。そして入社五年目なのに、かなり責任の重い仕事を任され、彼女はそれを誇りに思っていた。しかし、最近何となく満足感がなく、妙にイライラし、母親に当ることが多かった。

彼女は、傍目には、いつも笑顔で接しているため何の問題もないように思われていたが、母親だけは、娘の不安定さが気になっていた。そこで母親が知人に相談し、知人の友達である筆者の元を最初は母親だけが訪れた。母親との面接の後、Uに来てもらった方がいい、と伝えたが、母親が言うには「娘はとても来そうにない」とのことなので、筆者は「お母さんを安心させるために」とか「何の問題もないとわかったら安心するから」といった形で誘ってみたら、と言うと、Uは筆者の元にやってきた。

最初は警戒気味のUであったが、何回か面接に通ううちに次のような夢を見た。それは「会社の中で上司と揉めている。何かあまり出る必要のない宴席に出るようにと言われていて、またそこで得意先の社長の接待をしろというような内容に関しての言い争いだった。私は断固拒否を通したら、上司は悲しそうに小さくなって、実際に体が縮んでしまったみたい。悪いことをしたなという思い」といった内容であった。

連想だが「上司はいい人だし、そんな無理な要求を私にしてくることもないし、また言い争うなんてとんでもないことで、考えられないことだ。でも不思議、なぜ私がこんな夢を見るのかしら」といったことで、びっくりしているようであった。筆者はひとまず、Uの連想に対して、「周りがいい人に恵まれているのはとても素晴らしいですね」とか「言い争わない穏やかな性格も非常にいいです」と述べた後、「穏やかな性格」ということを起点に二人でいろいろ想像したり検討したりした。

その結果の要約だが「私はもともと争い事が嫌いで、反対したり断ったりということがあまりなかった。周囲もそれを誉めてくれるのでいいと思っていた」「それと周りの人の良いところばかり見ようとしていた。嫌な点を見るのは恐ろしかった」「でもよく考えたら、そんなことで世の中を生きてはいけない。私は無理して、会社に遅くまで残ったり、いろんな会社の会合や宴会には必ず出て、また盛り立て役をしていたが、内心それに疲れてきた自分を感じていたし、もう少し本音を出したり断ったりした方が自分のためにはいいのではとうすうす感じていた時にこの夢が登場したのだと思う」とのことであった。ただ「夢で激しく自己主張している自分を見て快い感じを持ったりしたが、実際そんなことをすると上司を傷つけたり、萎縮させることにならないかしら」という心配も述べた。

筆者は、それに対して上手な自己主張や相手を傷つけない拒絶の仕方を提示すると共に拒絶することのメリットやデメリットを考えさせたりした。その結果、「たとえ拒絶して悪い結果が出てもそれはそれで一つのよい体験だとして受け止める」という覚悟を決め、徐々に嫌なことやできそうにないことを拒絶したり、自分の要求も主張し出した。

その結果、彼女の心配するようなことは起きず、むしろ周囲は彼女がはっきりした態度をとるようになって安心しているようだった。U自身もイライラしなくなり、自分に自信ができ、満足した毎日を送れるようになった。彼女が言うには「やはり、夢で明確に自分を出している体験をしたことが大きいし、自分が拒絶や主張ができたのもこの夢が支えになっていた」とのことであった。

第四節　霊的な夢を見ることの意義(40)

夢は、もともと象徴的な神秘的なものだが、時に諸々の神仏、古人先祖が出てくるといった、霊夢を見ることがある。

【事例V】（三十五歳、心療内科医の男性）（女神の夢を体験する）

Vは、真面目な心療内科医で臨床も研究も共にそこそこの活動を続けていたが、最近何を主に取り組んでいいかよくわからない状態になっていた。時折ミスが目立ったりして、教授から叱責を受けたりということも彼を落ち込ませていた。また妙に意欲が低下し、憂うつな気分に落ち込み、やるせなさや虚しさに捉われることも多かった。さらに先輩の医師に「君にはコア（核となるもの）がない」と言われ、それにショックを受けていた。

また、種々のストレスが加わって、不眠、抑うつ感・無気力といったうつ状態に陥り、ひどい時には「一思いに死んだら楽かも」といった希死念慮まで出てきた。

そこで、某精神科で、抗うつ薬、抗不安薬の治療を受けたがあまり改善しなかった。仕方がないので今度は、ある臨床心理士に認知行動療法的なカウンセリングを受けたところ、理屈はわかるが、気持ちの底の方でどうしてもポジティヴ思考になれないということで、カウンセリングも行き詰まっていた。

切羽詰まったVは人づてに筆者のことを聞き、来院した。

筆者は事情を聞いた後、「夢を見るなら持ってくるように」と言ったところ、夢など全く見ないとのことだった。それで、毎日夢を見たかどうか、見たが忘れたのかどうか、といった夢見に関する記録をつけるよう指示したところ、それに従い出した。そのうち、徐々に何とか夢を思い出して報告し出した。

まず、持ってきたのは「突然の大洪水の中で、自分と家族は筏に乗ってさまよっている。ようやく大地に辿り着いた」というものである。

続いての夢は「亡くなった祖母が悲しそうな顔をしている」というものであった。

三つ目の夢は「小学校の自分が出てきて、校内で勉強したり遊んだりして仲間たちと過ごしている」というものであった。

（ここまでの三つの夢は、うつ病の患者でなくてもよく見る夢である。早急な決めつけ的解釈は慎むべきだが、いずれにせよ、第一の夢は「無気力・自己否定・絶望・希死念慮といった『苦難の洪水』の中で、必死に助かろうともがいているが、ようやく大地という救いに到達できた」という希望を連想させる。言うまでもなく、洪水は、ノアの大洪水を初め、夢によく登場する神話的モチーフで、この夢は絶望の中での救いと希望を感じさせてくれる。この手の夢を見る人の予後は比較的いいとされている。

第二の祖母の夢も悪くない。一般に死者は、彼岸の世界に行っても、生者のことが気になって、こうして夢の形で出て来てくれることがある。この祖母の登場をプラスに生かせるかどうかはV本人にかかっている。

第三の夢は、もう一度原点に戻ってやり直したい、ということで、小学校時代のことが出て来たのかもしれない。

この三つは単純とはいえ、希望を感じさせる。
以上の内容はVと治療者が共同連想して出て来たものであった。いずれにせよ、V自身も何となく手ごたえを感じているようであった）
その後、Vは、四つ目に長い夢「ある荒野を急いで歩いていると、道端に醜い老婆がうずくまり、何か助けを求めているような場面に出会った。かわいそうにと思ったが、係わり合いになるのは嫌だし、自分はある貴重な品物を一刻も早くある王様に届けねばならない使命を帯びていた。その品物は、自分の研究論文であるらしく、それを献上することで、自分の運命が大きく開ける可能性が含まれていた。しかし、通り過ぎた後、やはり気になって戻ると、老婆は恨めしそうにこちらを見て、しきりに水を飲みたがっているようであった。水を飲ませてあげようとしたが、手が動かないらしく、口移しで飲ませて欲しいとのことであった。Vは凄い抵抗を感じたが、老婆の必死の哀願に目をつぶって口で水を沢山飲ませてあげた。そして目を開けると老婆は、美しく大柄で豊満で魅力的な女神に変身しており、彼女はにっこり笑って消え去った」という夢を報告した。
早速Vの連想を聞きながら、共同で探求したところ「荒野は、何か自分のすさんだ心のような気がする。醜い老婆というのは、臨床の現実のような気がする。自分は患者全てを平等に見なければならないと言いながら、興味があり研究対象になったり、魅力的な患者ばかりに関心を集中させ、その反対の患者たちには機械的な診療をしていたのではないか、という気がする。そして王様に届け物をしたいと焦っているのは有名になりたい、医学界で力を得たいという自分の欲求・煩悩だろう。でも自分と縁のあったものは、できる範囲で丁寧に口移しのように診療した方がいいのだろう。それで絶世の美女ともいうべき女神に出会えたのだろう。やはり自分は地道に臨床に取り組んだ方がいいのでは」という連想を得た。

筆者はこれに対し〈そんなに急いで結論つけなくていいんじゃないですか? むしろ、この夢の続きを期待した方がいいんじゃないですか?〉と言うと、Vは怪訝そうに「夢の続きなんて見られるんですか」と言うので「それはあなた次第です。この女神がどういうものなのかをいろいろ調べたり考えたりすると、また女神様が現れてくれるのではないですか?」と返した。Vは「そんな非科学的なことを……」と言いながら、じっと考え込んでいるようであった。

その後、彼は、筆者の紹介した世界の神話、特に女神に関する本を読みあさることになったが、この時点では、当初の落ち込みは既に消えていた。その後、彼は続きとも思える夢を報告した。それは「ある街道を進んでいるとオリーブの木が落ちていたのでそれを拾い、ぶらぶらさせながら歩いていると、道の方向が三つに分かれたところへ来た。そこへ行くのはためらったが、何か押されるようにして分岐点に来ると、ある女性に出会った。その女性はとても綺麗な人だが、とても神聖な感じで観音様に思えた。でも不思議なことに西洋風の顔だちである。何かひざまずきたくなって、オリーブの枝を捧げると、不思議なことにその神聖な女性は三つに分かれて、それぞれ三方向へと進んでいった」というものであった。

彼はこれに対してあまり連想が湧いて来ないようなので、筆者が「十一面観音は、三つの相〈慈悲相、念怒相、自芽相のことであるが、実際は、後に暴悪相というものも持っている）を持っていたし、ギリシアの運命の女神モイラも、幸せの女神ヘカテも三つの顔を持っていたと聞いていますが」と言うと、しばらく考え込んだ様子で、ギリシア神話とその二人の女神について調べてきて連想を言うとのことであった。

彼は今度はギリシア神話(41)を中心にして読んできて次のように語った。

「モイラ（割り当て）は運命の三女神だということがわかった。モイラは、クロト（紡ぐ者、過去を司る女神）、ラケシス（運命の図柄を描く者、現在を司る女神）、アトロポス（不可避の者、未来を司る女神）の三人で、モイラは、ゼウスとテミス（掟）の娘とも、ニュクス（夜の女神、太古のカオス（混沌）から生まれる）の娘ともされている。またニュクスは、夢の神オネイロスの母でもあるので、モイラ（運命の神）と、夢の神オネイロスと姉妹の関係ということになる。

一方、ヘカテは大地母神（イシスのような）で、アステリア（星座）の娘とも、ゼウスやデメテルの娘ともいうことである。ヘカテは、天、地、海に当る絶大な権能を持ち、また子どもたちの養育者でもあるし、魔術の神でもあるし、人間に御利益を与える幸せの女神でもある。ヘカテの魔術は三叉の道で行われる。そして古代の人々は道の交差点にヘカテに捧げる供物をそなえたとのことである。

恐らく、観音様もモイラもヘカテも同じことである。そして、それぞれが三方向に行ったというのは、多分、自分が一つの分野にこだわらず、三つの行きたい方向に行けばいいのでは、ということではないだろうか。自分は今、専門の精神薬理学だけでなく精神療法にも興味を持っているし、夢・象徴・神話も研究したいと思っている。精神療法はともかく、夢や象徴の研究は、専門の薬理学の邪魔になり論文も書けなくなるのではと敬遠していたが、別にそうなってもいいと思っている。観音様やモイラ様、ヘカテ様が応援してくれているのだから。それにオリーブの枝も捧げたし」とのことであった。

筆者は、彼の連想を概ね受け入れ何も言うこともなかったが、ただ一言「あなたの好きなように、自分の納得するように動かれていいと思いますが、いくら三者（正確に言うと三×三で九人か？）の女神が付いているといっても、あなたが正しい道を行った時にだけ味方してくれると思いますよ。自分だけの利益に走ると、その三人の女神様たちは厳しい罰をくだすと思いますよ。それにいくら女神を信じていても逆境になった時でも、彼女らへの感謝と信の念を忘れないでおれるかどうかがポイントですよ」と言い添えておいた。彼は、わかったという顔をしてその後はそんなに論文書きに突っ走らずに、心理療法的な接近も使って臨床を地道にこなし、夢や神話や仏教学研究以外に旅行・音楽・美術の趣味を楽しんだり、家庭や対人関係を大事にするといった生活になった。それで前のような落ち着きのなさはなくなり、余裕を持って人生を送れるようになった。研究の方はというと、がむしゃらにならない方がかえっていいものが書けるということであった。いい意味で、生物学的精神医学（脳科学）と心理療法学（人間関係学）の統合を目指しているようである。

◆二つの夢の解説

この夢に関しては、Ｖの連想だけで十分と思われるがもう少し付け加えておく。

①分岐点にある時や方向性が見えない時は、神や仏が、超越者のメッセージとして霊夢を送ってくれる時がある。ただし、誰しもが霊夢を見られるとは限らない。霊夢は、正しい心がけをしているものにより生じやすいのだろう。また霊夢が良い夢（吉夢）とは限らない。時に凶夢の場合もある。ただ、どちらにしてもその時どれだけ適切な態度がとれるかがポイントであろう。いずれによ、このように二つも良き霊夢を見たＶがうらやましい。

②老婆を助けたら、美しい女神に変身した点であるが、ここで老婆と女神は別々のものではない。老女は、本当は美しい存在である。多くの経験を重ね落ち着きと慈愛に溢れる高貴な老婦人といった方は珍しくない。ここの夢での二つの像（老婆と豊満な女神）は、女性性やアニマ[42]の二つの側面を表しているのだろう。女神に対しても同じで、彼女に不遜で失礼な態度を取ると、たちまち恐ろしい鬼女に変身するであろう。

③ここで観音様やギリシア神話の女神たちが出てくることで、夢見や夢解読には宗教や神話や象徴の知識が必要と感じられた方もいるかもわからないし、多くの類書にもそういうことが書かれているが、必ずしもそれは必要ではない。そうした知識がなくても、霊的でヌミノース的な体験を十分にする人もいる。ただ、筆者の正直な感覚からしたら、神話の「生

きた知識」はないよりはあった方がより理解しやすく多くのイメージを生みやすいし、心や体を生き生きとさせやすい。フランス語で、知識のことをCONNAISSANCE〔共に（con）、生まれること（naissance）〕と呼ぶように、知識、特に生きた知識は、人間を再生させやすい〔ルネサンス（RE-NAISSNCE）である〕。

④夢の続きなぞ見られるのだろうか？と訝る向きもあると思うが、極論すればどんな夢でも続いているのである。夢は人間の体験と同じく孤立して存在することはない。それらは連続的なもので大きな流れの中の一つの現象に過ぎない。繋ぐ意志や繋ぐ能力があれば夢は繋げられる。ただ、一般人で「夢の続きを見た」というのは、表面に現れた相似性が強い場合であり、「全然関係ない夢だった」というのは表面上の類似点が見あたらない」ということなのだろう。いくつかの夢の中に連続性を見られるかどうかは、繋ぐ意志、繋ぐ能力、繋ぐ必要性などによるのだろう。ただし、何でもかんでも繋いだ方がいいという訳ではない。深いところでは繋がっているが、表面上は独立しているといった見方もまた必要である。

⑤オリーブは平和と豊饒の象徴とされている。夢見手がオリーブの枝を捧げたというのは、自分の中にある三方向の関心に、平和と調和をもたらし、そうするこで豊かなものが生まれるということなのだろう。

⑥ただ、一方で「この夢は霊夢でも何でもない。夢見手Vが勝手に、変身した女を女神だと思っただけだ」と反論する向きもあるだろうが、それはそうした解釈があってもかまわない。

ただ、Ｖは、この女性を女神と思い、観音様やヘカテ、モイラを連想し、その結果方向性を見い出すことができ、生き生きさを取り戻したという形で役に立ったというだけである。正しいとは益するということなのである。

一般的に霊夢は、本人にかなりの感動や衝撃を与えるようである。ある敬虔なクリスチャンでその融通性のなさで不適応に陥っていた若き独身女性が「仏陀とマリアがセックスをする」といった霊夢を見てかなりのショックを受け、筆者の元に相談にきた。詳細は略すが、彼女は今まで避けていた「性の問題」に向き合わざるを得ないことを感じ、筆者と話し合った結果、自分が性を恐れ苦手にしていたこと。でも性はとても神聖で人間性を豊かにするものであるという方向に開かれ、以前の堅さは取れ、伸び伸びした人格に変わっていった。もちろんそれには多くの時間がかかったが。

第五節　決断を助ける夢

◆決断の困難さ

一般に決断は困難である。それが重大な選択・決定であればあるほど難しさは増す。決断が困難なのは、あるものを取ったら別のものを捨てざるを得ないという捨てることの恐さや、決断の結果の責任を負いかねるといったようなことによるのだろうが、患者・クライエントにおいては、それは特に著しい。

ただ、夢は、そうした迷える人に対して、決断を助けるメッセージを送ってくれる。例えば「川を渡る」「橋を渡る」「扉を開いて奥に入る」「船出する」「湖に飛び込む」「列車に乗る」といったような夢である。

【事例W】（二十三歳、男性）（山に登る夢）

Wは、大学院に行くかどうかを迷っていたが、ある時「険しく困難な高い山に登ろうとする」夢を見た。Wの連想は「自分の生き方に対するヒントだろう。つまり、大学院への道は経済的にも厳しく将来も保証されているとは限らないが、自分のやりたい歴史学を選んでもいいということなのだろう」ということであった。事実、彼は大学院に進み苦学しながらも充実した日々を送っているということで、この選択でよかったとのことであった。

【事例X】（三十二歳、女性）（渡河中に洪水に会う夢）

決断というと何かを始めるという意味合いが濃いようだが、反対にあることを思い留まるという決断もある。夢も同じで、あることを止めるというメッセージを含むことがある。

Xは三十二歳の独身女性で、ある男性と結婚しようと思っていたが、彼の明るさの中にある調子の良さにやや不安を感じていた。そんな時、Xは「ある浅い小川を渡ろうとしたら、急にその川幅が広くなり、さらに川上で雪崩があり、洪水が押し寄せてくるとのことである。あわてて、引き返して、川岸まで戻ると凄い濁流が流れ込んできた。それを恐がって眺めていると、水は自分の元にまで迫ってきていた」という夢を見た。

Xの連想は「今の結婚に関することに関係がある。雪崩は彼の危うい点を表しているのでは？　それと濁流の洪水というのは、彼や今後の結婚の暗い面を表しているのでは？　だから、引き返しているというのは、この結婚をもう少し待った方がいいということなのだろう」ということで、結婚をすぐにはせずにもう少し様子を見ることにした。

相手の彼は非常に不満そうであったし、Xの心も揺れたがもう少し様子を見た。まもなく彼に多額の借金があったり、他の女性関係があることがわかった。

Xは、とても残念だったが彼との結婚をあきらめようと思った。何より嫌だったのは彼の借金云々より、それに関して何かとごまかそうとする彼の不誠実な態度であった。Xはその後失意の日々を送っていたが、まもなく前の彼とは逆で地味だが責任感が強く誠実な男性と出会い、その男性と結婚し、子どもも生まれ、今は幸せな日々を送っているとのことであった。

途河というのは一つの決断の象徴だが、途河しないという決断もあるのである。

◆歴史上の決断の夢(43)

その他、参考までに、歴史上の決断を助けた夢を挙げておく。

①アレクサンダー大王の夢：チュロスという街を包囲していたとき「盾の上で一人のサチュロス神（山野の精でディオニソスの従者）が踊っていた」という夢を見る。大王御付きの夢占い師は「サ……汝のもの、チュロスは今攻撃中のチュロス市」と告げたため、大王は、攻撃を強化して、チュロスを陥落させた（フロイトの「夢判断」）。

②ファラオ（エジプトの王）が、「ブダハ（メンフィスの最高の土地神）が自分に対して敵を殲滅せよ」という夢を見たため、彼はぬかりのない国土防衛を行う決心をし、その結果エジプト軍は勝利した。

こうした王や指導者でなくても、多くの人にとって重大な決断に迫られることが多い。そんな時、夢を利用することは、賢明であるし、またその夢を正しく有効に判断することはさらに重要である。その夢が理解できなかったり、理解できても自信がない場合は、夢判断の専門家に相談することが無難である。

迷いと選択・決断は、人生の一大テーマであり、それに応える占いの営みは古代から現在まで絶えることなく続いている。科学により多くのことが明らかになった今でも占いは盛んであり、むしろ現代人の方が占いに熱心なのではと思えるぐらいである。これは、おそらく、技術や文明の進歩により多くのことが可能になり、それによって願望や欲求が増大し、その結果迷いや悩みも多くなったということなのだろう。多くの占いの中で「夢占い」は、極めて有益なものと思われる。

第六節　治療ポイントになる夢

心の病の治療においては、今までの例で示されたように、夢はかなり有用な役割を果たす。先に挙げた、無意識に気づく、もう一つの現実を見つめる、現実でできないことを実行する、超越者と出会う（霊夢）、決断を助ける、といった営み以外に、治療者に恥ずかしくて言えないことを夢で言える（夢の内容には責任を持たなくてもいい、とアウグスティヌスは言っている）、自分の影（見たくないもの）と向きあえる、心の整理の助け、死と再生の援助、導き手や援助者と出会える、心の傷の癒し、葛藤・対立の解決・統合、自分の気づかない感情の発見とその開発、今までわからなかった能力に気づき自信を深める、目標や方向性の発見や明確化を助ける、といった働きを有する。

それ以外に特に大きいのは、知的理解ではなく夢はかなりの実感を伴った生々しい体験であるから夢見手の心に残りやすいということ、夢を記録することで描写力・表現力・思考力（整理力）がつくこと、夢から出発していろいろ連想することで想像力がつくこと（筆者は想像力が最大の治療ポイントの一つと考えている）、自己の物語の発見、現実と想像世界の交流の促進といったことが挙げられる。

また、治療の基礎となる診断に関しても、患者が夢を見るどうか、夢の頻度はどのくらいか、夢の内容と本人の連想はどうかということを手がかりに患者の見立ての助けになる。また、大熊によれば、夢が、胃潰瘍や脳梗塞、狭心症などを予見するとのことであり、ユングも「夢が器質的疾患の診断に役立つ」と述べている。身体疾患の診断にも役立つ可能性がある訳だが、それも含め、心の病の治療については、後で詳しく述べる。

第七節　警告夢

【事例Y】（五十歳、男性）（斜め走行の夢）

夢が、身体の病も警告してくれるということだが、それ以外に夢は多くの警告を与えてくれる。極論すれば夢のほとんどは予知夢・警告夢といってもいいぐらいである。

事例Yは、文化人類学を専攻している大学の先生でいくつかの著書を出したり多くの趣味を持っている活動的な中年男性である。彼は登山が大好きでその年も冬山登山の計画を練っていたが、やや暖冬のせいか奥さんが雪崩のことを心配して「今回は止めたら」と忠告した。しかし、彼は一笑に付して「山のことを何も知らないお前が何を言うか。大丈夫に決まっている」と返した。ただ、その数日後彼はある夢を見た。それは「彼や友人たちが長年憧れていたシルクロードのラリーに参加できるようになった。憧れの地であるタクラマカン砂漠の天山南路を走り抜け、パミール高原にさしかかった時、突然路肩が緩み落ちそうになったが、車体を斜めにしながらなんとか走行し続けた。ただ普通の道になっても斜め走行が戻らず、もどかしくしていた」というものであった。

気の強いYであったが、少しこの夢が気になったらしく筆者の元に相談にきた。二人で互いの連想を述べあっている中で共有した結論は「ある計画を実践して途中まではうまくいくかもしれないが、最大の難関にさしかかった時、乗り切れるかどうかわからない。ただ、夢の中ではYの意志の強さもあり、危難を乗り越えられるかもしれないがはっきりしない」というものであった。

ただ、そんな結論だけでは収まらず、話は計画中の冬山行きへと向かっていき、彼に「平井さんならどうします」と聞かれた。筆者はしばし考えた後「今までの話だと、登山の前にこんな夢を見たのは初めてということでしたよね。夢のメッセージでは確かに強固な意志で乗り切っていく可能性もあるけど、今回の登山で初めてこういう夢が出てきたということは、何かあるのかもしれない。雪崩でなくても何か危ないことがあるかもしれない。Yさんは助かっても、同行の人はそうならないかもしれない。僕なら、もう少し様子を見てパミール越え（ここでは冬山登山のことを指す）を控えるでしょうね。またいつでもチャンスはある訳だし」と答えた。

Yは、いかにも残念そうな顔をしていたが、結局その冬山行きは断念して、奥さんとの中国旅行へと切り替えた。果たしてその年、彼の計画していた登山ルートで雪崩が発生し、数人の登山者が命を絶ったとのことであった。

今のは、夢の警告を安全な方にとって危難を通り抜けた例と考えられるが、反対の例で有名なものにカエサルの例がある。カエサルの妻カルプルニアは「元老院の表敬決議によってカエサルの家に設けられた壮麗な切妻屋根が崩れ落ちる」という夢を見てうなされた後、夫カエサルに元老院への出席を止めるように求めた。しかし、カエサルは言うことを聞かず、そのまま元老院に赴いて暗殺されたとのことである。このように、警告夢を生かすのは難しい場合も多い。ただ、今の二例を見ると警告夢に従った方がいいように思うが、従い過ぎて折角のチャンスを逸したという例も多いように思われる。

ただ、どのような夢が警告夢なのかを判断することすら難しいし、そんなに予想が当たるものでもない。Ｙの例はたまたま偶然だったかもしれない。しかしながら、夢を尊重することは人生を豊かにしてくれるという点で確かなようである。

第八節　夢の素晴らしさの要約

夢はまことに不思議で神秘に満ちている。同時に人間を変容させ、治癒に導く力を持っている。以下に夢の素晴らしさを要約的に述べてみる。

①夢は心の闇を照らす。

夢は「闇の言葉」と言ってもいいが、同時に暗黒の闇を照らす言葉でもある。夢は心の闇との対決・付き合いを可能にし、それは治癒に結びつく。

②夢は表現する。

印象的な視覚的イメージ（時には聴覚的、触覚的でもあるが）をもたらしてくれるのは、夢の特性である。

③夢は心の整理を助ける。

過去も未来も整理して、方向性を指し示す。

④夢は課題を指し示す。

多くの雑多なものから、一番大事な目標といったものを示してくれる。

⑤夢は感情発散を助ける。

カタルシス（浄化）は癒しに通じる。怒りや依存性など日頃抑えつけているものが表面に発散される。夢は、普段なら人の前で言えない激しい情動・感情をイメージに変換させる。ユング[12]は「情動をイメージに変換できた時にのみ、私は内的に鎮められた。……情動の背後にある特定のイメージを見い出すことが治療的に役に立った」と述べている。

⑥夢は知らせてくれる。

予知や警告や展望といったこと。夢は神のメッセージである。

⑦夢は生命力を引き出してくれる。

夢により、生きているという実感を持てる場合がある。

⑧夢は楽しさや生きる喜びをもたらしてくれる。

夢を出発点にして物語や創作の喜びを持てる。また、そこまでいかなくても夢の心地良い余韻に浸れる。

⑨夢は勉強になり知識を増やしてくれる。
単に象徴だけではなく、森羅万象にまつわる知識・智慧である。
⑩夢は美に目覚めさせてくれる。
芸術家だけでなく、一般人にもそれが言える。
⑪夢は行動させてくれる。
日頃できないことをさせてくれ、行きたいところへ行かせてくれる。
⑫夢は許してくれる。
夢により罪悪感が減ることがある。
⑬夢は想像力と自由性を増してくれる。
心の病とは「想像力と自由性」の欠如である。
⑭夢は創造の源泉である。
多くの芸術作品が、夢によりもたらされている。いくつかの科学上の発見・発明も夢の助けによっている。
⑮夢は神聖である。
夢は神聖な遺跡のようなものである。大事に取り扱う必要があり大事に保存することが重要である。遺跡はアクティヴ・イマジネーションの出発点でもある。
⑯夢は第二の人生である。

ひょっとしたら第一かもしれない。

⑰夢は守ってくれる。

たとえ、夢が秘密を暴いたとしても、それはその夢見手を助けるためである。

⑱夢は進化する。

夢を見続けていると、前進・成長・進化が見られる時が多い。同様に夢は人間の成長・発展を助けてくれる。

⑲夢は空であり、大円鏡智でもある。

夢は空しいが同時に無限の宝庫でもある。また、あらゆるものをそのままに鏡のように映してくれる。

⑳夢は「神性への突破」「魂の火花」である。[44]

㉑夢は関係に開かれる。

夢を他者（治療者、友人など）に話すことによって他者との関係が深まる。夢解読を共にやることにより、貴重な共同作業体験を得られる。

（ただ、夢は素晴らしいが、素晴らしいものが大抵そうであるように、取り扱いには十分注意が必要である。先ほど述べた象牙の門から来る偽りの夢もあるし、また夢ぐらい上手に嘘をつく者もいないからである）

第九節　夢治療（夢分析）の実際

◆夢治療の手順

a．夢治療の始まり

以上、夢の素晴らしさについて述べたが、必ずしも全ての例に夢治療が必要ということではない。それではどんな場合に夢が使われるのか？を考えてみる。実際に夢治療が行われる場合は様々でそのやり方も多岐にわたる。それを踏まえて、まず夢治療の始まりの部分から説明する。

i．夢分析を最初から求めてくる場合

いきなり、「夢分析をしてください」というクライエントはそんなに多くないが、いることはいる。そんな場合でもただちに夢分析に入るのではなくて、夢分析の目的（夢分析に期待する点）を聞いたり、また夢分析を望む背後の事情を聞く方が無難である。

また、本人の現在の状況、問題点・課題、一通りの成育歴・家族歴などは聞いた方がいいだろう。

ii．治療初期から夢治療をする場合

一応、患者の問題点・症状や事情などを聴き、治療目標の設定や治療契約が結ばれる時点で、本人が夢を見ることが多いことがわかり、その夢を利用する方が本人の問題探究にいいし本人の役に立つと治療者も患者も思えば夢を使うことになる。もちろん、本人もそれに同意することが必要である。

iii．治療の途中で夢を使う場合

治療中に本人が夢を見たと自発的に報告する場合は、それを取り上げることが多い。夢を続けて持ってくる場合も、治療に有用と判断される場合、夢治療を続けていく。治療者が夢を使った方がいいと判断した場合（「抑うつや不安やイライラ・もやもやの原因がわからない。何も思いつかない」と言う時、何かを判断・決定するとき迷っていて意識面で話し合うだけでは解決が付きにくい時など様々である）、夢を見るかどうか聞いて、見てくるようだと持って来てもらう。

それと単発的に夢を持ってくる場合がある。例えば、大きな治療的変化が起きそうな時、あるいは何か一山越えた時などに夢が報告されることがある。もちろん、それにかかわらず夢を思いがけない時に持ってくることがあるので、必要適切と思えば使っていい。

繰り返し、強調しておくが、あくまで本人の治療が最優先で夢分析はそれに役立つと思った時にするのが自然である。初心者で夢好きの治療者に多く見られるが、患者・クライエントに夢を持ってくることを強要したり、夢を本人が見ないことであからさまに不満を示す者がいるが、そうした態度は厳に慎まないといけない。「夢を見ない」というのも、立派にクライエントの表現だからである。

iv．夢を見ないという患者に対して（夢治療を導入する方がいいのに）

夢治療に同意したにもかかわらず夢を見ないと言う患者は結構いる。そんな時は、〈夢は必ず見ているが覚えていないだけ〉ということを説明した後、毎日夢を思い出したかどうか記録をつけてもらう。こうするとかなりの人が夢を思い出す。

しかし、それでも「夢を見ない」と言う患者もいるので、それはそれでその態度は尊重しなければならない。そして、夢をなぜ見ないのか、夢をなぜ思い出さないのか考えていくことが大事であり、「夢を見ない」という姿勢を治療的に尊重しておく方がいい。

b. 夢の扱い方

続いて、夢の扱い方であるが、まず、夢を書いてもらうか話してもらう。そして以下のような点に注意したりしながら、夢分析・夢解釈・夢治療を行う。

①夢見手の語る夢は、曖昧だったりはっきりしないところもあるので、疑問な点は治療者が聞いたりして、できるだけ正確に夢を再構成する。

②患者に夢の連想を聞く。いろいろ連想が湧く場合はそれはそれで聞き取り、治療的に大事だと思える点を話し合っていく。その後、連想を追っていくか、夢を中心にして夢から離れずに連想していくか、その中間の態度をとるかは、その患者の波長に合わせて自由自在にする。要するに、自由連想法も増幅法も患者の治療のプラスを考え、適切に使い分けていくということである。

③連想が湧かないし、どう夢を扱っていいかわからないという人には、一応次のことを聞くと

いい。

・全体的印象、特に印象に残る点
・個々の人物事物、動き、現象などに関する連想
・夢全体の連想
・夢の主題（根本的意味）
・夢の目的（夢は何を伝えようとしているか？　なぜこの時期にこの自分にこの夢がもたらされたのか）
・夢から考えられる自分の状況
・夢が提示する課題
・夢に題をつけるとしたら、どんな題名をつけるか？

といった点である。これについて、答えられる患者はいいとして、そうできにくい患者・クライエントには、治療者が「私自身の連想を言う方がいいですか」と聞いて本人の反応を見るのがいい。

是非、言ってくださいと言う場合には、筆者は言うことにしている。その方が患者の連想を引き出しやすいからである。

一部に治療者自身の連想を言うことで患者の連想が制限されたり影響されたりするので好ましくないという意見もあるが、それでは「治療者の沈黙」が悪影響を与えないのだろうか。

筆者自身は、多くのクライエントが以前の夢分析で「治療者が何も言わないので訳がわからず失望して止めてしまった」という話を聞くこともあり、沈黙を守り、治療者が自分の感想・連想を自己開示しないのも患者にそれなりの影響を与えると思う。何も言わないのも一つの「沈黙という自己開示」なのである。要するに、治療者のどのようなどの程度の自己開示が適切なのかを考えることが重要なのであろう。ただ、この治療者の自己開示の問題については非常に複雑なところがあるので、これはまた別の機会に論ずる。

しかし、いずれにせよ、夢分析も患者と治療者の共同作業であることを忘れないでおきたい。

◆夢治療のポイント

a．初回夢の重要性

初回夢は、展望夢とも言え、今後の治療の指針として重要である。もちろん、夢分析に入る前の意識的な話し合いも大事である。意識的な話し合いが「治療の入り口の表の面」としたら、初回夢の方は「入口の裏の面、影の面」を表すのかもしれない。

b．夢が多すぎる場合

患者の報告する夢が多すぎる場合は、一応大事と思える夢をいくつか絞って検討する。もちろん、患者の意見を参考にするが、治療者もある程度意見をさしはさむ。

c．夢治療が治療の抵抗になる場合

夢が多すぎたり、夢にばかり話題が行って、患者の問題がなかなか解決しないことがある。いわば夢を逃げ場に使っている場合がある。この場合は、時期を見て治療者が率直にそのことを告げ、話し合った方がいい。

こういうことで、治療が正しい方向に行くことが多いが、患者・クライエントが、別に夢分析をもっと続けてほしいと言うのであれば、本人の意見を尊重することもあり得る。

d．夢分析を禁止した方がいい場合

ただ、以下の場合は夢分析を禁止する方がいい。

①夢と共に妄想・幻想・空想などが溢れだし、不眠、錯乱状態になっていく場合。

②夢により躁状態が誘発されやすい場合。

③夢により自我肥大の傾向が大きくなり、不適切な行動化が怒りやすくなる場合。

などであるが、夢は火や水と同じく怖い面があることを留意してほしい。また、これも大事だが、夢も万能ではなく限界はある。あらゆる事象と同じくその意義と限界を知ってこそ初めて夢といった不思議なものを活かせるのである。

第九章　薬について

第一節　薬の重要性

◆薬の大切さと薬の作用

a．精神の薬の大切さ

心理士の中には、「私は心理ですから薬のことはわかりません」という向きもあるが、クライエントの多くは薬を使っているし、また今使っていなくても使う可能性はかなり多い。何よりクライエントの多くが薬のことを気にしていることが多い。飲むか飲まないか、飲み続けるべきか止めるべきかといった形で悩むことが多い。こういった時、心理士であろうと何であろうと、クライエントの責任を引き受け治療しているとすれば、そこを避けるわけにはいかない。

さらに、精神科医で薬物療法を主体的にしていこうとしても効果的な薬物療法を行おうとすればそこに心理療法的営みが必要とされる。心理療法的感覚（クライエントを尊重するという感覚である）を持って薬を使う方が薬の効果が上がる。薬の魂が生かされやすいといってもいい。

逆に、心理療法の場合でも薬の問題は避けて通れない。というより、薬のことを勉強することによって心理療法の実が上がる場合もあるのである。というのは多くのクライエントにとって薬は自分を助けてくれたり（逆に拘束になったりする場合もあるが）多くの影響を与えてくれる不思議な物質である。従ってクライエントの関心のあることに心理療法家も関心を持った方が、クライエントの理解は深まり治療は進展しやすい。

こうしたことは、人間が、物質的（肉体的）・精神的（心理的）・社会的（関係的）存在である限り、ごく自然なことである。

クライエントの持つ心の病の治療には主に精神安定薬をはじめとする様々な薬を使うが、それらは、精神・心理・脳活動治療領域で非常に重要な働きを示す。

b．薬の具体的作用

薬がどう重要かをわかってもらうために薬の作用をざっと説明する。精神の薬（穏和精神安定薬（以下、精神安定薬、抗不安薬もしくは安定薬とする）、抗うつ薬、抗精神病薬、気分調整薬など）は概ね以下の作用がある。

①心身を楽にする。心身の苦痛の緩和。

②不安・恐怖・心配・気がかり・こだわり、憂うつ・絶望、イライラ・怒りなど不快な感情の軽減。

③冷静さ・ゆとり・安らぎの回復・増大。

④睡眠の改善。

⑤気分の改善（主にうつ気分の改善だが、躁や感情興奮にも効く）。

⑥気力や意欲の増大。

⑦「まあいいっか」能力の増大（「思うようにいかなくてもかまわない」との覚悟を助け「思うようにいかない不快な気持ちを持ちながら、適切な対応を心がける」前向きの気持ちを

増大させる)。

といったような作用である。

もちろん、これ以外にもたくさんあるのだろうが、とりあえずは以上のようなことにまとめておく。この中での一番の大基本は⑦の、「前向きの『まあいいっか』」である。こういうこだわりの少なさが、健康の根本だと思われる。

c. 悪循環から良循環への刺激因子（薬は応援部隊）

心の病が、「生存→欲求→煩悩・苦→苦の消失をひたすら欲する→ますます煩悩・苦しみがひどくなる」という悪循環や負のスパイラルの結果だというのは、すぐに了解できるであろう。

この悪循環を良循環に転換していくこと、正しくは転換を助けることが、治療の目的である。

それで、薬を服用することで、「薬服用→苦痛が緩和し、まあいいっか能力が増える→症状や苦痛からの捉われから脱し、他の大事なことに目がいく→苦や苦の軽減への執着が減る→楽になる」という良循環になればよい。

◆薬は補助手段

a. 薬は杖のようなもの（薬は万能ではなく、方便・手段）

それでは、薬さえ飲んでいれば、いつも健康を維持でき、治癒力を開発し続けられ、大安楽の状態をキープできるのかということであるが、そんな甘いことはない。

先に述べた、①~⑦の作用は、薬さえ飲んでいればいつも実現できるのかと言えばそうではない。薬はいわば「杖」のようなものである。歩きにくくなっている人に杖を援助することで、その人が歩けるようになるのを助けるが、その後、自分の筋力を維持するとか、日常の大事なことに打ち込むとか、運動やリハビリに励むといったことが大切になる。

つまり、薬という方便（手段）を借りて、自らが自分の可能性や治癒力を引き出していくことが重要なので、薬という杖だけに頼っていたり、薬（杖）さえあればこれでいいという考えになるとかえって不健康のままで留まってしまうと思われる。

臨床経験からすると、あまり薬を当てにせず、しかし全く薬効を無視もせず、まあちょっとした応援部隊ぐらいのつもりで服用する場合が一番薬の効果が発揮できるようである。

b. 適時適剤適量

いずれにせよ、薬は適切な時に適切な薬を適切なだけ（量、回数など）使うというのが一番健康的である。必要でない時に使ったり必要以上に使ったりするのは問題だが、必要があるにもかかわらず、我慢して使わないというのも健康には相当悪いことのように思われる。

そして、治療者の役割は、この必要というのがどのあたりなのかをクライエント・患者と一緒に共同相談していき、応病与薬を実現することであろう。

c. 薬を使う抵抗に関して

ただ、心理治療という営みの中で薬を使うことに拒否的姿勢を示す方がいる。聞いてみると、心の成長は純粋なもので薬という不純なものは使いたくない、そんな異物で自分の心を変えられるのはごめんだということである。

これについて無理に反論する気はないが、ただ、問題なのは果たして純粋とはどういうことか、ということである。筆者には、純粋とは、あらゆる営み・現象を包括し少しでも治癒力（健康性）を引き出していこうとする営為ではないかと思われる。従って、人類の発祥と共に存在したと言われる薬をも視野に入れる「広い純粋性」が大事だと思われる。

それから、もう一つ、苦に苛まれ、不安・不眠、イライラ・憂うつ・絶望・無気力がひどく、話すことはもちろん、考えることすらできなくなっている疲労困憊の患者にはまず薬の助けを借りて、心身の休養を図り、その上で落ち着いてきてから、カウンセリング・心理療法などでこれまでの問題やこれからのことを話し合うというように進んでいくことがいいと思われる。患者は、病気の状態の時には、活動はもちろん休息もできなくなっている訳だから、「気持ちの持ちようだ」という精神論を唱えられても、害になるだけである。

いくら素晴らしい教えもまずは、それを聞けるだけの精神的・身体的エネルギーの回復が必要であろう。

もっとも、それでも薬は要らないと言う人に強要して飲ませるつもりはない。そういう時はそういう時でその人の「薬なし純粋路線」を尊重したいと思う。

いずれにしろ、薬を拒否し過ぎず頼り過ぎず、飲み過ぎず飲み足りなさすぎずの中道路線が一番いいと思われる。

第二節　精神治療薬　一（抗不安薬）

◆穏和安定薬（抗不安薬について）

この精神の薬の中で一番一般的なのは抗不安薬である。抗不安薬は、精神科や心療内科だけでなく内科や他の専門科でも頻繁に出される薬である。「何よりも不安を何とかしてほしい」というのはどの科の患者でも共通だからである。

実際、抗不安薬を飲んでいる患者は、かなりの数に上っている。古い統計だが、一九八一年のＮＩＭＨの調査では、過去一年間に抗不安薬を服用した経験のある方は、九・七〜一六・八％に上り、日本でも、毎日五百万人分の抗不安薬が処方されている（単純計算だと国民の五％程度）と言われている。現在ではさらに多くなっていると思われる。

◆抗不安薬とは？

現在の抗不安薬（主としてベンゾジアゼピン系とチエノジアゼピン系の抗不安薬のこととする）は、まず①抗不安作用、②筋弛緩作用、③鎮静催眠作用、④抗けいれん作用を有している。

ひらたく言えば、不安を軽くし、心身の苦痛を和らげ、気持ちをリラックスさせたり安らげたりするといった効果がある。何か、夢のような薬のような気がするが、事実、ある抗不安薬を初期に研究した学者などは「トランキライザー（抗不安薬を含む精神安定薬）は、人類に幸せと成就と威厳をもたらすものであるハッピードラッグである」とまで言っている。

◆抗不安薬を使う時

それでは、具体的に、抗不安薬を使う時はどんな時かというと、一言で言えば、不安・緊張を受け止められない状態の時（カウンセリングや心理療法だけでは不十分な時など）に使用すると言えるであろう。

不安・緊張に圧倒されると、人間は

①不眠・食欲不振・吐き気・頭痛・肩こり・全身の疲労感・動悸・呼吸困難・頻尿・めまい・しびれなどの身体症状を来し、これに苦しむ。

②冷静に考えられなくなり、ささいなことでも気になりすぎたり（神経質になる）、悪い方悪い方に考えたりするし、また思考力・集中力・判断力の低下を来す。また自信がなくなるし、他者を信じにくくなったり、逆に過度に依存的になる。いずれにせよ、こうした、精神面の変調は、患者を苦しめると同時に、不安・緊張を強めるという悪循環を来す。

③その結果、行動面でも、仕事や作業能力が低下し、また高度な判断ができにくくなるし、対人関係においても不適切な行動が生じる。また多くの患者は、行動面で支障が出る前に、

生活・行動場面から身を引くことが多い。いずれにしても、この行動面での不適応もまた患者を苦しめ、自信をなくさせ、不安・緊張を高めるといった悪循環になりやすい。
といった状態になりがちである。

こうなると、苦しみの悪循環から、なかなか抜け出せないし、また精神面の働きも弱るから、解決策や見通しがなかなか自分の中で持てない。

普通、こうした時は、カウンセリングなどで問題を見つめ、解決策を探り、それを実践できればよいのだが、弱り切っている患者などはそれが難しい場合があるので、薬の助けを借りるのである。

（病名的に言えば、一般的なストレス性障害、神経症、心身症、自律神経失調症、うつ状態、統合失調症、境界例などで、いずれも不安・緊張の緩和を目指す。また単なる肩こり、頭痛、胃の不快感といった軽い症状にも効くし、また筋緊張を和らげる目的で整形外科領域で使用される場合もある）

◆抗不安薬の効果

さて、実際に抗不安薬を使った結果、どうなるかというと、うまく効果が出た場合（七〜八割程度）、次のようになる。

①まず、不安・緊張が和らぎ、気分的に楽になる。

②それに、睡眠が取れるようになり、頭痛、吐き気、めまい、疲労感などの身体の不快な症状が軽減される。
③心身が楽になると同時に、思考力・判断力などの精神機能も回復するし、冷静に人間やものを見られるようになり、悪く悪く考えるといったことが減り、悪循環も断ち切られる。
④その結果、行動面でも、仕事や日常生活や対人関係ができるようになり、これがまた自信の回復や身体のリズム回復ということで、精神・身体面に好影響を与えるといった良循環を作る。

（その他、心身疲労のため、まともに考えられなかった人が、抗不安薬で楽になって、冷静になり、自分を見つめ直そうということで、カウンセリングに入りやすくなる時がある。また、カウンセリング中でも、薬を使うことで、考えやすくなり、カウンセリングが進む場合がある。つまり、この薬はカウンセリングや心理療法を助けてくれるのである）

◆抗不安薬の副作用とその対策

副作用は薬に限らず、カウンセリングや心理療法でも、もちろん存在する。特に、素晴らしいものであればあるほど、使いたくなってくるので、副作用の方は考えなくてはならない。

副作用（望ましくない作用）の定義は結構難しいが、それはおいておくとしても、副作用の種類はかなり多様である。

そこでまず、常用量（臨床用量）を投与した時で、しかも短期の場合の副作用について述べてみる。

①まず、しばしば見られるものとして（五％以上）、眠気、ふらつき、めまい、脱力感、もうろう感といったものがある（抗不安薬の鎮静・催眠作用と筋弛緩作用による）。

②次に、時に見られるもの（〇・一〜五％）として、食欲不振・吐き気・便秘・口渇・排尿困難・頭痛・低血圧・興奮錯乱などの奇異反応がある。

③まれなものとして（〇・一％未満）、黄疸、発しん、かゆみ、血液障害、ふるえ、しびれ、発汗・熱感・のぼせ感、乏尿・蛋白尿、むくみ、生理異常といったものが挙げられる。

ただ、量が適切であれば滅多に起きないものが多いので、そんなに心配しなくてもいい。それに、もし眠気が強かったりしたら、量を減らせばいい。

量を減らせば、今度は、効果が減るのではないかと心配になってくるが、その時は、図式的に言えば、いろんな選択が可能になる。①量を減らした結果、不安・緊張は高まるが、眠気はましになる場合、②量はそのままにして不安・緊張がかなり減っているが、眠気の強い場合の両極があり、その間にいくつかの選択がある。

大事なのは、その時、患者と話し合って、どれが一番楽な状態か考えていくことが重要であろう。患者は、眠気が適度にある方が楽という場合も結構ある。もちろん減薬した方が楽になったという人も多いが。

他の副作用であるが、例えば、便秘に対しては、減薬やまたは緩下剤を使用する。もちろん、運動、水分・野菜摂取などを勧める。

口渇に対しても、減薬、または漢方薬などの投与、水分やレモン水摂取により対処するといった対応をする。

身体に異常がないかどうか調べるためには、一年に一〜二回の検査をする。

以上のようであるが、副作用に対しては、原則として

①減薬せずに、他の対応や他の薬の投与がいい場合。

②減薬の方がいい場合（他の対応も考えながら）。

③薬剤を変更する方がいい場合（肝障害、発疹、奇異反応等であるが、めったにない）。

の三つが、考えられるであろう。

ということで、結局、適剤、適量が一番大事なのである。しかしながら、ここを判断することが結構難しい時があり、ここが一番治療者として大事なところである。

◆薬を使うことの是非（薬への抵抗）

（以下、薬の問題は複雑なので対話形式を用いる）

〈抗不安薬の効果はよくわかりました。ただ、不安・緊張を初めとする人間の苦悩や迷いは、人間の成長や創造活動にとって必要なものでしょ。それに不安・緊張を含む苦悩の解決には、精

神分析療法、カウンセリング、認知療法、リラクセーションなどがありますね。だから、煩悩の解決や、人間の成長に薬を使うのはどうも抵抗があるんですが、それはどうでしょうか?〉

「ここのところは、とても大事ですね。ここを深めて話し合うために、あなたが薬を使うことの抵抗・ためらいのようなものを挙げてくれませんか?」

〈うーん、そう言われると困りますが、ちょっと考えてみます。

一つには、外的なものの助けを借りるということで、ちょっと成長の純粋性が損なわれるのではないか、成長・修行の妨げになるのでは、という気がします。それと、何か目に見えない得体のしれないものの作用ということも、恐い気がします。それから、外的なものといっても、食べ物と違って、人工的な化学物質なので心配ということもあります。

二つ目は、今のことと関係しますが、何と言っても、副作用と依存性の心配です。

三つ目は、薬って病気の治療薬でしょ。飲んでるとずっと、病人意識を持たされる感じでいやですね。

四つ目は、最初と関係しますが、何か物質的なもの、それも化学物質で精神作用が変えられるということに対する抵抗ですね〉

◆方便としての薬の利用。ほどほどの不安の重要性と薬のほどほどの利用

「今言われたことは、患者さんが薬に抱く不安とほとんど同じです。ちょっと一つ一つについ

て考えていきましょう。

成長の純粋性が損なわれる、妨げになるというのは、ある程度その通りかもしれませんが、この点に関して、二つ言いたいことがあります。一つはあまり不安・緊張が強いと、冷静に考えられず（冷静に人の話を聞けずに）、治療者の大事な話が理解できません。この点、薬で、少し気持ちを楽にしてあげると、正しい教えが正しく理解されやすくなるのです。もう一つは、教えそのものは、正しく理解しても、それを実践するのは大変なことですので、精神的に不安定過ぎると、とても実践どころではないということです。そういう時に薬の助けがあると、実践がより容易になるのです」

〈なるほど、正しい生き方の理解・実践を助けるのですね？〉

「ええ、そうなんです。正しい道に到達するための一種の方便な訳です。ちょっと、極端な例を言いますと、不安・緊張のあまり、瞑想といったことができなかった人が、抗不安薬の助けを借りて、心の安らぎというか、瞑想体験を得たとしたら、得ないよりはいいと思われます（その体験の質はともかくとして）。その後、徐々に薬の助けなしで、安らぎを味わえるようになっていけばいい訳ですから」

〈妨害にはならないんですか？〉

「過度に不安を抑え過ぎるのはよくないでしょうね（だいたい、そんな時は頭がもうろう状態になっているかもしれません）。治療や成長に必要な『ほどほどの不安』が、いい訳なんです。

また、ほどほどに不安になっている方が記憶力も増進するし、創造力も開発され、精神機能も高まると思います。従って、ちょっとした不安・不快感等で、すぐ安定薬に頼るのではなくて、いま自分は不安にやや圧倒されていて、薬を使う方が、不安を受け止めて日常生活を正しく送りやすいと考えて、薬を利用するのがいいのでしょう」

〈なるほど、不安もほどほどで、薬もほどほどに利用する、これが大事なんですね〉

「しかし、このほどほどを判断することが、結構難しいし、主体性を要求されるものではあるんです」

◆再び副作用について（特に精神機能に関して）

〈続いての問題は再び副作用についてです〉

「この抗不安薬は、一応上記の副作用はありますが、適量であれば、現実の上ではほとんど問題にはなっていません。今の抗不安薬（ベンゾジアゼピン系の抗不安薬）が開発されて、五十年以上になりますが、あまり大きな問題はないようです」

〈でも、長期に服用していると、精神機能や記憶力を低下させるのではという心配がありますが？〉

「これについては、今のところ、はっきりしていませんが、長期服用中の中高年者が、抗不安薬を中止したところ、記憶機能の検査成績が改善したと報告されており、この点の注意が必要かもしれません。

しかし、これとは、逆に五年に及ぶ抗不安薬服用者と、服用していない不安患者を対照して検査したところあまり差が出ていないという報告もあります。また、治療用量に維持すれば、長期投与でも安全であるとも報告されています。

これと関連しますが、不安・緊張が強いにもかかわらず、抗不安薬を服用せず、そのまま不安・緊張に圧倒されたままでいると、かえって記憶・精神機能が低下するのではないかとも考えられます。この点についての実験は困難かもしれませんが、不眠症の人にベンゾジアゼピン系の睡眠薬を適量に使用するとかえって、精神機能の能率が上昇したという報告もあります。

このことは、不安・緊張・不眠を強いままにしておくと、精神機能の低下が考えられるということです」

〈では、いわゆる認知症を促進することにはならないのですか?〉

「今のところのデータでは、それを証明するものはなく、逆に、ファストブーン(45)などは、安定薬を服用している方が認知機能低下のリスクが低く、認知症の発症に対して保護的な作用を有しているとも記しています。でもそれは適量で言えることでしょう。大量に使いすぎて、記憶障害がひどくなったという話も聞きますので、そんなに楽観視はできません。

結局、抗不安薬が、精神機能の老化(低下)を促進するのか、防止するのか、あまり関係がないのか、使い方によっては悪化させたり、逆に改善・予防させたりするのかはっきりしないということになってきそうです。ということは、抗不安薬がそれだけ複雑な要素を秘めたものであることをよく肝に銘じて使用せねばならないということでしょう」

◆依存性について

a．依存の心配

〈わかりました。今度は依存性についてうかがいます。抗不安薬は、いったん服用すると気持ちがいいせいか、なかなか止められない場合があると聞いています。もちろん、今のお話のように、長期に渡って飲んでも差し支えないことが多いということですが、それでも長期に渡って飲まざるを得ないというのは、次の点で煩わしさと不安があると思います。①いつまでも病人意識が消えない、②定期的に病院に行かざるを得ない、③毎日服用せざるを得ない煩わしさがある、④長期服薬で、今のところさして問題ないといっても、いつどうなるかわからないという不安がある、といったことですが、いかがですか?〉

「ええ、だから、必要もないのに飲むことはないですよ。投与する時は、一時的なものということを原則にして、治療を進めるべきですよ」

b．薬物依存について

〈わかりました。ここで依存について説明してください〉

「薬物依存とは、『ある薬物の精神効果を体験するために、その薬物を継続的・周期的に摂取したいという強迫的欲求を常に伴う行動やその他の反応によって特徴づけられる状態』と定義されています（麻薬のような危険な薬では、耐性といって、次第に以前の量では効かなくなってくるという傾向があるのですが、抗不安薬ではそのようなことはありません）。また、依存の特徴として、急に薬を止めた時には、退薬症状として、不安の増大・不眠・焦燥・吐き気・頭痛と筋緊張・ふるえ・不機嫌といった症状（強い退薬症状としては、てんかん発作、意識混濁、離人症状や非現実感、精神病症状等がある）が、五〇％に出てくると言われています」

〈ここで、疑問ですが、薬を止めた時に不安や不眠が強くなったとしても、それは依存が形成されたためなのか、それともまだ治りきっていなくて薬が必要だったのかということの判別が大事になってきますね？〉

「でも、その判別は難しいですよ。ただ、もし、後者だったとしても、早く確実に治る方向に行って薬が減っていく方がいいでしょうね」

◆薬はいつまで飲む必要があるのか？（事例Zを参考に）

〈そうなることを、望みます。そして、それと関連してですが、抗不安薬はいったいいつまで飲む必要があるんでしょうか？〉

「これは、人によって千差万別ですから、まず、事例に即して考えてみましょう。

ある三十五歳の男性会社員Zさんですが、急激な仕事の負担とまたその仕事がうまく行かないことを苦にして、夜は眠れなくなり、昼間は仕事に行くのが不安で動悸が激しく、また頭痛、吐き気も強いといった状態に陥りました。精神的にも憂うつと意欲低下・焦燥・不安が強く集中力・持続力・決断力が低下しており、とても辛い状態になっていました。最初は頭痛、動悸といったことで内科に行ったのですが、神経科・心療内科に行った方がいいということで来られました。

早速、話を聞いて、問題点をまとめると、①心身とも疲労し切っていること、②従って休息が必要なこと、③疲労の原因は、仕事を引き受け過ぎた点や、仕事がうまく行かなくなった点や、そのことを気にし過ぎた点や、生じてきた心身の不調を気にし過ぎて一層症状の増悪と疲労を増大させた点にある、といったことになってきて、それらを患者さんと共有できました（病名をつければ、ストレス性の不安神経症とうつ状態の混合ということでしょうか）。

その結果、まずは休養を取って、心身を休めること、③に見られる原因としての状況的・個人的要因は、心身が休まってから話し合おうということになったのです。

そこで、休養に関してですが、彼は会社を休むことに抵抗があったのですが『今の状態で行く辛さ』と『家で休む辛さ』を比較させたところ、今は休む辛さの方がましということで、休むことになったのです。しかし、家にいても気になり過ぎて、脳は興奮し過ぎて、不眠や強い不安・緊張・憂うつ感などは持続するでしょうから、睡眠と休息、不安・緊張の緩和を目的に安定薬投与を提案しました（もちろん、その時、徐々に落ちつき出したら、あなたと相談しながら減薬していくつもりですがと言い添えておきましたが）。

彼は賛成したので、エチゾラム（〇・五mg）五錠を、食後一錠と眠前二錠に分けて服用したところ、良く眠れ、動悸といった身体症状は少なくなり、不安・緊張も軽減し、随分楽になったということでした。

そこで、今までのことを話し合ったところ、

①自分が仕事を引き受け過ぎていたこと（やや、むさぼりの状態にあったこと）。

②自分が無理なことをしていること、疲れていることに無知であった、または気づきたくなかった。

③責任感が強いという自負があったが、それは結局そういう自分を自慢し、そういう自分でありたかった。

④これだけ仕事を押しつけられ、腹が立っていたが、それを無理やり抑え込んでいたといった、煩悩に負けている状態。

に気づきました。その結果、彼は、今後

①仕事を引き受ける時はほどほどにしていこう。

②自分の心身のありように気づいておこう、そのためいつも自分を振り返っておこう。

③達成願望、評価されたい願望をなくすのは無理にしてもほどほどにコントロールしよう。

④怒りっぽくなってしまうのは、結局引き受け過ぎる自分に問題がある訳だから、人に怒りを向けても仕方がない、ただし正当な自己主張は工夫をしてやっていこう。
⑤仕事の業績だけでなく、心の安らぎを目指そう。

となったのです。

そうなってきますと、もう三週間後には職場復帰し、状態も落ち着いていたので、薬を一ヵ月投与した後、昼食後を一日おきに服用するよう指示しました。

これが、問題なかったので、二週間経った後、昼食後の服薬を抜きました。それで調子良いので、今度は、眠前の服薬を金曜と土曜の夜抜いてみたところ、まあまあ寝られたので、また二週間様子を見ました。

その後、二週間ずつで、眠前を減らしていき、四ヵ月後には朝夕二回だけになりました。

ここで、朝を減らすと少し動悸がして苦しいというので、夕食後を一日おきにしてうまくいきました。さらに一ヵ月かけて、朝食後だけの服薬になりました。

さらに、その後、朝も、休みの、土曜、日曜は飲まなくて済むようになりました。

続いて、朝、少々動悸がしても、心臓が悪いわけではないから放っておこうということで、朝も減らしていき、八ヵ月後には、一週間に朝一回だけの服薬ペースになりました。

そして、それも、今度は調子の悪い時だけ服用するということで、一応終わりました。その後、一年後に薬がなくなったというので、二週間分計四十二錠もらっていきましたが、その後、一年後に同じ分だけもらっていって、その後は来院していません」

〈わかりましたが、やはりゆっくり漸減していくんですね。ただ、薬を減らすと悪化するということはないんですか？〉

「ええ、その心配はよくされるんですが、原則的には、身体の安定、精神の安定、行動の回復がなされ、それらが続くと、その持続自身が安定薬的になりますから、今度は安定薬を減らしていくことができる訳です。心身・行動が安定していないのに減らしたりはしませんよ。それに減らすといってもゆっくりですから」

a．減薬のペースは様々

〈ところで、いつも、こんなペースで減っていくのですか？〉

「いや、そうとは限りません。早い人も遅い人もいます。

早くなる場合は、今のZさんの例で言うと五錠の量で効果が十分あり、早期に眠気が出る場合です。こうした場合は、早くから減らします。

また軽いストレスの場合は、一日二回ぐらいでいいでしょうから、これも早く減らせます。

さらに、一日六〜八錠利用する人でも、早く止めたい人は、治療者と相談の上、無理のないよう試していき、早く減らせる場合もあります」

〈遅くなる場合はどんな場合ですか？〉

「遅くなる場合は、薬を減らすことを恐がる人です。そんな場合は恐怖の理由を聞いて、最終的には必要がなければ減っていく方がいいという治療者側の意見を伝えながら、どうするか考えますが、患者のペースを尊重します。しかし、いつも減薬の機会は狙っています」

〈結局、減薬を早めるのも遅くするのも、つまり、いつ止めるかは、本人と治療者次第ということのようですね？〉

「結局、そういうことになりますね」

〈ここで、いろんな理由によってなかなか止めない人は、依存性は心配ないんでしょうか？〉

「ここは、議論の分かれるところで、患者さんに少々苦痛を与えても減薬を考えていくべきであるという説と、常用量以内だと問題はないから、無理に止めさせる必要はないんだから、必要な人には、減薬することはないという考え方があります。私の考えを言うと、ライフスタイルを考えたり、リラクセーションやカウンセリングを併用したりしながら、無理をしない程度に減薬を狙います。例えば、一週間に一回朝抜いてみませんかというような形で、その抜くのを徐々に増やしていくわけです」

◆長期（十五年）服用者で服薬しなくなった例（M・S）

〈ところで、十年以上も飲んでいると、もう止められなくなるのでしょうね？〉

「そんなことはありません。私は、十五年ほど、エチゾラム〇・五mgを毎日六錠服薬していた人で、一年間のカウンセリングで毎日服用しなくても済むようになった事例を経験しています。

M・Sさん（四十五歳、中企業の経営者）は、ある日、私の元を訪れ、『長年薬を飲んでいるが、本当に大丈夫か、止めることはできないのか』という訴えをしに来ました。話を聞いたところ、三十歳の頃、仕事のことで悩み、不安、イライラ、憂うつ、不眠が起き、某神経科クリニックで、エチゾラムをもらい落ち着いた。落ち着いて、仕事に打ち込めるようになったが、だんだん薬を飲み続けることが心配になってきた。それで、薬をやめると、頭がぼーっとしたり、何となく不安感が強くなったり、夜の熟睡が妨げられたりして、また飲んでしまうとのことでした。

事情を聞いたところ、自分の仕事以外にも、講演に行ったり、また本を書いたり、いろんな活動をして、相当忙しい方で、また奥さんとの間も少しうまくいってないような感じでした。そこで、私は〈こんな忙しい生活をしていると、相当ストレスがかかり、脳が興奮状態に置かれても不思議ではないから、安定薬は必要なのでは〉と言いますと、M・Sさんは『それはわかるが、ずっと飲み続けて大丈夫なのか』と聞いてきます。これに対して、私は〈今のところ、長期に服用した場合常用量であれば、そんなに問題は出ていない。ただし、これから、どうなるかわからないので、あなたの心配はもっともだ。それに、毎回医師の元へ行かなければならないという煩わしさや病人意識を持たされるのも辛いかもしれない〉と言うと『そうなんです。何とか止める方法はないか』と聞いてきました。そこで私は〈今、急に止めると、かえって不安、イライラ、不眠が出て、かえって心身に良くない。しかし、少しずつなら、減らしていけるかもしれない〉と言っておきました。

そこで、したことは、

①Ｍ・Ｓさんの生活は忙しすぎるので、自分の気持ちがもっとも安らかになる程度の活動にした方がいいということ。

②暇な時間（電車、タクシーの移動時間も含めて）いつもリラクセーションに努め、ゆっくり深呼吸（釈尊の呼吸法）を実践すること（Ｍ・Ｓさんは、暇があれば、本を読んでいたとのことです）。

③奥さんとの交流をもう少し深め、家庭が安らぎの場になるように努めること。

④全体として、活動欲求が強過ぎるタイプであり、悩み苦しみ（煩悩）が多くなる傾向があるので、この欲求を適切にコントロールするのがポイントである。

⑤リラックスできるスポーツ、散歩などがいい。

ということ等をポイントにしてカウンセリングを行ったのです。

そして、これと並行して、土、日曜など、まず朝だけ一錠にする（すなわち月曜から金曜までは六錠でしたが、土、日曜は五錠にして減薬日を設けたのです）ことにしました。これに対して『どうも気分がすぐれない』との訴えはありましたが、なんとか我慢して過ごせました。そうするとしばらくすると毎日五錠で過ごせるようになったのです。そして今度は、また土、日曜を四錠にしてという形で、とうとう筆者の元へ来て一年目で、薬を飲まなくても安らかに過ごせる日が出てきたのです。

そして今彼は、一年に一回だけ一週間分（四十二錠）もらうだけで、適当に利用しているようです（一週間に一錠程度でしょうか）」

〈わかりました。M・Sさんが減薬に成功した理由は何でしょうか？〉

「やはり、不安を感じる、すぐ薬というパターンを、いや待て、本当に不安を乗り切れないかどうか様子を見てみよう、この不安を薬なしで受け止めてみようというパターンに変えたことでしょうね」

〈でも、なかなかそうできない人も多いと思うのですが？〉

「そうですよ。だから、治療者としては減薬できる可能性を説きながら、飲んでいる方が気が安らぐなら、危険のない程度であれば、無理に止めさせようとはしないということです。しかし、できれば少ない量で安らげる方向を目指すということですね」

〈やはり、ここでも、薬を続ける、少ない量で続ける、時に飲む、滅多に飲まない、全然飲まないといった形のどれをとるかは、本人の決断が大きな要因を占めると思いました〉

「もちろんですが、それだけではないです。もともと神経質な方というのは、飲んでいる方が生活しやすいという場合もありますから。ただ、飲むか飲まないか、ほんの時々飲むかといったことに関する本人の選択・決断は重大でしょうね」

第三節　精神治療薬　二（抗うつ薬）

◆抗うつ薬とは？

〈今度は、抗うつ薬について教えて下さい〉

「抗うつ薬の作用は大きく分けると、三つに大別されます。

①抑うつ気分の改善

②精神運動抑制の改善、意欲の亢進

③不安・焦燥の改善

といった点です」

◆抗うつ薬の適応とは？

〈ということは、うつ状態の人が適応になるのですね〉

「それだけではありません。一般的なうつ状態だけでなく、神経症や心身症や統合失調症に伴ううつ状態にも適応があります。それ以外に強迫神経症、過食症、境界例、慢性疼痛障害に使われる場合もあるのです」

◆うつ状態とは？（活動も休息もできない状態）

〈うつ状態とはどんなものかについて具体的に説明して下さい〉

「大きく分けると、精神面の症状・障害と身体面の症状・障害になります。

精神面の障害としては次の四つが代表的なものです。

①感情や気分の障害：『さびしい、悲しい、憂うつ、暗いことや悲観的なことばかり浮かんでくる』といった状態で、全体に憂うつ気分に支配されます。憂うつなのでじっとしていることが多いですが、時としてじっとしておられずイライラして動き回る場合もあります。

②意欲の障害：やる気や意欲、興味の低下が著しい状態です。例えば日頃大好きだった趣味（テニスにしろ囲碁にしろ）に興味がなくなり、生き甲斐だった仕事にも意欲がなくなるといった状態です。従って、行動が減少し、また人に会いたくもなくなります。

③精神機能低下：普段の思考力・集中力・持続力・判断力・決断力が低下し、頭が働かなくなったという訴えと共に、実際に作業量が落ちてきます

④自己評価の低下：『自分はだめな人間』『救われない人間』『無能力』といったように自己否定が強くなります。これはまた、過度の罪悪感（自分のせいで皆に迷惑をかけている）を引き起こしたりします。

身体症状としては、不眠（特に夜間・早朝覚醒が著しい）、疲労感・倦怠感、頭痛・頭重感・

肩こり、食欲低下（逆に過食）・胸やけ・吐き気、便秘、頻尿、性欲低下、眼精疲労、手足のしびれ・冷え、微熱、耳鳴り、口渇、動悸・ため息などが現れます。

これらの症状は、見た目以上にとても苦しく、うつ状態の人がしばしば自殺を考えるのもむべなるかなという感じがします。そして、そんな時、適切なカウンセリングや抗うつ薬の助けがあれば、事態は少し変わったのになと感じることも多いです」

◆普通の憂うつとの共通点と相違点

〈ただ、今の症状は、普通の憂うつな状態でも、軽度であれば現れると思いますが？〉

「ええ、病的なうつ状態でも、普通の憂うつな状態の程度が増加しただけに過ぎない感じがしますね。だから、病的とされているうつ状態でも、普通の人が感じる憂うつな状態と連続性を持っていると考えていいと思います。

ただ、違いは、憂うつ感を受け止められなくなっているので、①うつの程度がひどくなり、②長期に持続し、③生活・対人関係に支障を来し、④身体症状も程度がひどく、⑤自力では解決できないといったところなのでしょう」

◆抗うつ薬の種類

〈わかりました。続いて、抗うつ薬には、いろいろな種類があるんですか？〉

「ええ、ある抗うつ薬は、主として不安・焦燥により効き、あるものは抑うつ気分により効き、あるものは意欲・行動の改善に効くと言われています。その他、作用の強さ、副作用の出方などを考え、患者さんに一番合うものを選んでいけばいいでしょう」

◆抗うつ薬投与の際の注意点

〈それでは、抗うつ薬を出す時の注意点について、説明して下さい〉

「それは、その患者さんによっていろいろで必ずしも一定していませんが、一応のポイントを挙げると、

①本人の状態がうつ状態にあることを確認し、それを本人と共有する。
②そのうつ状態に対して、抗うつ薬を使う方がその人のためになると判断すると、その判断と判断根拠を述べ、患者の承諾を得る。
③抗うつ薬の名前、効果、副作用、使い方について説明しておく。
④うつ状態改善に対して、抗うつ薬以外に、いろいろな対策があることを伝えておく。
⑤今後の見通し、経過について説明しておく。

といったところでしょうか」

◆抗うつ薬を使った方がいい場合とうつ病の治療目標

〈今の説明で、また疑問が湧いて来ました。まず②ですが、抗うつ薬を使う方がいい時とは、どんな場合なんですか？〉

「これは、一見簡単なように見えて、深く考えだすと、意外に難しい問題です。まず、考えられるのは、うつ状態がとても強く、非常にそれに苦しんでいて、また本人がそれを受け止められなくなっている時、薬を考えますね。でも、本人が心構えを変えたり、カウンセリングを受けたりして、それだけで改善していきそうな場合は、それで、様子をみることも考えます。特に、本人にその意志が強そうで、それが現実的可能性を帯びているならそうします。

しかし、大抵の場合は、カウンセリングを行う場合でも、うつ状態が強い場合は、抗うつ薬を併用した方がいい場合が多く（カウンセラーの方も、薬が必要だと思いますのでと言ってクライエントを紹介してくる場合が多いです）、その方が、カウンセリングもスムーズにいく場合も多いようです」

〈そうすると、結局④で述べられた、抗うつ薬以外の対策ということとも関連してきそうですね？〉

「その通りです。だいたい、前に述べたように、うつ状態の苦の中身としては、対象喪失や思うようにいかないことの苦しみが挙げられます。そして、対象喪失の苦しみの原因としては、対象への執着があり、また「思うようにいかないことの苦しみ」の背景には、いつも思い通りにいって欲しい（いつも求めているものが手に入る）といった欲求（辻はそれを順調希求と呼んだ）があるのです。従って、治療としては、執着のコントロールや欲求をほどほどにすること、さらには苦を受け止めるといったことが目標になってくる訳です。

だから、抗うつ薬投与の適否の前に、うつ状態の治療目標をできるだけ明確にし、それを患者と共有しておくことが大事なのです。

それから、執着をコントロールすることと欲求をほどほどにすることに関連して、うつ状態にある人の考え方の歪み（悪い方悪い方にしか考えない、要求水準が高すぎる、部分だけで全体を判断する、今のうつ状態が永遠に続くと固定化して考える、何々すべきであるという考え方が強すぎる、『人間は時にうつ気分になる。調子のいい時と悪いがあって当り前』と考えられず今のうつ的な自分を否定的に考える、努力すれば必ず結果が得られるという堅い考えを持っている等）を修正していくことが大事です。

そして、当然、生活様式、ライフスタイルも、仕事優先から健康優先、ゆとりのある生活、趣味や楽しみのある生活というように変える方がいいということです。

また、うつ状態にある人は、心が安らかでなく、不安・緊張が背景にあることが多いので、リラクセーションや釈尊の呼吸法、瞑想等が有効な場合もあります。

そして、今のことが、自力で、もしくは精神療法やカウンセリングで可能であれば何も薬なぞいらないのです。

しかし、うつ状態に陥っている多くの人は、心身や脳が疲労し切っており（逆に脳が興奮、オーバーヒートしている時もありますが）、カウンセリングだけでは、今のような目標・教えを理解実践することは相当難しくなっているのです。従って、薬によって、心身・脳の働きを正常化するように助け、うつの治療の正しい目標や正しい治療法を理解・実践を助けるのです。

いずれにせよ、抗うつ薬も、治療の補助手段、方便だということです」

〈わかりました、だから、この方便を使うか使わないかは、いろんな要因が絡むんでしょうね。だから、薬なしで、カウンセリングだけでいける場合もあるんですよね？〉

「ええ、カウンセラーもクライエントもそれでいこうということでやれるのなら、それはそれでいいんでしょうね。ただ、私の感じですが、あまりに苦しい状態なのに薬を飲まないでいこうと考えている人には、その理由を聞いてみますね。その中で、薬への誤解やその人の考え方の歪みが出てくるかもしれませんので、それはそれで、大きな治療のチャンスにはなるのです」

◆見通しについての説明

〈わかりました。続いて、⑤の見通しに対しては、どういうように説明するんですか？〉

「まずは、休養や服薬（薬によって脳や心身の休養が得られる）によって楽になっていくということ。その後、少しずつ、うつの原因を探りながら、うつからの脱却への道と、うつに陥らないための方策を考えていく中で、ますます楽になり、前の生活に復帰できるという見通しを告げます。

しかし、ここで大事なことは、良くなっていくのは段階的に良くなっていくので、途中で一進一退があること、もしなかなか良くならなければその時点でその原因を共に考えていくことを伝えないといけません。

さらに大事なのは、良くなるとは、決してうつがなくなることではなくて（そんなことは生きている限りあり得ない）、うつを受け止めていけるようになることであるということを強調せねばなりません」

◆薬に対する幻想性の問題

〈それでは、抗うつ薬を飲めば必ず治ります、といった説明はどうなんでしょうか？〉

「これに関しては、二つ問題があります。一つは、治るとはどういうことかをはっきりさせていないと、神経質な患者だと、少しうつ的部分が残っているだけで、まだ治っていない、治っていない、と言い続ける可能性があります。従って、うつ状態が治るとは、うつ的部分を受け止められるようになったというだけであって、それも完璧にそうなるのは人間には不可能だということをわかってもらわないといけません（これは精神病のところで述べた治癒段階の説明を参照してもらうといいでしょう〉。

もう一つは、抗うつ薬が、いつもいつも脳・心身の機能を回復させてくれるとは限らないということです。『うつ病患者と家族の支援ガイド』が述べているように、うつ病に対する抗うつ薬の効果は、六〜七割だと言われていますから、やや幻想を与えることになります。従って、私としては〈おおむね、楽になりますが、もしそうならなかった場合は、またその時、その原因を考え、新たな手を工夫してみましょう〉と言っておく方が正直だと思います。それに、どんな場合でも薬の効用には限界があるということを伝えておく方が、正しく薬を利用できると思われます。

たぶん、『飲めば治る』という言い方は、とにかく薬を飲んでくれたら良くなるという医師の願望の表れなのでしょう。でも、もし飲まない時は、そのような幻想を与える説明より、飲まない理由（依存性や副作用など薬に対する過度の心配等）を明らかにしていく方が生産的でしょう。

しかし、これも例外があって、ある場合には『薬を飲めば治る』というように治療者が、グッと引っ張る方がいい場合もありますが」

◆抗うつ薬はいつまで飲めばいいのか？　再発予防・再発による成長の問題と関連して

〈先の抗不安薬と同じく、抗うつ薬はいつまで飲めばいいのかが気になりますが？〉

「ええ、ちょっと良くなったからといって、全く飲むのをやめてしまうと急に悪化したり、再発したりするので、減薬、断薬は、慎重でないといけません。しかし、だからといって、一生飲まなければならないということもありません。

原則としては、心身の状態がよくなり行動も改善してくると、それが一～三ヵ月続いた後、減薬の試みをしていきます。減薬方法は、抗不安薬と同じく漸減法です。

そして断薬になった場合でも、しばらく一～二ヵ月に一回ほど通院することが望ましいです。漸減中にしろ、断薬中にしろ、治療が終了した時にしろ、問題は再発の予防です。これについては、人間である限り再発の可能性はあるので注意をしておくこと、再発予防として、うつの治療目標（執着のコントロール、欲求をほどほどにすること、考え方の歪みを修正し縁起・空といったこだわらない考え方ができること、ゆとりのある生活など）を実践していっているかどうか、もし不幸にして再発しかかった時、ちゃんと治療者に相談する等して適切な態度がとれるかということを常に話し合っておく必要があります。

さらに不幸にして再発してしまった場合は、その再発原因を探り反省し、さらなる成長・治癒力開発のチャンスにしていければいいのではないかと思います。実際、何回も再発を繰り返すことでようやく自己の問題点に気づいていった例もある訳ですから」

第四節　精神治療薬　三（抗精神病薬、強力安定薬について）

〈今度は、抗精神病薬について説明していただけますか〉

「抗精神病薬は、主に、統合失調症状態の改善を目指して使われますが、躁うつ病やうつ病、または重症の神経症でも使う場合があります」

〈統合失調症状態では抗精神病薬だけが使われるのですか？〉

「いや主に、使われるのが強力安定薬としての抗精神病薬ですが、時に抗うつ薬や穏和安定薬としての抗不安薬を使う時もあります」

〈その抗精神病薬には、どんな作用があるのでしょうか？〉

「この薬の作用は、大変複雑なところがあり、種類によってもいろいろです。またまだその作用解明については、研究途上でもあるということで、はっきりこうだとは言いにくいのですが、今までの臨床経験からすれば、次のような作用があるような気がします。

それは直接的効果と間接的効果に大別されると思われます」

◆直接的な薬の効果

a．鎮静、緩和（不安、緊張の）、落ち着き、ゆとり、休息をもたらす（悪循環から良循環へ流れを変える）

「まず一番目立つのは、興奮を鎮静させ、不安や緊張を緩め、睡眠を取りやすくするといった効果です。要するに『落ち着き』や『ゆとり』や『休息』を与えるということです。ゆとりが出てきますと、

①今まで不安や緊張のために考えられなかった状態からゆっくり物事を考えられるようになる（距離を置いて考えられる）。
②人の話を聞けなかった状態から、人の話を聞けるようになってくる。
③一つのことにとらわれていた状態（幻覚、強迫観念、妄想観念、恐怖感、絶望感等にとらわれている状態）から脱出できる道が開けてくる（物事を相対的にとらえられるようになる）。

といった二次的な効果が生じます。

そして、そうなると、自分の病気や問題点が少しずつわかってくる、家族や治療者との関係もついてくる、いろんな可能性が考えられるということで、これがさらに不安や緊張を軽減させることになります。

つまり、今まで悪循環的になっていた患者の状態に対して、流れを良循環の方向に変えていく効果があると思われます。そして、その結果、不眠や興奮、過度の怒り、妄想、幻聴といった症状が減っていく訳です」

b．抗うつ作用

「第二の作用としてですが、抗精神病薬には、抗うつ作用もあります（特にスルピリド、レボメプロマジン、アリピプラゾール、オランザピン、ペロスピロンといった薬）。

ひどく元気がなく憂うつであるといった状態の時、自分でそれを何とか処理するなり、持ちこたえられる場合はいいですが、何ともならない場合には、薬に頼って気分を変えるということが、治療上必要なことになります。長い治療期間の場合には、幻覚や妄想といった派手な症状だけではなくて、すごく落ち込み、抑うつ的になる時がよくありますので、それに対する薬による治療も必要になるのです。もっとも抑うつ状態に対しては、抗うつ薬の方がいい場合が多いでしょうが」

c. 賦活作用

「第三の作用としては、引きこもりや『社会的エネルギー低下』『社会復帰や生活意欲の低下』、臥褥傾向（昼間から寝てばかりいる）等に対する意欲賦活作用が挙げられていますが、現時点での私の印象としては、この点に関する薬の効果はあまりないようです。もちろん、全くないと決めつけることはできませんし、今後の可能性に期待したいとは思いますが、今のところ、こうしたひきこもりや活動低下に対しては、デイ・ケアや作業療法といったリハビリテーション活動が一番有効なようです」

◆間接的な薬の効果

「以上が、直接的な薬の効果ですが、薬についてはそれを巡って患者さんや家族といろいろ病気について話し合えるといった間接的な効果もあります。私としては、その間接的効果の方が大きいという気がします。

例えば、患者さんは、薬に対して様々な反応を示します。投薬の提案に対して、すっと受け入れる人もいれば、ためらいや抵抗を示す人もいるし、様々です。もし、ためらったりした場合には、その理由を聞いていくと、いろいろなこと（病気に対する理解がなかったり、病院や医師に対して恐怖心を持っていたり）がわかってきます。そんな時、それらを話し合えば、両者の理解は深まり、それは即治療効果となっていくわけです。

このような、自分の状態や自分自身に関する自覚・理解、抵抗・不安・恐怖の軽減、信頼感の高まりなどは、抗精神病薬に限らず、抗不安薬や抗うつ薬の場合でもあり得るので、どの薬でも間接的薬理効果を有していると言えます」

◆抗精神病薬の副作用

〈わかりました。でも、副作用もあるんでしょう?〉

「副作用は、薬に限らず、精神療法やカウンセリング、グループ療法等どんな治療においても必ず生じると考えておいた方がいいでしょう。特に短期間で強力な作用を持つものは、特に副作用が強いという印象を持ちます。

一番よく起きるのは、眠気、だるさといった傾眠作用、『めまい、ふらつき』『口渇、鼻閉』『便秘』といった自律神経系の副作用、『ふるえ、筋硬直』といった錐体外路症状、じっとしていられないといった静座不能症等でしょう。そして、それ以外に、食欲の異常、皮膚症状や眼症状もあります。

また、長期間の投与になると、肝臓障害、血液・造血障害、心臓循環系障害の出てくる可能性があります。また、肥満や糖尿病になったり、生理不順になったりする時もあります。

以上が薬の主な身体的副作用ですが、精神面にも副作用が出てくる時があります。それは、患者さんの言葉を借りれば『頭が働かなくなった』『意欲ややる気がなくなってきた』(抗うつ作用とは逆の作用も出てくるので本当に複雑なんです)『感情が何か湧いてこない』という形で出てくる『精神エネルギーの低下』といった現象です。これは、情動の興奮を抑制し過ぎた時に起きてくるようです。また、稀ですが、逆に興奮させ過ぎて錯乱状態を来す場合もあります。

それからこれは副作用と言えるかどうかわかりませんが、一応薬でよくなった患者さんが、『薬によって自分が変えられてしまった』と訴えることがあります。これは、患者さんの立場に立てば、よくわかる訴えです。というのはできれば自分の力で治っていきたいと思われるからです」

〈こんなに副作用があるのなら、抗不安薬や抗うつ薬以上に、薬を飲ませるのがこわくなってきましたが?〉

「そうですね。それでは、もう患者さんに服薬を中止させますか?」

〈いや、飲まなくなったりしたら、悪くなるかもしれませんし、それに状態がとても悪い時には薬が必要なように思うんですけど〉

◆薬を出す時の工夫

「そこが、とっても辛いところですね。薬を飲むのはこわいし辛い、しかし飲まないのも悪化するので辛いといったジレンマに追い込まれるのです。このジレンマは、病状が重くなってくればくるほど強くなってきて、家族の方の苦悩が増して来ると思われますが、実はこうした苦悩を一番強く感じているのは、実際に薬を飲む当の患者本人なのです（患者さん自身が、そのことをストレートに表現するかどうかは、別ですが）。そして、こうしたことは、薬を出す側の治療者の悩みでもあるのです。

そこで、なるべく、薬の効果を引き出し、その害を少なくするといったことが大事になってくると思われます。そして、それについての工夫を以下のように述べてみました。

①病状に応じた適切な薬、さらに適当な量を処方する。

②薬の種類（多くの場合、名前を教えておく。その方が治療しやすい）や性質（状態に応じて『心身の疲れを取る薬』『気になること（妄想や幻聴といった）を減らす薬』『気持ちを落ち着かせてくれる薬』『冷静に考えるのを助けてくれる薬』『（脳や心の）疲れを癒す薬』といった言い方で薬の説明をする）を説明しておく。

③服薬に対して、患者、家族の合意を得ておく（合意ができていないと薬への不信感が高まり、それだけ薬の効果が減ってしまい、副作用も増してくる。合意ができていると、できてい

ない場合に比べてより少量で効果が上がり、従って副作用も少なくてすむようである）。

④服薬した後の、効果や副作用（いわゆる、飲みごこち）について患者、家族に聞いてみる（もし効果よりも副作用の方が強かったり、またその副作用が患者さんにとって苦痛なものであったりする場合、もしくは重大な副作用の場合は、薬の中止、減量、他の薬剤への変更、副作用を止める薬の処方などを考える。だから服薬した後の患者さんの『薬の飲みごこち』を聞くことはとても重大である）。

⑤長期投与の場合は常に副作用が起きていないかどうかに、気を配り、定期的に（例えば半年に一回ほど）血液検査等を施行する（たとえ、副作用が出ていなくても）。

以上が注意をしている主な点ですが、その他に重要な点をつけ加えておきます。それは副作用といっても、そんなにしょっちゅうある訳ではありませんので（たとえば、薬剤性肝障害の疑いが強ければ、これはその原因となる薬の中止で改善します）、いたずらに副作用を恐れて、服薬が必要であるにもかかわらず、薬を拒否してしまうことのないようにということです。逆にまるっきり安心しきって飲み続けるのも問題ですが」

◆抗精神病薬の処方の仕方の実際

〈それでは、どんなふうにして適切な薬が決められていくんでしょうか？　またどんなふうにして適量が決まっていくんでしょうか？〉

「これは、とっても大事なことですが、同時に大変な難問です。これに答えるためには、まず薬の処方以前に診察をどうするかを述べる必要があると思われます。

通常、精神科を訪れる患者さんは、自分の方から積極的に治療を求めて来るグループと、家族に連れて来られてきたグループとに分かれると思われます（もちろん、実際はそう単純ではなくこの中間の場合とか両方の性質を持った場合があったりして複雑なのですが）。精神病の場合は、後者の方が多いでしょうし問題も大きいのでそちらから述べます。

連れて来られた場合には、患者さんは「連れて来られたこと」や精神科に対して、恐怖感や不信感、拒否感、怒りといった感情を持っている場合が多いですから、まずその感情を汲むことから始めます。

次いで、家族が本人を連れて来た理由の検討に入ります。この時、なるべく本人から聞くようにします（本人は、具合の悪い時には、まとまって順序立てて話ができませんし、不安や拒否のために話さない場合があるので、つい家族の方が話したがるのですが、本人から話を聞く方が、本人に自覚を持たせやすいし、本人を尊重していることを伝えやすいのです。そしてこの自覚を引き出すことや本人の尊重は治療の一つでもあるのです）。もちろん、本人から聞き出すのが難しかったら、本人に断った上で家族に言ってもらいますが、それでもなるべく本人の発言を引き出すようにします。

さて、家族の連れて来た理由が、例えば『最近、うちの息子（患者本人）が〈周りから悪口を言われている。悪いうわさを流されている。パトカーにも見張られている〉と言って、全然外へ出ないし、閉じこもったままである。ぶつぶつ独り言を言って何か聞こえているみたいだ。それに会社もしばらく前から休んでいるし』ということになったとします（症状用語で言うと、被害妄想を中心として、幻聴、独語があり、社会的不適応に陥っているとでも言えるでしょう）。

そうすると、まず私なら、本人に家族の言ったことが事実であるかどうか確かめます（実際には、この事実の認知に関してですら、家族と本人の間で食い違いが生じていることが多いのです）。

次いで、とりあえずは、話の中心である被害観念をどう思うか聞いていきます（事実の確認に続いて、起きている体験や現象の評価を聞いていくのです）。ここで、本人の反応は、いくつかに分かれます。『どうも、自分の思い過ごしかもしれない』という良い反応の返って来る場合もあれば、『狙われているのに家族は全くわかってくれない』と言って被害観念が事実であることを強行に主張する場合もあれば、沈黙してしまったり、話が逸れたりする場合もあっていろいろですが、一応強行に主張する場合を取り上げます。

私は、この主張に対しては、まず『狙われていたり、悪口を流されていると大変だろう』という形で本人の恐怖感に対しての共感と『家族にわかってもらえなくて辛いね』といった本人への思いやりを伝えるようにします。

次いで、『一緒にこの狙われているという問題を考えていかないか』と言って相互検討へと導入します。そして『狙われていたと感じだしたのはいつ頃からなのか』という形でその被害観念の歴史を聞いた上で、狙われているという結論を下した根拠を聞いていきます。たいていの場合、証拠はあげられないし、あげたとしても決定的と言えるものはありません。そこで私の方は『あなたが被害を受けていると言うんだから、事実の可能性もあるだろうけれど、決定的証拠がないんであれば、一〇〇%事実とは言えないんではないか』と言って、意見を求めます。ここでなかなかそれを認めない患者もいますが、『はっきりしていません』と認める患者もいます。

患者が『事実かどうかはっきりしない』ということを認めたら、今度は『はっきりしていないのになぜ事実だと思いこんだのか』とか『はっきりしていないのになぜ狙われているという発言をしたのか』と聞いてみます。そうすると、その背後には、『悪口を言われていたり、狙われていたら心配だった』という不安や危惧があることがわかります。そこで、その危惧を自分で何とかできるかと聞くと、できませんと答えることが多いですから、ここで『こうした不安や危惧を和らげる薬があるから服用してみないか』と提案するのです。『また、こんな危惧がずっと続いていてたらとても疲れてよく考えられないのでは』と言って、疲労回復や思考力回復の一助としての服薬の提案を行うのです。

ここまで、ついて来た患者さんはたいていこの提案を受け入れ、ここでようやく服薬の合意を取りつけるのです」

〈薬を出す前にこれだけの作業をなされるんですね。ちょっと今の診察のやり方を要約してくれませんか?〉

「簡単に言いますと、
①連れて来られた本人の辛い気持ちの受容
②受診理由の検討
③被害観念の検討
④被害観念の事実の相対的可能性を受け入れた上で、患者の絶対化を指摘する
⑤背後にある不安、危惧、精神疲労の指摘
⑥服薬の提案と本人からの合意の取りつけ
といったことになるでしょうか」

〈いつも、こんなにうまくスムーズにいくんでしょうか？　それにいつもこのやり方をされるんですか？〉

「いつもいつも、うまくいくとは限りません。例えば、話し合おうとしても、話に全くまとまりがなかったり、一方的に患者さんが喋るので対話が成り立たない場合があります。また、話は一見成立しているように見えながら、質問に対する答えが逸れたりして、肝心の部分の対話が進まなくなる時があります（病気の時には人の話や質問をすごく聞きにくくなっているからだと思います）。逆に全く沈黙してしまったり、またごくわずかしか話さないので困る場合があります。さらに、妄想等の本人の中心的問題点に関しては、巧みに話を逸らしてしまい、重大なことは何も話し合えないといったことも起きます。

だから、むしろ、うまくいかない時の方が多いと考えておいた方が無難だと思います。ただ、うまくいかない時は、そのうまくいかない点に焦点を当てて、話し合っていけばいいと思います。そして、場合によっては、話を成立させない一方性やまとまりのなさが、不安や興奮や疲労の結果であることを説明し、服薬を提案する時があります。

それから、先ほど、妄想に関して、その危惧の絶対化を取り上げましたが、それだけではなく、その発生状況や発生理由を探っていくこともとても大事です。そして、それをする中で本人は妄想の背後にある不安や辛さや動揺や葛藤を自覚でき、服薬の合意ができることもあります。

要するに、相手の状態によって、こちらの対応もそれこそ、千変万化していくと言えるでしょう」

〈それで、最初の質問に戻りますが、薬の種類の決定や、量はどんなふうに決められるんですか?〉

「今のように問題点を検討していく中で、患者さんの興奮や不安・緊張の度合いや様態、またそれらに圧倒されている程度がわかってきますので、それに応じて考えていきます。例えば、興奮がとても強い場合にはクロルプロマジンやレボメプロマジン、興奮はそう強くないが、硬直して妄想の中に取り込まれている人にはハロペリドール、自閉の中にいる人にはスルピリドといったような調子です。そして量はその時の興奮や硬直化等の程度、年齢、体重、身体的疾患の有無、体力を考慮して決められます。最近ではオランザピン、アリピプラゾール、リスペリドン、ブロナンセリン、クエチアピン、ペロスピロンなど非定型抗精神病薬を使ったりもします。

しかし、一番大事なのは、薬の種類や量ではなくて、何よりも問題点の探求と患者の気持ちを理解していくことにあると思われます。そして、服薬の合意を取りつけることです。だから、薬の種類や量についての質問に関してすぐ答える前に長々と診察内容についてお話ししたのは、そういう理由によるのです」

〈それでよくわかりました〉

◆服薬拒否の場合

〈でも薬を飲まない患者がいて困るという話を、よく家族や精神科医の先生から聞くんですが？〉

「そうですね。患者にあっては、服薬に応じないことも多いですね。ただ、この場合は厄介なことになったと感じる一方で、これを治療的チャンスとして生かすと考えることも重要ですね。具体的にどうするかというと『確かに薬を飲まなければならないというのは、嫌な面があるかもしれませんね』と患者の気持ちを汲んだ後、『できれば、どういうことで、薬を飲みたくないか教えてもらうとありがたいけど』と言って、拒否の理由を聞くことが大事です。

そうすると、

①患者の自覚や治療意欲の乏しさ

②薬に対する過度の恐怖心
③薬や治療者に頼りたくない気持ち
④（薬によって）変化させられることの恐怖
⑤薬を飲むことで病気を認めることの辛さ
⑥薬の効用が見えず、副作用しか見られない一方性

といったことが明らかになってくる場合があります。そうすると、それら個々の点について話し合っていけばいい訳で、服薬拒否という厄介な事態が、かえって問題点を明らかにしていくというプラスの面に転化する場合があるのです（ただ、このような話し合いがまとまって、服薬に応じれば問題はないが、もし応じずにしかも事態が緊急で、薬物を使用しないと、将来本人に不利益がもたらされる場合は、かなり強い説得、家族への働きかけ、入院を考えるといったことを採用する必要がありますが）」

〈これは、つまるところ、拒薬という事態をチャンスにして、先に述べられた薬を巡って話し合うという間接的薬理効果ということですね？〉

「そうですね。再発の治療的利用といい、治療抵抗といい、困った事態はかえって問題をはっきりさせるという治療効果を生むようですね。これは神経症でもうつ状態の治療でも同じことが言えるでしょう」

◆再発予防のための維持療法について

〈話は変わりますが、症状が治まった後でも服薬する必要があるんですか？〉

「これも厳しい現実なんですが、急性期が治まった後でも、それをもたらした患者の脆弱性は、簡単には改善しないため、ちょっとした状況の変化で再発しやすい危険性があるんです。従って、そうした状況変化に振り回されないためにも、薬という杖（すなわち薬の維持療法）が必要になってくるのです。

しかしながら、その服薬を維持するというアドヒアランス（治療執着）が、肝心の自覚が少ないために低いという傾向があり、しばしば勝手に中断してしまい、再発を引き起こすということがあるのです。服薬拒否の心理については、既に述べましたが、維持療法中に一番問題になるのは、自覚の乏しさと、病人意識から早く脱却したいという気持ちだと思われます。

従って、初期と同様に、このことを話し合う必要があるんですが、その前にまず服薬状況を明確にする必要があります。その際、筆者は、『薬を飲んでいますか』というような、ともすれば尋問的聞き方よりも『薬を飲むことは面倒くさくありませんか』とか『飲み続けることは辛くないですか』とか『眠気とかふるえといったことはありませんか』といったような、服薬することの辛さに焦点を当てた聞き方をします。そうすると、全てではありませんが、大抵の場合、服薬状況を正確に言ってくれるように思われます。

そこで、もし服薬していない状況が判明した時は、叱るというよりむしろ『よく言ってくれた』と述べ、次いで服薬したくない気持ちを聞いていくのが筋だと思われます。その後で、服薬を続けることのメリット、デメリットを話し合って、適当な線を決定するのです。

いずれにしても、患者が服薬状況を率直に自由に言える雰囲気と、しかし、必要とあらば、服薬維持のメリットをはっきり告げる治療者の確固とした姿勢が必要だろうと思われます。そして薬を飲まされるのではなくて、自覚的に飲むという姿勢になることが一つの目標でもあるのです」

◆薬はいつまで飲まねばならないのか?

a. 服薬期間に対する患者の質問

〈維持療法が必要なことはよくわかるのですが、それではいったいいつまで薬を飲まねばならないんでしょうか?〉

「これは、とっても重要で、また患者さんからしたらとっても切実な問題であるということはわかるのですが、いったいそれがいつまで必要なのかということについては、誰も明確なことを言っていないようです。神経症やうつ病以上に、安易な服薬中止は慎むべきであり、私は現在のところ服薬中止に関しては相当慎重です。

しかし、一生飲まねばならないかというと、そうとも言い切れないと思われます。精神科医の中には一生飲まねばならないと言う人もいるようですが、現実には、事例S・H（第十一章）のように止めてなんともない人もいるのでその根拠は薄弱です」

〈では、いったい、どうしたらいいんですか？〉

「ええ、それを考えてみます。まず精神症状が落ち着き、生活も普通にでき、維持薬の種類も量も決まってくると、大半の患者・家族が『薬はいつまで飲まなければならないのですか』ということを聞いてきます。先述でもわかるように、この問いに答えるのは難しいんですが、根源的な問いでもあるゆえ、できる限りきちんと答える必要があります」

b. 減薬のための筆者の質問

「私は、この質問に対して、

①薬は何の目的で出されたか。

②薬物療法の目標であった、妄想、幻聴、思考障害、不眠、落ち着きのなさ等の病的体験の再発に対する自覚はどの程度か。それに対する間接化能力はどの程度か。

③そうした病的体験に関与した種々の要因（状況因、思考検討能力の障害、性格要因、自覚の不足等）について、どの程度認識しているか。

④またそうした要因をどの程度克服できているか、発病要因に対する克服意欲はどの程度か。

といったことを聞いた上で、

⑤薬を止めてしまった場合生じてくる最悪の事態と最良の事態を予想させる。

⑥断薬して悪化した場合の対処法について聞く。
⑦『今度はすぐ病院に行きます』という回答が返ってきた場合、では最初の時に自ら進んで病院に来れなかったのはなぜかを聞く。
といった作業をして本人の理解度、成長度を測っていくようにします」

c. 減薬に行くための基準

「この時、患者が
①病的体験をもたらした『自己に関わる要因』（刺激に圧倒されやすいこと、そうなると一面しか考えられなくなること、気持ちの切り替えができなくなること等思考・検討能力の障害にかかわる問題）を自覚し、
②それらの問題について以前よりは気づき、少しずつは改善しているが、まだ十分自信はないということを表明し（この点について完全な自信というのは健常人でもあり得ないことで、こういう謙虚な姿勢の方が良質の反省と言える）、
③悪化してきた時の再発兆候（最初期兆候も含めて）を言語化でき、
④以前病院へ自発的に来られなかった理由（自覚のなさ、精神科恐怖等）についても反省でき、
⑤現在の生活が一応働くなり、家事をしているなり、まあまあ本人も家族も満足した状態にある（人並みのストレスを受けても生活できているということである）。
といったことが明らかになってきた場合、減薬を考えます（もちろん、副作用が主作用を上回

ればもっと早く減薬あるいは服薬中止を考えますが)。その後、筆者は『減薬(あるいは服薬中止)は、一つの実験であり冒険であること』『つまり、頭でいくら大丈夫とわかっていても、いざとなるとストレスに圧倒され再発し、さらには肝心の自覚も忘れ再入院という事態になるかもわからない』と言った後、この減薬計画を開始する覚悟があるかどうか聞くことにしています。

この時、はっきりした認識と意志を持って患者が決断した場合、筆者はまず一週間のうちの一日だけのしかも朝食後だけを抜いてみて、抜いた日とそうでない日に差があるかどうか患者に考えてもらうことにしています(つまり、わずかずつ減らして様子を見ていこうということである)。このように減らしても、本人の自覚や生活にそう変化はなく、別に再燃兆候がなければ、朝食後を抜く回数を週に二回ないしは三回と増やしていき、次第に夕食後あるいは眠前だけにしていくという格好を取っていきます。そして、最後に一日一回だけになった場合、続いて一週間に一度だけ服薬しない日を作る。そして、それで様子を見ながらその休薬日を増やし、遂には服薬日が一週間に一回という段階にまで持っていきます。そして、その時点で中止して様子を見ますが、もちろん通院だけは続けてもらいます。ある例では、中止の前に一ヵ月に一回だけクロルプロマジン一二・五mgを服用したこともありましたが、その程度であっても本人の安心に少しつながったようです」

〈それで、服薬中止まで至った例はどれくらいおられますか?〉

「はっきり調べていないので何とも言えませんが、そこまでいけた例は正直言って少ないと言わざるを得ません。またせっかく服薬中止までいきながら再発してしまう例も少なくありません」

〈なぜ、服薬中止は難しいのでしょうか？〉

「患者が、服薬中止を願い出る時は、まだまだ自覚が十分でない時が多いですので、治療者はこれについては反対せざるを得ません。

逆に十分な自覚に達し出すと、今度は再発をこわがり過ぎたり、また自覚の進展に伴い不安や抑うつを実感するようになりますので〈この時点では、もう統合失調症状態から神経症状態へと水準が移行していると言えるでしょう〉なかなか薬を止めるという考えや決心が出てこないようです。自覚がある程度できた統合失調症患者の方が、うつや神経症の患者に比べ、服薬を止めるのをこわがります」

〈大変ですね。それに慎重に中止に持っていっても再発する場合があるという事実も厳しいものですね〉

「ええ。ただ、治療関係を密にしておくと例え再発しかかっても治療者の元にまたかかりだす例は多いですね。それに患者にとっては、このような形で減薬していき、休薬日を持てるということは、喜びであるように思えます。患者にとって、薬とは守り手であるかもしれないが、拘束の印象も持たされています。だから、このような形で、休薬の日を持てるということは、薬無しで日常生活を営めるという実感を彼らに持たせ、それは自己肯定感情を高めるようです。

また、不幸にして、減薬計画を開始しても、遅々としてそれが進まなかったり、再燃しても元の薬量に戻ったりする場合もありますが、これも絶えず薬を巡って、先の①から⑦までの話し合いをしていると、少しずつ自覚が昂まり、薬は飲まされているのではなくて、必要があるため自分から進んで飲んでいるといった態度に変化するのです。これが患者の主体性と自己肯定感情を高めることは言うまでもないと思われます。そう考えれば、最終的な目的は、薬を止める止めないよりも、常に自己の実状を知り、それに対する対策を考えておくといったことになると思われます」

〈いずれにせよ、薬についての話し合いを巡って、徐々に自分の病気や自分自身についてもわかってくるので、薬の使い方も適切になってくるということなんですね〉

「そうなんですね。ただ、そこまでいくには随分の努力がいりますがね」

◆薬が必要でない統合失調症患者の存在

〈統合失調症の治療には必ず薬が必要なんでしょうか。臨床心理学の本にまで、統合失調症を心理療法のみでやろうとするのは危険で、薬物療法が基本であることを忘れてはいけない、と記してありますから〉

「多くの場合にはそう言えるかもしれませんが、例外もあります。あるクライエントで何人かの精神科医から統合失調症の診断を受け、また薬の必要性を説かれた方がいました。

しかし、本人は、病気を認めず、医師や家族が薬を勧めても断固として飲まず、幻聴や妄想、興奮しやすさが続いていました。もちろん、医師の元にも通おうとしないので、家族だけが筆者の元に相談に来ました。

筆者は、本人の言い分（たとえそれが妄想であろうとも）に耳を傾け、どうしたら納得した状態になっていけるかを話し合うよう指導したところ、本人の態度は軟化し、筆者のところになら行ってもいい、ということで、家族と共に来院しました。

本人や家族の言い分を聞いて、筆者は〈とにかく基本は、お互い相手を思いやり、穏やかに生活すること〉と述べ、本人を含め全員の合意を得ました。

その後、本人を交えての合同面談を繰り返し、落ち着いてきました。本人の方も不十分ながら仕事を始めました。

そうした落ち着きの後、今度は本人から『自分は統合失調症。幻聴を何とか治してほしい』と訴えて来たので、そのことを話し合うと、『幻聴の声は自分の思っていたことのようだ。自分は敏感すぎる。敏感すぎて自分の思いが声のように聞こえてきた。でも、声が強烈すぎるので振り回されてしまう』と述べたのです。

そこで、筆者は、非定型抗精神病薬のリスペリドンを出したところ、『頭がボーっとして気分が悪くなり思考力も低下する』と言うので、今度はオランザピンを出したところ、やはり同じようなことになり、結局無投薬で頑張ってみようかとなりました。もっともエチゾラムだけはまだちょっと気が楽になると言うので時折それを服用してもらうことにしましたが、基本的に抗精神病薬はなしで推移しています。

また、ある一定期間、抗精神病薬を服用していた方も徐々に減らしていって薬を飲まないで過ごしている方も私の経験では十例以上はおられます」

〈このことはどう考えたらいいんですか〉

「精神病に限らず、あらゆる心の病の治療は、自分の状態を間接化して、適切な行動を取れていくことが基本な訳ですから、心理療法やカウンセリングでそれが可能であればそうしたらいいし、また自分だけで（ちょっとした治療者の助言だけでといった方が正確）間接化ができることもあるということです。

だから、統合失調症だから薬という短絡的な考えから、この状態は薬が必要かどうかをじっくり考え、薬を試すことのメリットの方が大きいかどうかを考えることの大事さを示唆しているようです」

第五節　最後に

〈最後に言い残したことはないですか〉

「長々と、薬についての対話を重ねてきましたが、いずれの場合も、単に薬を出して終わりと言うのではなくて、健康性開発・治療ということが最終目的で、薬は、そのための方便だということがわかられたと思います。薬は、「奇すし（くすし）」を語源とするぐらい貴重なものです。それゆえ、薬は、慎重に扱う必要があります。

我々は、今、安易に薬が手に入るのかもしれませんが、この外的物質としての薬が、執着や不満（薬が効かないと言ってかえってイライラする）の対象にならずに、内的な智慧・治癒力（これがまさに本当の意味での薬です）へと少しでも変化するよう祈ってやみません。

それと、薬と関連して感じることですが、最近の脳科学の進歩は著しく、それと並行して薬の進歩・研究も珍しいものがあります。脳科学からいけば、心の病は、ＧＡＢＡ、セロトニン、ノルアドレナリン、ドーパミン等の神経情報伝達物質の異常から来ており、薬でそれが是正されれば治っていく、ということです。

筆者もある程度そのとおりだと思うのですが、神経伝達物質の正常化のためには、本人の適切な生き方、カウンセリングや心理療法などの営みも必要です。カウンセリングや心理療法、健康的な生き方が、脳の体積や血流にどのような影響を及ぼすかの研究も進めばと思っています。

ということで、薬、適切な生き方、心理療法、社会療法などが手を携えて脳を健康にし、脳の健康を守っていく、脳の体積を減らさないようにする（脳の体積が減ることが心の病の本質の一つです）ということ、脳血流を増加させること等を目標にすればいいでしょう。

いずれにせよ、心理士は心理学の狭い枠に籠らずに、脳機能、身体機能、薬理学もわからないよりはわかっておく方がいいというのが感想です」

第十章　その他の治療上の重要点

ここまで、治療に関して大事だと思われることを述べてきたが、以下はワンポイントで、心理療法上の重要な点を記していく。これまで述べてきたことと被るかもしれないが、別の角度から見直すということも大切なので要約的に記述していく。

第一節　考え方・生き方・性格は簡単に変化しない（治療とは新しい視点の導入）

◆古きを生かし新しきを導入する（温故知新の大事さ）

治療や面接の開始から、クライエントの問題点が目に映ることが多い。だいたいアセスメント・見立て・診断というものが、クライエントの病理・症状・問題点をピックアップするように治療者は訓練されるものである。その結果、そうしたことの改善を目指さねばと思ってしまうのも無理はない。

ただ、多くの治療者が実感しているように、人間は簡単には変わらない。いくら、治療者側から、考え方に歪みがあると思われても、クライエントとしては取りあえずそれを頼りにやってきた、やれてきたという思いがあるので、そうおいそれとは自分の考えを変えられない。

例えば、認知行動療法などで問題となる自動思考（自動的に出てくる誤った認識・思考パターン）の一つとして「べき思考」というものがある。うつ病や強迫に限らず、この「何々するべきである」「これを最優先させるべきである」という考え方で生きている人は多い。ただ、この

「何々すべき」は、往々にして本人を息切れさせたり疲れさせてしまう。

疲労しきった本人は、専門家の精神科医やカウンセラーの元を訪れ、うつ病の診断をもらったりした後、「あなたの中にある『べき思考』を止めるべきですよ」と言われる。ある程度のクライエント・患者は、そうだと思い、それを止め、楽な生き方ができるかもしれない。

ただ、筆者の印象からしたら、「『べき思考』を止めろと言われてもなかなかできないし、また今までの生き方を全部否定されているようでショック」というクライエント・患者が少なからず存在する。そのような場合には、むしろ〈今までの『べき思考』がかなり役に立っていたこと、それでかなりの仕事ができていたこと〉を取り上げてあげる方が本人はほっとして救われたような気になるし治療的であるように思える。

そして、その上で〈ただ、『べき思考』だけだとゆとりがなくなるし疲れてしまう。だから『まあっ、いいっか思考』（ある程度できたらそれでいいと自分を許してあげる）も少し導入するのはどうか〉と提案し、それについて話し合う。この『まあっ、いいっか思考』を取り入れ実践できてくると、それなりに本人の考え方・生き方は変わってくるので、先の『べき思考』克服路線と同じということになるのかもしれないが、後者の古き（べき思考的生き方）を生かし新しき（まあっ、いいっか傾向）を導入する方が、本人は自分をいたずらに否定しなくていいかと思われる。

◆性格を生かす

これは、クライエントの性格を扱う時にも考えるべき点である。例えば、うつ病の大きな要因の一つとして、メランコリー親和型性格というものが挙げられている。これはうつ病の原因と考えられているので否定的に取られやすいが、よく考えてみればこの性格の「几帳面。真面目。完全癖。責任感。他者志向性」などは大変生産的なものである。こうした点は仕事を遂行する上で欠くことのできない資質である。

ただ、こればかりでいくと余裕がなくなり、息切れして燃え尽きてしまいやすいし、責任感の重圧に潰されやすい。従って、この「メランコリー親和型性格」を生かすためにも、できそうにない時には引き受けないといったマイペース路線も導入した方がいいということになる。ただし、それはメランコリー親和型性格のプラスの意味を十分に治療者もわかった上で、その性格の利点を維持するためにも柔軟になる方がいいということである。

第二節　クライエントの力を引き出すこと（良い点に注目する）

◆治療の根本は力を引き出すこと

今、性格やこれまでの傾向を変えるより、新しい視点の導入が大事だと述べたが、それと同じように、治療の要諦は、クライエントの力を引き出すことである、という点を強調したい。

◆従来の診断学問題点探索型

一般的に、治療というと病気を治す、問題点の克服だというように捉えられやすい（平たく言えば悪い点、欠点、落ち度を探してそれを治すということである）し、事実そう考えている人も多い。それはそれで決して間違ってはいないのだが、追い詰められ苦悩の中に呻吟しているクライエントに〈あなたのここが問題です。ここを改善する必要があります〉と言うことが果たして適切だろうか？　クライエントは自分のことを問題点の固まりであり、自分くらい駄目な人間はいない、と思い込んでいることが多い。また「自分は生まれてこなければよかった」「ここまで生きてきたのが失敗だった」という深い絶望感の中にいることが多い。そんなクライエントに「問題点指摘型対応」でいくと、傷に塩を塗ることになりかねない。

実際には、いきなりクライエントにそんな指摘をする治療者はまずいないと思われるが、クライエントを病理の面からしか見ていないとついついそういった発言をしてしまいやすいし、それでクライエントを一層追い詰めやすい。我々治療者は、いつもこうした「問題点探索傾向」に支配されている。

だいたい、精神医学そのものが、歴史的に見ても、病気を治す、細菌・病変を発見し除去する、という身体医学の「問題点排除傾向」を担わされている。これは、精神科診断学においても然りでそこは患者の病理の記載ばかりが中心である。臨床心理学においてもその傾向は免れない。

◆治癒力診断学の重要性（潜在可能性アセスメントの大切さ）

問題点や病理の探究は、それはそれで大事だし、それを話し合うことでいい場合もあるが、それは本人の健康度が高く「自己の問題点を見つめてもっと成長したい」といったクライエントにおいて可能なような気がする。

残念ながら、臨床にはそういう症状の軽い人は少ない。というより、「問題点を指摘してもらってもっと成長したい」ということを主にできる人は既にして治っていると言っても過言ではない。多くのクライエントは、健康力や見通しや希望や気力を著しく削がれている状態にあり、我々治療者はそういう人たちに向かい合わねばならないのである。

従って従来の「問題点・病理探索的診断学（アセスメント）」だけではなく、クライエントの力をどう引き出すか、このクライエントはどういう良い点・長所・希望・成長の芽・健康性・治癒力・関係性・潜在的力などを持っているかを探る、「クライエントの治癒力（治癒可能性・健康力など）に関する診断学やアセスメント、さらにはそうした力を引き出すための対応学・接近学も大いに必要と思われる。名づけて言えば、「健康力診断学」「治癒力アセスメント」とでもいうものであろうか。

多くのクライエントは例えてみれば、泥の中にある「蓮の花」であり、土の中にうずもれている宝石であり、まだ実を結ぶことができないでいる種のようなものである。治療者の役目は、クライエントの中に潜む花（治癒力）を開かせていく、または開くのを援助するということになるのだろう。

そして、治癒力が少しずつ花開いていく中で、自己の問題点に自然に向き合いその克服の可能性が芽生えてくるのである。

第三節　悪者探し（欠点探し）の問題について

治癒力・治癒可能性の探究の方が大事と述べたが、それでは治療者はどうしてすぐに問題点や欠点ばかりに目がいくのだろうか？

それに答えるために是非考えねばならないことは、こうした「欠点探し傾向」は治療者だけのものではなく、何よりも患者において著しいということである。もちろん、それは家族においても然りであり、クライエント・患者をとりまく関係者（学校の先生、会社の上司、施設の管理者など）もその傾向が著しい。

それは、多分「人間は厄介なことに出会うとそれをすぐ排除しようとする」傾向、おそらくDNAレベルまでに深く根ざす本能特性に由来するのだろう。

これを実際の臨床に置き換えると以下のようになるのだろう。

①治療者がクライエントに出会う。
②クライエントの訴え・症状・問題点、苦悩などに向かい合わされる。
③クライエントの苦しさはすぐに治療者に転移される。
④治療者は、まずは厄介なことになったと考え、楽になるためにその症状の原因や問題点を探ろうとする。
⑤原因や問題点を探求し、それを見つける（見つけたような気になる）。
⑥原因・問題点やその結果の症状の消失を期待する。
といった思考・感情プロセスがすぐに作動する。

ただ、この後の反応は治療者によって様々である。凡庸な治療者は、それをすぐ、クライエントや関係者・家族に指摘し、問題点の解消を図るが、大抵の場合それでは治療は進まない。クライエントは問題点の理解や解決が自力でできないので、治療者に頼っているのであるから、クライエントに丸投げしても無理である（ただし、こうした治療者でも一、二割は改善する場合がある。その指摘を理解・利用できる力のあるクライエントである。だから、こうした凡庸な治療者でも生き残れるのである）。

続いて、もう少しレベルの高い治療者は、この問題点がいつか解決されるかもしれないと思ってじっとひたすらクライエントの話に耳を傾けながら受身的に待っている。これは、先の治療者よりましかもしれないが、少しでも重症度の高いクライエントだと「この先生は話を聞いてはくれるが何もしてくれない」となって治らないまま中断することが多い。

一番良いと思われるのは、そのクライエントの問題点だけでなく潜在的可能性や「隠された治癒力」など全体を見て、そのクライエントの波長に合わせながら、治癒可能性や問題解決能力やそれ以外のクライエントの「生きる力」の引き出しを目標とする治療者である。こういう治療者は、問題解決を急がず、その問題点にこそクライエントの核心があるという視点を持ち、その問題点をどう受け止めていくとクライエントが生きやすくなるかを考えるのである（有能でない治療者は、「とにかくこの問題点・症状さえなくなったらこのクライエントは良くなるのに」という思いだけに支配されることが多い）。

ただ、この「有能な治療者」になるのは大変だし、またそうした治療者であり続けるのも結構困難なことではある。

さて、話を元に戻すが、この「問題点排除傾向」は、クライエントにおいての方が著しい。彼らは、すぐに「症状や問題点の消失」を求める。そして、なかなかうまくいかない時、しばしば病気になった原因、治らない原因を治療者や家族・関係者のせいにするのである。

家族・関係者も同様で、病気や改善困難の理由を、クライエントや治療者のせいにしやすい。

こうした悪者探し的な対応では治療は行き詰まってしまうのは当然である。だから、優秀な治療者とは、クライエント・患者、家族、関係者の良い点や潜在可能性に注目し、その芽がいくらかでも花開くよう工夫するといった対応をとれる人であろう。

第四節　欠点・問題点に目をつぶってはいけない

◆病理を甘く見ないこと

ただ、力の引き出しに熱心になるあまり、良い点にだけしか目がいかず、クライエントの問題点に目が向かないのはそれこそ大問題である。患者・クライエントの病理を甘く見てはいけない。

特に初心の治療者に起きやすいことだが、治療に入る前に大変なクライエントだと聞かされていたのに、面接していくと意外に話が通じ「そんなに困難な人でもないし大変なこともない。ひょっとしたら、この心理療法はうまくいくかも」と期待してしまいやすい。人間はしんどいことに目をつぶる傾向があるからそれも無理はない。また悪い方ばかりに考える一面性だけでなく、良い方しか見ようとしない「偏った見方」をしてしまいやすいものである。

これは、クライエントにもその傾向が著しい。クライエント・患者もまた嫌なことから目を逸らしたいのである。さらには、治療者がクライエントに好感を持ってほしいと期待するのと同じように、クライエントもまた治療者に気に入られようと必死になり、いいところだけを見せようとするのである。分裂・解離・否認・隔離・反動形成・抑圧といった傾向の強いクライエントだと特にこの「良く見られたい」傾向が著しい。

こうしたことをよく心得ていて、絶えずいい点にも問題点にも目を配る全体的視点を有している治療者ならいいのだが、目先のことや一部しか見えない治療者はすぐに治療に行き詰まり、クライエント・患者に迷惑をかけてしまいやすい。

そうした具体例を挙げてみる。

①慢性うつ病で、最初、自分のことをよく話し、一生懸命頑張ると言っていたクライエントがなかなか社会復帰や生産的な活動をしないので、治療者がイライラし、治療がすぐ行き詰まる（この場合、クライエントが頑張って、社会復帰すればしたらしたでいいし、そうならなければその時こそクライエントの核心的問題点がわかるチャンスだとゆっくり考えておいた方がいい）。

②境界例で、初回、過去の自傷他害行為について深く反省していると言ったことで安心していたら、死の危険があるほどの深いリストカットをして慌ててしまった（この場合もいずれこのようなことが起きるかもしれないと予想しておいた方がよいし、その時どんな対応が望ましいのか、どんな治療が創造されるのかと期待するぐらいの気持ちでいる方がいい。もちろん、こうした破壊的な行動化はない方がいいに決まっているが）。

③躁うつ病や双極性感情障害のある人が、初回で、「これまでのように気分に左右されずに言動をコントロールしていきたい」というので、それを期待していたら、突然躁状態になり、治療者が適切に対応できず入院になってしまった（これも、コントロールがどの程度可能になっているかいつも読んでおく必要がある）。

これぐらいにしておくが、これ以外にも、突然の幻覚妄想状態に驚いたり、思春期例での家庭内暴力の再発に戸惑ったり、急にクライエントがしつこい依存を向けてきて困惑したり、クライエントが暴力を治療者に向けびっくりしたり、妄想の対象にされたりして恐怖を感じ続けねばならなかったり、といったことがしばしば起きる。なかでも一番の悲劇は、クライエントの自殺と治療者の自殺や死亡事故（患者に刺されるといった）だろう。

これは、ある程度は防ぎようのないことかもしれないが、よくよく丹念に調べてみると、治療者側が病理を甘く見ていたか、不安を感じながらも適切な手を打っていなかった（そうした重大問題発生の芽があるのにそれを話し合わなかった）ということが多い。ただ、そうはいっても常に全体を見るのは難しいものである。

◆全体性を見ることと優先順位の重要性

全体を見ることは大事だが、そうしながら一番今何を優先せねばならないかを考えることも大事である。優先すべきことはいろいろあるが、例えば、クライエントや家族や治療者の身の安全、経済的・社会的損失や深刻な心理的傷つきなどは最優先課題になるだろう。

何を優先するかは結構難しい問題だが、絶えずクライエントと話しあったり波長を合わせながら考えていくことが重要である。

第五節　初回にしておくべきこと（説明と同意）

◆治療目標の設定（クライエントの治療期待の理解と現実的目標の共有）（できないことは約束しない）

心理療法の始まり方はいろいろである。きっちり時間や回数、料金、治療目標やルールなどを決めてからスタートする方が望ましいのだろうけれど、そうなるとは限らない。何となく始まり、そのうち結構濃厚な治療関係になっていく場合もある。

治療者のタイプも様々で、最初からきっちり約束事を決めて開始する場合と、一回ごとに次の約束を決めていくというオン・デマンド方式をとる者もいるし、その両方や中間をとったりする者もあり多様である。

また、正式に引き受ける前に「審査面接」という形の試し期間を設ける治療者もいる。このように始まりは多様であっても開始時に、ぜひ気をつけておかねばならないことがある。

それは、先にルール設定や転移のところでも述べたように、クライエントが治療に何を求めているか把握しておくことである。できれば、治療への要求を言葉にしておけることが望ましい。

クライエントの治療欲求の内容は結構複雑だし、クライエント自身にもわかっていないことが多い。また、治療を望んでいない場合もあれば、かなりの幻想的万能的欲求（苦しみや不安が全部なくなり、自分の思い通りになってほしい等）を抱いていることも多い。さらにそうしたことに無自覚な場合が多い。

いきおい、そうした場合に治療者もクライエントの気持ちが理解できず、わからないまま「心理療法」を始めてしまうことも多い。ただ、この場合、後でずれや齟齬が生じ、クライエントとの関係が悪くなったりトラブルが発生しやすい。

こうしたことを避けるためにも、次の作業があった方が安全である。それは、まずは話し合って、一応の治療目標を決めておくことである。それは「今よりは楽になる」「苦しさの軽減と苦を受け止めること」「イライラ・モヤモヤの原因探求とイライラ感の軽減。イライラ・モヤモヤと上手に付き合えること」といった現実的に可能なものに設定しておく必要がある。治療者が自分のできないこと、あるいはできるかどうか自信のないことまで約束するのは大変危険である。

◆見通しや困難さの出現可能性の説明

治療目標を共有すると同時に大事なことは、治療・心理療法・カウンセリングといったものが、希望通りにいくかどうかわからないこと、場合によっては治療を始める前より苦しくなることも起こり得るというのも予め言っておく方がいい場合もある。

ただ、治療中、困難（思うように治療が進まない、ちっとも楽にならない、かえって症状・苦しさが増した、といった事態）が生じた場合、できる限り二人で話し合って、その困難を考え適切な対処の仕方を探していきましょう、といった形での説明をしておき、その点の同意・合意を得てからの治療開始が望ましい。

すなわち、治療期待に関する見通し（思うようにいくとは限らないといった）と治療中の困難出現とに関するインフォームドコンセントが重要なのである。

もっとも、優れたベテランの治療者だとそうした約束などは別に初期にする訳でもなく、ずれや食い違いといった治療困難が生じたら、その時こそ治療のチャンスだから、その時話し合えばいいと考えていることも多い。

要は、形式的な約束といったことではなく、クライエントと治療者の間には、ずれ・相違は生ずることが多くそれを話し合うことが治療という心構えがあれば、そんな厳密な約束を初期にしなくてもいいのかもしれない。

第六節　支持的であることの難しさ

◆支持的とは治療的

治療場面ではよくクライエントや家族に「支持的に接すること」の重要性が説かれている。ただ、「支持的な接近の大切さ」が繰り返し説かれる割には、「支持的とはどういうことですか」と聞かれてまともに答えられない治療者も多い。

「支持」ということを本格的に考えると難しいことになってくるが、一番わかりやすいのは、クライエントがどんな時に支持された、支えられた、自分の後押しをしてくれているのかを考え

ることが大事になる。それらを列挙すると、
①自分の話に関心を向けてくれてよく聞いてくれた。よく理解してくれた。
②自分の気持ちや考えていることの整理がついた。
③自分の言いたいこと、今まで言えなかったことが言えるようになった。どう表現していいかわからないでいたことをちゃんと言葉にしてくれた。
④自分の悪かった点、問題点に気づけた。気づく時の痛み・苦しみに理解を示してくれた。
⑤問題点だけでなく、自分の持っているいい点に気づけた。自信と力を引き出してもらった。欠点と思っていた点にもよいところがあることに気づいた。
⑥今後の見通しが見えるようにさせてもらった。
⑦これからどうしたらいいかがわかるようになった。
⑧総じて、自分という存在を肯定してくれた。
といったことが浮かんでくる。

何のことはない、今挙げたこと、すなわち、傾聴・理解・共感・相互検討・自覚洞察の手助け・自信や自己肯定感や力の引き出し・見通し能力の促進・肯定といったことは、治療の基本中の基本である。

従って、支持的に接するとは「治療的に接する」ということである。そして、治療作業が簡単に進まないように、支持もすんなりと進む訳にはいかないということを覚悟しておいた方がよい。

「支持的に接する」とは頻繁に使われることが多いが、実は大変困難なことである。

◆支持のいろいろな様相（程よい支持とは？）

クライエントが治療者から支持されたと感じ、それで救われたと思い、明日からの生きる活力が湧いてきた、となればそれはそれでいいことなのだろう。

ただ、治療者から支持されたが、実は自分でもこのようなことはわかっていたので、自分の考えや認識の正しさが確認できて良かったと思える方が、本人の自尊心・自己肯定感情が強化されるので、少し支持されるぐらいの方がいい、と考える場合もあり得る。すなわち、治療者からの支持、支え、手助けはそんなに必要ではないと考える方が、気が落ち着くのである。

しかし、この場合でも、気づけた主役は自分だし、自分を支持するのも自分であるという主体性や自信があったにせよ、治療者に全面的に賛成してほしい、自分でも自分を支えるが、治療者にも支えていてほしい、と願う場合もあり得るだろう。

あるいは、治療者からの支持はそんなにいらないが、自分に問題点があれば指摘してほしいし、そうした点を話し合えるということで支えてほしい、といったように支持にもいろいろある。

これから考えると、支えすぎて問題が出てくる場合もあったり（自立が妨げられる）、もちろん支え足りずに治療が進展しないこともあるし、要は「ほどほどの支持」、クライエントの自尊心・自立心を尊重する「程よい支え」がいいのだろう。

第七節　倫理を守るとはクライエントを治療することである

治療には様々な危険な面、特にクライエントを不必要に傷つけたり迷惑をかけたりする恐れがあるので倫理規定が設けられている。倫理規定にはいろいろなものがあるが、特に強調されるのは秘密の保持であり、クライエントと私的な関係（極端な場合は性的親密関係）を持たないことといったことが大きなことのようである。

これに関して、そう大きな異論はないが、筆者は倫理規定は何よりもクライエントのためにあると考えている。そして倫理というのは、治療者として守るべき「一番の正しい道」であり、善・正義・モラルであり、それはクライエントを援助すること、すなわち、治癒力や健康性を引き出すこと、治療を促進することである。

はっきり言えば、反治療的行為、治療妨害的言動は倫理違反と言ってもいい。

もちろんそうは言っても治療が進まないことは多い。ただ、その時の治療者の倫理的責任は、クライエントと共に行き詰まりや困難について話し合い、解決策を見い出すよう努力することである。

もし、それでも解決策が見つからなければ、スーパーヴァイザーに相談したりして適切な対応を探ることである。それでもうまくいかない時は、クライエントと相談の上で、別の治療者への紹介（全面的に丸投げするのではなくてセカンドオピニオンという形でもいい）も考えてもいい。

つまり、全てはクライエントの利益・治療のことを考えて動くべきである。「それなら私はいつも倫理違反をやっているのでは」と心配する向きもおられるかもしれないが、それはそれでその時点で自分は倫理に基づいて動いているか、自分はひたすら治療のことだけを考えてクライエントと接しているか大いに自省するいいチャンスだと思われる。

治療のためにならなければ倫理違反である、という考えは厳しいかもしれないが、それぐらい考えることで治療者は成長し、クライエントの治療は進むのである。

第八節　訴えられることは、治療のチャンスでもある

一般に心理療法や治療者は訴えられることを恐れる。訴えられることはクライエントに自殺されることと同じくらいに治療者に衝撃をもたらす。それは、自分の社会的経済的損失（またはその恐れ）、自己愛の傷つき、自信喪失、恥ずかしさ、無力感、将来の不安、訴訟のわずらわしさなど様々なことに関連するだろう。

ただ、ここで冷静になってなぜ「倫理委員会への訴え」「法的訴え」が生じるのかをよく考えてみる必要がある。いろいろな場合が考えられるが、次のようなことを例として挙げてみる。

①クライエントと治療者が治療（心理療法）を始める（この時、治療者の説明不足があるとトラブルになりやすい）。

②クライエントと治療者の間にずれが生じ、クライエントは不満を治療者に訴える。
③治療者はそのクライエントの不満を無視するか、無視しなくてもどうしていいかわからない。適切な対応が取れない。
④クライエントの不満・怒りは強くなり、治療が失敗か自分にとって害のあるものだと感じ、治療者に謝罪を要求する。
⑤この謝罪要求が適切に取り上げられず、クライエントの側に責任があると治療者が強弁する。
⑥クライエントは、公的機関（倫理委員会や弁護士・裁判所など）に助けを求めざるを得なくなる。

といったことが考えられる。

これは、実際の例を取り上げているのだが、いくつかのところで治療者にミスがある。まず最初の治療開始時において、十分な説明（情報提供）と同意がなされていない点である。例えば「今から心理療法といった面接をしていくが必ずしも希望通りに進むとは限らない。ただし、その場合は、そのことを話し合って次につなぎたい。いずれにしても思うようにいくとは限らないがそれでもいいですか」といった証明と合意である。もし、このインフォームドコンセントがうまくいっていたら、クライエントはもっと冷静に不満や疑問を述べることができ、治療者もより落ち着いて対応できたかもしれない。

続いて、クライエントの不満が出てきた時、この時こそ治療のチャンスと思って、その点を重点的に取り上げることができたら、クライエントの怒りはそんなに増大しなかったかもしれない。

また、実際に倫理委員会や法的に訴えられた時でも、「もう一度治療について振り返り、悪かった点は悪かったと謝罪し、できる範囲内の償いをし、そしてこの反省を踏まえて、よりよい治療を目指したい」という提案も絶対に不可能ということではない。

以上のように、訴えられることの原因が全て治療者側にあるとは言わないが、今までの経験と印象で言うなら、治療者側の問題の方が多いようである。

その意味で、治療者は訴えに対して防衛的になるだけでなく、この「訴えられた」ことを通じて、これを今後のクライエントの治療にどう返していくか、そして自分がどのように反省するかを考えるいい機会にすれば適切と言えるだろう。

このように、何よりも治療を優先に考えるというようにすると、かえって訴えられることは少なくなる。クライエントは何も好きこのんで訴えているわけではない。訴える側の負担も大変なものがある。クライエントは現治療者との間で何が起きたかわからず、真実探求の一つとしてやむを得ず、「訴え」という行動に出ざるを得ない場合が多いのである。

第九節　沈黙について

◆良性の沈黙

治療作業を進める中で初心の治療者が特に困惑するものの一つであるが、治療者側が、沈黙の背景・原因、沈黙の意味・目的を考えることで、クライエント理解が深まり、治療のチャンスになることが多い。いわば、沈黙を出発点にしてアクティヴ・イマジネーションを行うのが治療的である。

クライエントの側も、自分の沈黙をそっと温かく包み込んでくれる治療者に出会ってほっとしたり安らぐ場合がある。ウィニコット(46)は「私たち（治療者）が待つことができれば、クライエントも私たちを客観的に認めることができる」と述べているように、双方が沈黙している中で認識を深めるクライエントもいるのである。

さらには、治療者が沈黙を守ってくれていることで、クライエントは、黙っている自分も受け入れられている、尊重されているという実感を持て安らぎを得る場合も多い。

このように、クライエントと治療者が、沈黙の流れの中で漂うことが治療のプラスになることも多いのである。

◆悪性の沈黙

今のは良性の沈黙と言えるが、悪性の破壊的な沈黙もある。例えば、沈黙の中に敵意や不信、あきらめや絶望、恐れや過度の緊張が認められる時である。

こうした場合には「この面接に何か不満や疑いでもあるんでしょうか」とか「あきらめきっておられるんでしょうか」とか「治療者に頼っても仕方がないと思っておられるのでしょうか」「怖いのですか」などと呟くようにして様子を見るのもいい。

もっとも、クライエントの否定的な感情をじっとこちらが受け止めていて、この否定的感情がどういう性質のものでどう動くかゆっくり見ていこうという場合は、沈黙を保っているのもいいかもしれない。

◆沈黙は複雑

沈黙に対する対応も複雑だが、沈黙の内容・種類も複雑である。

例えば、必ずしも、否定的拒否的感情としての沈黙ではないが、苦しい感情の表現としての沈黙がある。あまり苦しいとどうしていいかわからなくなったり、苦しさに圧倒されて何をどう話していいかわからない場合もあるのである。この場合「苦しそうですね」と言って治療的進展がある場合があるが、クライエントの苦しさを理解していると必ずしも必要ではない。

その他、疲労困憊してエネルギーが低下している場合の沈黙もある。やはり疲れに対する労わりが肝心である。また、そういう時は、意欲気力も低下しがちでそれによる沈黙（「とても話す気になれない」といった）の場合もあるので、その点に対する労わりが必要である。同じ疲労として、治療面接でかなりの感情表現をした後の疲労の場合。疲労回復のための沈黙、いわば休憩・休息沈黙、お休み沈黙の類もある。

それと、これも似ているがいろんな治療的展開の後「ほっとしている沈黙」「安らいでいる沈黙」で、ウィニコット(46)は、満足な性交の後の気分のようなものというように表現した。

その他、考えがまとまらず、次に何を話そうかと考えている時の沈黙もあるし、治療者からのリードや解釈を待っている時の沈黙もある。

要するに沈黙は非常に複雑な現象なので、じっくり味わう必要があるということで、放っておいて破壊的なことにならない限りは、クライエントの精いっぱいの表現として尊重すべきである。沈黙の一つの対応として、第十一章でD・S事例を示す。

第十節　事例発表について（強制的形式的合意より自発的合意が大事）

治療者は、自分の事例を学会や雑誌や本に発表することがある。これはこれで、治療者の技術は上がるし、それは引いてはクライエントの利益に還元されることになることが期待される。

しかし、発表となるとプライバシー保護に抵触することになる。本などでは本人が特定できないように何例もの事例を組み合わせたり、治療的真実を損ねない程度に事実を少し変えたりするが、学会での事例発表ではそういうわけにいかないようである。

それゆえ、治療者はクライエントの合意を取ることが必要となってくる。問題はここからである。理想的には、治療者が〈この点がこのように役に立った。これを発表することで自分も勉強になるし他の治療者の勉強にもなる。プライバシーについては、学会員は守秘義務を守ってくれると思うがどうか〉と説明し、心底から納得している場合はあまり問題はないかもしれない。

しかし、クライエントは治療者に比べ圧倒的に弱い立場である。もし治療者に逆らったらという心配から、本心とは反対に、発表の承諾をしてしまうかもしれない。こういう時、合意というのは大変微妙なことになってくる。心底から納得しての「治療的自発的合意」と表面上仕方なしに従わざるを得ない「悪性の強制的合意」と、その間に揺れる様々なクライエントの思いが出てくるのである。

筆者は、過去にカウンセリングを受けている、あるいは現在でも受け続けている患者から「心理士の先生から、自分の事例の発表を許可するように言われ、承諾したが、本当は発表してほしくなかった」という訴えを聞くことがある。その理由は「何を発表されるか、はっきりわからなかった」「自分にとって、まだ未整理な内容が出されるのは辛い」と言われたことが多かった。

筆者はこれを聞いて、事例発表の際には「このセラピーで、あなたのこの点がこういうように役立った。これを伝えると、心理士たちの今後の治療の役に立つと思われるから」ということを伝えて、その上で承諾を得た方がいいように思う。それもクライエントは立場が弱く断りきれないかもしれないということを考慮した上で、二回以上は確かめておく方が無難である。場合によってはクライエントに発表原稿を読んで添削してもらうのも一つの手である。

いずれにせよ「表面的形式的承諾」ではなく「真の心のこもった承諾」が望ましいと思われる。また、事例発表がクライエントの目に留まることがなければ、匿名性を保持した上であえて断る必要はないようにも思える。発表承諾の有無に関して考えさせることで、クライエントに余計な負担をかけるように思うからである。そして、治療に悪影響を与える可能性があるやもしれない。しかし、ここは議論の分かれるところであろう。今後の課題としたい。いずれにせよ、事例発表がクライエントの治療に役立つか、そうでなくてもクライエントを傷つけないように祈りたい。

第十一節　ワンポイントアドヴァイス

以下は紙数の関係で、要約的にアフォリズム的に治療の重要ポイントを示していく。

◆万能感幻想に対して

万能感・全能感（治療者は不安・苦しみを全部なくしてくれる、治療者が全部治してくれる）

は、治療上とても厄介な現象だが、これは人間の性質として相当根深いものがあるので、この消滅を願うというより、これを持ちながらどう生きるのがまだしもいいのかを探る方が自然である。また、程よい現実感を育てるつもりで、クライエントに向き合うといい。人生や人間関係は、この万能感と現実感の交錯のようなものである。

◆物語と神話の重要性

クライエントの背後には物語が潜んでいる。治療は物語の再構成、物語の背後にある神話の発見とも言える。これにより、クライエントは現実に向かい合え無理なく生きる道を見い出す可能性が高くなる。物語やストーリーを読む時のポイントは「なぜこの時期に、このクライエントに、この症状・問題点が生じたのか」の追求とクライエントが語り得ていないことへの注目やそれに関するアクティヴ・イマジネーションが重要となってくる。

◆クライエントの力の引き出しとしての心理検査

治療の開始時、治療中に心理検査を実施する場合がある。筆者は特にSCT（文章完成テスト）やBT（樹木画テスト）を行うことが多いが、これは治療者がクライエントのことを知りたいという以上に、クライエント自身に自分のことを知ってもらいたい、ということがある。また、検査というと問題点・病理の検索ということに目がいきやすいが、クライエントの長所や良い点、成長の芽というものの探索という意味合いもある。要するにクライエントの力を引き出すために心理検査をするのである。

それゆえ、実施前に今のようなこと（心理検査の意義）をクライエントに伝えることと、結果を伝えそれについて話し合い、クライエントの役に立つよう努めることが大切である。ただ、いまだに心理検査の結果を伝えないでいる治療者もいるので、それは悲しむべき事態である。

◆治療的野心はなくせない。治療的情熱として生かすことが大事

治療的野心を持たないことが大事、という人がいるがそれは不可能なことであり、その野心が仮にゼロになったとしたら、治療は止まってしまう。治療者が、他者援助欲求、自己愛的欲求（自分が優れた人間と思いたい）、評価・賞賛欲求、研究・発表・出版欲求、経済的欲求、親密感欲求に動かされることは自然でこれに目をつぶるわけにはいかない。治療者は自然に、治療に大きなことを望んだり、新しいことをしたがったりするものである。

問題は治療的野心が強すぎ、クライエントとの波長が合わなかったり無理にクライエントを引きずり回してかえって害を与えてしまうことがあるので「治療的野心は持たないこと」という話が出てくるのである。

それゆえ、治療的野心という「燃えるような情熱」を「忍耐の鎧」で包み、持続的でいつも絶えることのない「目立たない日常的営み」に変えていかれればいいのだろう。「悪性の治療的野

心」はクライエントに火傷を負わせたり、そうでなくてもすぐに燃え尽きてしまうものだが、持続する志はそれだけで力となるだろう。

◆程よい無力感

ある精神分析の大家が「自分が一番がっくりくるのは無力感を感じる時だ」と言ったがそれはその通りだと思う。ただし、治療はだいたいは自分の思うようにはいかず、治療者は常に無力感にさいなまれる。ただ、この無力感に出会った時こそ、この無力感を通じて、クライエントの深いところや自分の側の治療的野心に気づかされるチャンスになる。

いずれにせよ、治療開始に当っては、まずは自然に治療的希望・期待を持たされ、そしてその期待が裏切られ、無力感を感じることが日常となる。それゆえ、無力感を感じることを無理に否定はせず、程よい無力感を味わうことの大切さを控えめながら強調したい。突飛な連想かもしれないが、「ほどほどの無力感」こそ、治療の侘び・寂ではないだろうか。こうした肩の力を抜いた「閑寂枯淡の境地」が、持続を支えることになるのだろう。

◆治療者の精神衛生、「まあ、いいっか能力」の重要さ、休養の大切さ

治療者の精神衛生の大切さはつとに強調されているところだが、実際はこれぐらい難しいことはない。というのは、日常臨床において常に困難なクライエントの問題に向き合わされると同時

に、周りの治療者や雑誌など多くの治療メディアからの治療情報（「どうしたら良き治療ができるか」といった）の洪水にさらされ、いつも急かされることになる。自分は「完全癖」から自由でありたいと思っても、自分の治療的野心や周囲が自然に「完全癖」を強要してくるのである。この場合、先述したように、完全癖を消そうとするより、それはそれとして、もう一方で（少しできただけでも）「まあ、いいっかの能力」を増やすようにする方が自然である。クライエントに当てはまることはそのまま治療者にも通じる。

例えば、疲れを感じたら休むといったことである。「休む」という字を分解してみると、「人」＋「木」と書く。つまり、人が木のようになることで、じっとして動かない、静かにしていることと、受け身的になることを指す。換言すれば、活動・攻撃・能動の交感神経ではなく、生命維持の副交感神経（植物神経）を働かすことなのである。

ただ、休むことは難しい。特に熱心で勉強好きな治療者であれば、それはもっと困難である。さらに、頭の上で「もう少ししたい。もう少しでもっと完全になる」という煩悩を克服しようとしても、身体が急かせるということがある。そんな時には、「ゆっくり腹式深呼吸（釈尊の呼吸法でもある）」を繰り返すことで心身を冷ますことが大切である。調息・調身・調心とはよく言ったものである。

いずれにせよ、休息は治療者にとっても患者にとっても、最重要課題の一つである。

◆ドクターショッピングについて（カウンセラーショッピングについて）

医師やカウンセラーを次から次へと変える患者・クライエントの行動を称して、やや批判的に揶揄的に、ドクターショッピング、カウンセラーショッピングと呼ばれることがあり、クライエントの問題行動の一つとされている。しかし、クライエントにしてみたら、治りたい一心で必死に良き治療者を探している訳だから、そこを汲むことは必要である。

もちろん、そうだからと言って、治療者ショッピングが全ていいとは限らない。現治療者に不満があるなら、その治療者と話し合って二人の間でその問題を解決する方が生産的だからである。いずれにせよ、治療者ショッピング傾向のあるクライエントに出会った場合は、そのショッピングの背景やこれまでの不満を聞き、それに対して二人で適切な対応を探ることが肝要である。また、良性の治療者ショッピングと悪性の治療者ショッピングを嗅ぎ分けるセンスも必要であろう。

◆治療者はコーチ

①心理療法とは、テニスやピアノや囲碁を習うようなもの。クライエントは生徒、治療者はコーチのようなものである。

②治療者はクライエントに健康術を教える（クライエントの健康力を引き出し、自分に合った

健康術を身に着けることを手伝う）。従って健康術を実践し、健康になっていけるかどうかは基本的には患者次第である。

◆治療は極めてシンプル（単純と複雑の往復運動が鍵である）

今まで、治療に関してたくさんのことを述べてきたが、本当は治療は至ってシンプルである。それは、①思うようにいかなくてもかまわないと覚悟する、②思うようにいかない辛さを持ちながら、適切に対応し、不適切な行動を避けるという、この二点に集約される。

では、適切な対応とは何かと問われたら、それはおそらくクライエントの「したいこと」「できること」「有益なこと」を援助するということになるだろう。

ただ、これらを現場で考えると複雑になってくる。そもそも、クライエントの「したいこと」「できること」「有益なこと」が何であるのかということが問題になったりしてくるし、その解明・実現のためにはいろいろな作業が必要になり、個々人の波長に合して治療的営みが複雑になってくる。

しかし、いくら複雑になっても、この二点は底流に流れる。その意味で治療の要諦は、この「単純さと複雑さの往復運動」や「普遍と個別の往還」と考えていいのだろう。

◆家族指導

家族の言い方を指導することもある。境界例等の重症例では、ちょっとした言い方で傷つく場合があるためである。

①「これして」
②「これしてくれる？」
③「悪いけどこれしてくれるかしら？」
④「悪いけどこれしてくれる時間あるかしら？」

この場合、患者・クライエントによれば、③・④だと傷つかないとのことだった。このように言い方を少し変えるだけで本人との関係は好転することがある。そして考え方、気持ちも少し変わってくるのである。

このような細かい具体的な指導の積み重ねが役に立つ家族構造になってくる。

◆中断の治療的意味

初心者は中断を恐れるが、中断によって良くなる患者もいる。すなわち、中断期間、一人で何とかやれたということになる場合である。従って、中断するしないに一喜一憂せず、中断の意味を探ることが治療的であろう。

第十一章　三事例の紹介と解説

最後に少し事例を詳しく紹介・解説し、治療過程の理解を一層進めたい。うつ病と統合失調症と境界例の三事例を挙げたが、この三例が典型的というわけではない。ただ、どの事例にも、個々の特殊性・個別性と同時に、他の心の病や人間に共通する普遍性が流れているので、そこを読み取ってもらえると幸せである。

また、治療過程からは、本人たちの必死の苦闘や「傷つきからの修復」「生きる力の引き出し」といった点を汲み取ってもらえるとありがたい。

第一節　事例D・S（沈黙が続いたうつ病事例）

この事例は、緘黙が中心の問題になった青年期の女性うつ病事例である。治療を通じて自己形成がいかになされたかが焦点であった。

【事例D・S】

筆者の元に来院した時の主訴は「カウンセリングを受けたい。身体が重く、疲れやすく、生活しづらい。生活のリズムが悪い」といったことであったが、どういう歴史をたどって筆者と出会うことになったかを簡単に記す。

［家族歴］

父親は、四国地方の大学教授、母親も主婦の傍ら塾の教師をしている。両方とも苦学し節約タイプで、躾は厳しかった。両者とも感情表現が下手とのことである。

兄は大学卒業後、会社員、妹は大学に在学中。

［生活歴、現病歴］（筆者と出会うまで）

幼稚園の頃から人見知りを感じており、五歳で引っ越しした後、外出恐怖が出てきて、家の中に引きこもったことがあった。

小学校に入っても行くのが苦痛でよく休んだ。ただ、六年の時にあるグループの中に入り、一時の付き合いはあったがすぐ消滅した。

中学で、テニス部に入るも合わずにすぐ退部してしまう。しかし、その後、美術部に入り、美術は今まで続く。しかし、友人関係はほとんどなくて、人といるのが辛くて仕方がなかったとのことであり、高校でも事情は変わらなかった。

大学は関西の美術系大学に入ったが、ここではあまり人と接触しなくてすんで少しほっとしていたとのことである。

大学四年時（二十二歳）、就職不採用になり、涙止まらず、その後、生活のリズムが狂いだす。また、時間感覚がなくなり、学校にも電話にも出られなくなる。

そこで、自分の大学に来ているカウンセラーに相談すると、某大学病院を紹介され、通院したが、薬の副作用で二〜三ヵ月で服薬を止めた。しかし、止めた後パニック発作、不安、下痢が生じた。

本人によれば「薬を飲むと眠れるが徐々に減らすと眠れなくなってしまう」とのこと。また、こうした症状が治まってくると身体が重くなり、一日中寝てしまうとのこと。その頃万引きを何回かしてしまった。

その後、フェミニスト・カウンセリングを数回受けるも続かなかった。以後、三つのクリニック、二つのカウンセリングルームに通うも、いずれも短期で中断している。

こうして治療者を転々とした後、自分の大学の学生や先生から聞いて、筆者の元へ来院した。

（解説一：あくまで推測だが、本人は小さい頃より対人関係に困難を抱えていたようである。ただ、本人なりに何とか人間関係の中に入ろうとしたようであるが、十分上手くいったとは言い難い。

それでも美術に一つの拠りどころを見つけたことは救いであるように思える。

しかし、就職の失敗という挫折を受け止めるのは大変だったようで、臨床的事態を招いてしまう。

それでも、自分から精神科医やカウンセラーにかかろうとする力は有しているようである。ただ、どことも合わなかったということで、これがまた彼女の困難さを示しているようである）

◆治療経過

［第一期：筆者は精神科医としてだけ関わる時期］

今までの事情を言うと共に「一番辛いのは、人にわかってもらえない。拒絶される。自分に価値を認められないし自分を信頼できない」「今のエネルギーは、一番あった五歳の頃の三割程度。病気になって絵をかけないのが辛い。パニック発作の時は、活力ゼロ」と述べる。〈活力を奪っているのは？〉と問うと「人間関係で何か言われた時。相手との関係で自責の念に駆られる時」とのこと。

カウンセリングが必要と言うので、あるカウンセラーを紹介するが、二回ほどで中断。本人曰く「カウンセラーの先生は、私が話すのを待っていた。それはとてもしんどい。もう少し元気だったら、その先生ともやっていけたと思うけど」とのことであった。

それで、筆者は他のカウンセラーを紹介するが、一回で中断、理由は「沈黙している時、適当なタイミングで話しかけてほしい」「安心感、ゆったり感がほしい」「バランスを崩して落ちそうになるので支えてほしい」とのことであった。

そこで、三人目のカウンセラーを紹介するが、やはり合わず別のカウンセラーの紹介を希望してきた。

筆者は、こんなにも治療者と合わない点を不思議に思い、そうした点の話し合いをしたところ、本人は筆者自身のカウンセリングを希望してきた。筆者は、これまでの経緯から考え全く自信はなかったので、一応、三回の予備面接をしてから正式に引き受けるかどうか考えるという約束になった。

〈解説二：この本人の特徴は治療者との関係が長続きしないことである。筆者にかかるまでに筆者の紹介したカウンセラーも含め、十一人ほどの治療者に通っている。筆者はこのように、治療カウンセリングが中断してしまうところに、この本人の一番核心的な問題点があると考え、その調査をするつもりで、まずは審査面接を提案してそれは受け入れられた〉

［第二期：筆者がカウンセリングも引き受ける］

第一回カウンセリング

待合室のソファで寝ているのを見て

〈大丈夫？〉「寝不足」

〈話し合いできる？〉「できる」

〈疲れやすい、やる気が出てこない、あるいは別の話題でもどれからでもいいけど、どれから行こうかな？〉（沈黙）

〈答えにくい？〉「……はい」

〈無理に答える必要はない。カウンセラーの質問は答えを求めているのではなくて、クライエントの反応を見ているだけ。黙っていいよ〉「……（沈黙）」

〈ただ、どうかな、あなたは別に答える必要はないけど僕は黙っている方がいいか？　質問する方がいいか？　どうかな〉「……（沈黙）」

〈これも答える必要はないけど、もし感想でも浮かんだら？〉「もともと、質問されるのは苦手だけど、黙っているよりは、質問される方がいい」

〔解説三：早速、沈黙が出てくる。筆者は沈黙を許容し、答える必要はないことを強調した上で、選択型質問によって答えやすくさせている。本人は一応、質問される方が良さそうとのことである〕

〈じゃ、僕が思いついたこと勝手に聞いていくけど、答える義務は何もないよ。でも、もし答えたかったら、答えてもいいよ〉（うなずく）

〈それじゃ、最初、どの話題から入ろうかなと言った時、選べなかったよね。選ぶってものすごく難しいことだけど、あなたはどんな点で難しかったのか、何か浮かんでくるかな？〉「もう長いこと判断力がなくなっているんです。だからすぐ決めれないんです」

〈判断力なくなるって大変なことだよね。いつから、そんな大変なことが起きたのか思い出せるかな。判断力のない時って、思い出すのも難しいけど〉「二年ぐらい前です。パニック発作を起こして、その後しばらく頭が働かないような感じになった。買物とかにすごく困った。不安が強くて自信もなくなっていたし……」

〈そうか、それなら判断力湧かなくて当り前だよね〉「でも、今は不安が少なくなって、少し判断力が出てきている」

〈そう、それはよかった〉「……」

〔解説四：筆者は選択・決断の困難を先取り的に思いやったところ、これが合ったのか、本人は口を開き始めた。その結果、二年間の間、思考力・判断力がなくなり、日常生活にも困ったという点を言葉にできた。同時に不安の減少と判断力の少しの回復が表明されている）

〈それじゃ、またいろいろ聞いていいかな?〉「ええ」

〈僕は、あなたのお役に立ちたいと思っている。その思いは受けとってもらえますか〉「はい」

〈それでね。今とても複雑な気持ちなんです。というのは、役に立つためにはクライエントの要求や気持ちをわかっている方がいい。しかしそうしようとすると質問していかねばならないし、これはしんどいことになるかもしれない。あなたの安全感や安らぎを脅かすかもしれない。しかしまた、一方で、黙っているとあなたはしんどいかもしれないし、役に立たないカウンセリングになるかもしれない。どちらがいいか、少し引き裂かれた気持ちでいるんだけど……。長い話だけど伝わった?〉「はい」

〈じゃ、今の僕の言ったことに対する感想聞かせてもらうとありがたいけど〉「どっちがいいかはやってみないとわからない」

〈そうね。あなたの言うとおりやね。そうすると、僕の今の感じだと、カウンセラーがリードしてクライエントを引っ張っていく方がいいように思うけど、どうかな?〉「私もそう思う」

〈それだと、あなたが黙っていていいんだけれど、僕の方が適当にあなたの気持ちを推測して、僕なりに質問をして答えたかったら答えていくというやり方でいいかな?〉（うなずく）

〈それじゃ、聞くけど今困っている?〉（うなずく）

〈困っている点を解決したい？〉〈うなずく〉

〈解決の見込みについてのあなたの感じはどうかな？　ある程度見込みがあると思っているのか？　まったく解決の見込みがないと思っているのか？〉「今、問題が何なのかわからなくなっている。以前ほど一生懸命考えていないから。でも他人と同じくらい元気になれば解決したいと思う」

〈完全な解決を考えているの、少しでもいいの？〉「完全な解決は無理。苦しさが少しでも減ればそれでいい」

〈そうすると、今、僕の頭に三つのことが浮かんできました。一つは何かわからないけど、あなたの困っている問題を共同探求する、二つ目はその問題点の原因を探っていって、改善しやすいところから改善し、改善しにくいところは受け入れるようにこころがけていく。三つ目は、改善しやすいもの、改善が困難なもの、改善が不可能なものといった区別をつけれる知恵を養っていく、ということだけど、何か感想ある？〉「その三番目を考えたことがなかったけど、全体としては、それでいいと思う」

〈解説五：ここで、筆者は引き裂かれ的な気持ちを伝える。治療者として援助したいがそうすることは質問などでクライエントを苦しくさせるかもしれない。心理療法における根本的矛盾の共有を図っているが、一応は受け入れてくれているようである。その上で困っている点の解決を図ろうということが共有されている。ここでもう一つ大事な点は、カウンセラーがクライエントをリードしていくというやり方の共有である。従来の「クライエント中心療法」に慣れている向きからしたらびっくりするようなことかもしれないが、要はそういうことにこだわらずクライエントが楽な方式や、やりやすい方法を取ればいいので、その点で治療は自由自在の方がいい。それから大事な点は、この「カウンセラー主導型方式」を選んでいるのは、クライエント本人なので、その意味では広義のクライエント中心療法かもしれない）

〈ところで、いつ頃から困り出したか思い出せる？〉「小学校入学前から人見知りが強かったが、引っ越しの後、いっそうひどくなった」（その後の生活歴を語ってくれるが、結局「一番辛いのが人と会うこと」という話になった）

〈人と会うってすごい大変なことだけど、あなたは特にどの点で大変か何か浮かんでくるかな？〉「実家に帰っても、五人の中で私がバランスをとるんです」

〈合わせようとしているということ？〉「そうかな」

〈もう時間なので、思ったこと言っておくけど、しんどいのは、例えば「相手に不快感を与えているのではないか」とか「相手に嫌われているのではないか」とか思ったり、相手にどう接していいかわからなかったり、相手がどんな気持ちでいるかわからないので不安だと思ったりとか、まだまだいっぱいあるかもしれないし、今言ったことは、全く的外れかもしれないけどどうかな？〉「今、先生の言ったことは全部あるけど、それだけではないと思う」

〈そらそうやね。まあいずれにしても対人関係の苦労っていうのは、とにかく一番大変なことだから、まあ一緒に考えていきたいですけど、次回どうしますか？〉「お願いします」

（解説六：ということで困難な点を聞いていくと、対人関係にまつわるいろいろなこと、例えば、嫌われ恐怖、迷惑かけ恐怖、困惑といったことになるようである）

第二回から第九回カウンセリングまで

この後、二回目以降もずっと沈黙が支配的になるが、筆者が適宜質問して少しは話をする。内容に関して大きな展開はない。

三回目が終わる時、カウンセリングを続けるということで、正式に引き受けることを合意する。沈黙は支配的だが、本人は「大学時代昼食が大変だった。だいたい三人で食べることになっていたが、私自身はしんどかったのに、座が白けないように一生懸命喋ったりして疲れてしまった」「何か欲求を持つというのは、大変なエネルギーを要するので今はとても無理」「ずっと頭が働いてなかったので、判断力もないし、ましてや決断もできない」「これまでずっと不幸だったので、何が幸せ、何が不幸と言われてもわからない」といったことを語る。

続いて「先生が〈この一週間どうですか?〉と聞いても答えられない。「前に同じような質問をされて、必死になって答えたのに、前のカウンセラーや精神科医は、私の答えに適切に応答してくれなかった。だから〈どうですか〉と聞かれると辛い」とのことであった。ただ、適切な応答とはどういうことなのかは、答えることができないようであった。

「音楽は好き。一人でいると音楽を聞いている」と、一人の世界の安堵感を語っている。また、「（筆者の〈あまり本質的な話し合いに入れないけどいいのかな?〉という質問に対して）かまわない。ここにいると安心感があるから」と答えている。

また、ある時、治療者が、眠気を及ぼした時、必死にそれを防いで覚醒させようとした。後で彼女は「今日の先生は何か変。落ち着きがなかった」と言うので、筆者は正直に、上記の眠気のことを伝えて謝ったところ、かなり安心したような感じであった。

（解説七：一応正式に引き受けるようになる。その後も同様の沈黙が支配する中、本人は対人関係のしんどさ、人に合わせるしんどさ、エネルギーや脳機能の低下、安心感欲求を語る。前治療者達の不満も口にできるようになっている。筆者の眠気は明らかに治療者側の不手際だが、正直に言うことで許されているような気もする。しかし、ここは議論のあるところである）

第十回カウンセリング

本人は一言も口を開かなかった。筆者は本人の沈黙に対して概ねそれを受け入れる方向で対応しこちらも沈黙を保ったが、時折〈このまま、黙ってる方がいいかな、何か僕が話しかけた方がいいかな?〉とか〈今、何か浮かんできているかな〉とか〈今の沈黙が安らぎの沈黙だといいけど、もし不満や物足りなさがあればいろいろ聞いていくけど〉といったことを、本人に対してではなく超越者に向かって独白するようにつぶやいたりしていた。

（解説八：このように本人に質問の形を取らずに独白的な語りかけだと、質問に答えるという負担もないし、治療者の思いも伝わるという利点がある。いずれにしろ、沈黙を嫌がるだけでなく味わう姿勢が必要である。また治療者の「静かな語り」の重要性も認識しておくといい）

第十一回カウンセリング

やはり、二十分ほどの長い沈黙の後で、気力・エネルギーが湧かないこと、希望・欲求が出てこないこと、苦しさ・辛さの話が出てくる。筆者がふと〈あきらめたり絶望していることは？〉と聞くと「そんなことはない。苦しさは減ってほしい」と言ってくるので、次の対話になった。

〈苦しさや辛さを減らしたりするとしたら、苦しさの原因とか探っていくことになるけど、それ探求するのは辛くないかな〉「そのことに意味があるなら、そうしてもいいけど」

〈やってみないとわからないけど、少しでも、辛さが減る可能性はあると思うけど〉「うん。やってもいいけど」

〈それじゃ。聞いていくね。まず、今までの一番の苦しさ、辛さについて何か思い浮かぶ？〉「同じくらいの年齢の人と付き合うのがしんどかった」

〈どういうことなのか、説明できる？〉「うちの母がよく言ってたけれど、私は小さい頃から、妹と違って、仲間に入れて欲しくても、『仲間に入れて』と言えなかった。そういう意地っぱりなところがあった。特におない年だと仲間に入れてもらえるかどうか不安だった」

〈じゃ、仲間に入れてもらえたら安心だった？〉「いや、入れてもらえても、いつ仲間外れになるのじゃないかと思って心配だった」

〈そうすると、仲間に入ってなくても、入っていても苦しいということ？〉「そういうことなんです」

〈一番強くそれを感じていたのは？〉「小学校ぐらいからで人見知りが激しかった。恥ずかしい気持ちが強過ぎた」

〈拒絶され恐怖や嫌われ恐怖って誰でも持っているけど、あなたの場合程度が強いよね。程度が強いことに関して何か浮かんでくる？〉「理由は、多分母だと思う。どうも母は、感情を表に出すのが下手だったみたい。子どもを可愛いと思っても、子どもをベタベタ可愛がらない。私は母に似た。私は、母が統合失調症ではないかと思ったことがある。母には言わなかったが。私が、小さい頃、病院にかかっていたのではないかしら」

〈お母さんを今のように思い出したのは？〉「今、こんなふうになってから」

（解説九：今回は、本人から「苦しさを減らしたい」という明確な治療意欲を引き出したことが大きい。こういう事例では、治療意欲を出すことそのものが大変しんどいことなのである。

それと、対人関係の苦しさの背景に、自分の要求を出せないこと、母親に問題があるとのこと、自分の感情を出せないことなどを表現できているのも一つの前進である。ただ、間違ってはいけないのは、本人の病理や問題点の責任は母親にあるというように母親を悪者扱いしてはいけないし、また母親を精神病と決めつけるのも良くない。本人の課題は、こうした母親のこと、母親と自分の関係のことを通して、自分自身の歴史を見直し、そこで得た気づきや智慧を将来に生かすことなのである）

第十二回カウンセリング

〈やはり、沈黙の二十分が経って〉

「最近背中が痛い。一人で何もかもしなきゃならない。体弱いし、筋肉もないのに一人で何もかもしてきたせいだと思う。でも家族と暮らすのも辛い」

〈辛いのは？〉

「以前、不安が強くなったとき、実家に戻ったら、症状はよけいひどくなるし、それにその症状を言えなかった。実家は広いけどかえって広いからよけい不安になる」

〈ここにいても実家に帰っても辛いんやね〉「それに、兄が結婚して義姉が実家にくると、よけい症状を出せない」

〈症状出しにくいのは？〉「家族は、苦しんでいる人にどう接したらいいかわかっていない。父は、がんばれ、もっと規則正しい生活を、と言うだけ」

〈それってしんどくなるよね？〉「ええ。でも一番話したいのは、母親。今、母に理解されなくなった。いつ電話しても何も言えない。それに私のせいで母が精神的に疲れているようで申し訳ない。母も寂しいと思うが、父は鈍感な人で、母の寂しさがわかっていない。そんなことで地元に帰ると苦しい」

〈今、どこにも居場所がないの？〉「居場所は、今住んでいる部屋」

〈ぬくもりを感じられてないのでは？〉「そんなことはない。一人でいるのはいいんだけれど、辛いのは普通の振る舞いを要求されること。見た目には、普通に見えるから。できないと言ってもわかってもらえない」

〈一人で居てぬくもりだけじゃなく、ほっとする感じや安らぎはあるのかしら?〉「小さい頃からタオルケットをずっと使っていた。これがあると、ほっとする」

〈それはよかったね。ほっとするって何より幸せな感覚だよね〉

（解説十：ここで、家での生活のしんどさを訴えるが、一人で暮らすことで、居場所を感じられていることが大きい。また移行対象を使えているのも救いである。さらに母親への気遣いがあるのも思いやり能力の発現である）

第十三回カウンセリング

背中の痛みや体力不足を訴えた後、「今、何を考えていいかわからない」と言うので、

〈何を考えたらいいかって、すっごく難しいんだろうね?〉「うん」

〈例えば、安全感・安心感・支え・安らぎが欲しいとか、気力・体力・判断力が増したらとか、対人関係の距離の取り方がわかるとか、自分の感情を表現できるとか、いろんな考えることや願いがあるのかな?　こんなにたくさん言われたらよくわからないかな?〉「……今日は集中できなくて、頭の中で考えがまとまらない」

〈それは〉「睡眠不足だと思う」

〈答えられないのが申し訳ないという気持ちある?〉「あると思う」

〈僕は、答えて欲しいと思って聞いているんではないんですよ。どんな反応を相手が示すかを見

たいし、また質問が一つの良い刺激になればと思っているので、無理して答えなくてもいいんですよ。黙っているのも立派な反応だから。たくさん言ったけど、僕の言葉受け取ってくれた?〉「ええ、受け取りました」

〈ところで、申し訳ないと思ったのはどうしてかな? また質問だけど、無理して答える必要ないよ〉「今まで、カウンセラーの先生もお医者さんもいつも答えを求めてきていた。黙っていいよ、という人がいなかった。口で、そう言っても黙っていると相手の先生がイライラしているのがよくわかった。それに、こんな場で黙っているのは失礼かなと思った」

〈解説十一：筆者は無理して答えなくてもいいよと思いやろうとしている。今までの治療者もそうしていたようだが、やはり「沈黙は耐えられない」という治療者感情が出ていたのかもしれない。敏感なクライエントはそれを察知したようだ〉

〈答えられませんと言いにくいのかな?〉「答えたくない時、答えたくないと言えばいいんだけど、その場ではそれがわからない。それにはっきりわからないことは、答えられない」

〈断る力が足りない?〉「そう」

〈見てて、辛くなってくる。断る力がなければ、自分を守れないからね。何か裸で寒風の中にさらされているみたい〉「小さい時からずっとそうだったので、もうその寒さには慣れている」

〈あなたの中には、もう今更どうしようもないという気持ちと、もう少し楽にいきたい気持ちの二つがあるのかな? それとも今の質問はピントはずれかな?〉「あきらめてはいない。もう少し楽になれればとは思っている」

〈あなたの中には、自分が変わらねばという気持ちある？〉「ええ」

〈そう思うとしんどくない？〉「しんどいです」

〈それと、変わらないといけないと思って、結果が出なければ、だめと思ってしまう方、それとも少し努力したからいいやと思う方？〉「前の方です」

〈これね、お釈迦様の教えでもあるんだけどね。百変わりたいと思った時、全く変われてなくても、思っただけで、百分の一〜二は変わったことになっているんだけど、僕の言葉伝わった？〉「ええ、伝わりました」

〈それじゃ、今、どう変わりたいか聞く時期か、今は聞かない方がいいか、どうかな？〉「さっきの感情表現の話が出たけど、もう少し感情表現の下手さを変えていきたい」

〈無理して、感情を出さなくてもいいんだけど？〉「というより、自分の感情に気づいていきたいというのが本当です」

〈それって、相当難しいことだけど、先生もそれに協力しますから、焦らず確実にいきましょう？〉「お願いします」

〈解説十二：ここでは、拒絶能力のなさ、拒絶能力の大事さが話し合われている。また楽になりたいという希望、自分の感情に気づきたい、という気持ちが引き出されている〉

筆者は、この後、辻先生のスーパーヴィジョンを受ける。そこで学んだことの概要は「本人は述語同一性の傾向が強く、まだ感情は未分化で、融合的な状態。まだ本人は原体験心性が強く、人との関係が苦手」「感情・情緒というのは、本人にとって、高級な次元で、まだ快・不快のレベルぐらいだろう。従って一体化か、排除しかない」「最初の治療的狙いは、自分に気づかせる」「『自分を嫌がっていることにも気づかせる」「沈黙が続く場合、治療者は『私はしんどくなってきた』と言ってもいい。別にそれはクライエントのせいというより場の雰囲気がそうさせているから。この場合も『しんどい』という述語部分を強調し、それがどれくらい共有できているからみればいい」「また、こういうクライエントの場合、『えっ』と思う体験をさせることが大事。そういう体験をして自分が育っていくから」「本人は、断るとか自己主張する作業を受け持つ管制塔が働いていない」といったことであった）

第十四回カウンセリング

〈この二週間、感情を感じたかどうか？〉「あまりよく覚えていない」

〈今の感情は？〉「あまり、よくわからない」

〈今まで、苦しい・辛い・寒風を感じていたということでしたね？〉「そうだったと思う」

〈ということは、安らかさ・暖かさを持ちたいということ？〉「そうです」

〈その時ね、自分がそういうものを感じたい、という「自分が」というのは多い？　少ない？〉

「『自分が』っていうのは、少ないと思う」

〈となると、自分が主張するとか、自分で決めるとか、自分で断るってできにくいね？〉「そこ、不思議なんですけど、以前までは、自分があると思っていた。というのは、これまで『自分のことは、自分でしなさい』とか『自分のことは自分で責任を取りなさい』とか言われて育てられたので、他の人より、自分があると思っていた。でも、今、振り返ってみると、むしろ、他人より、自主性がないし、自己決定が苦手だったと思う」

〈こう思ったのは?〉「小さい時、習いごとをしていたが、親に言われてやっていたのではなく、自分で言ってやっていた。家の手伝いも身の回りのことも自分で進んでやっていって、他の人よりしっかりしていると思っていた。でもそうじゃないことに最近気づき出した」

〈へーえ。いつ頃からか思い出せる?〉「今年になって、部屋を整理し始めたころからだと思う。その時、大阪で独り暮らしをする時、母がいっぱい物を買ってくれたことを思い出した。地元で買って、全部大阪に持ってきた。その後、外出しても物をほとんど買っていない。今、あらためて、部屋を見回すと、自分で決めて買った物が少ない。普通独り暮らしをする時、自分だけの空間を持って作り上げるはずなのに自分はそうしていない。それに、母が買う時、自分は何も言わなかった。今、部屋にある物は、自分の物だけど、自分で選んで買ったわけではない。何かを買うために実際に行ってみるのは下手」

〈今から、このことを思うと?〉「やはり不思議。それに、これも不思議だけど、兄や妹の引っ越しの時は、母はそんなに準備しなかった」

〈解説十三:筆者は早速自分のことを話題にしてみると、図らずも、本人は「自分があると

思っていたが実はなかった」と語りだす〉

〈これに関して浮かんでくることある?〉「小さい頃から、私だけ変わり者と言われていた」

〈というと?〉「感情を出すのが下手だということだけど、自分の感情に気づかなかったというのが、本当」

〈今の感情は、気づけている?〉「ええ、まずあまり緊張していない。でもほっともしていない」

〈ほっと、できないのは?〉「今までの病院で辛い思いばかりしてきた。だから医師やカウンセラーを信用していない。医師やカウンセラーに期待をしないようにしている。でもあまり信用しないのも問題。カウンセリングやるからには、ある程度、信用しないと」

〈信頼と不信、期待と諦め、といった両方の気持ちがあるのかな?〉「そうです」

〈勘がいいので、人の見えないところまで見えてしまう。感じないところまで感じてしまう。それでしんどくなるのかな?〉「そうなんだけど、その感じたことの整理がつかない」

〈整理つけたい〉「そうだけど難しい」

〈無理してつける必要ないよ。整理つくときは自然についてくるから〉「そうだといいんだけど」

〈解説十四：感情の気づきの話から、ほっとできないという気持ちの表明、さらには治療者たちへの不信感情も表現できている。また信と不信の整理がついていないことを筆者は思いやっている。いずれにしろ、自分形成の不充分さを話題にしたことで、一定の進展が見られた〉

第十五回カウンセリング

〈自分がないというのは?〉「前回言ったことと同じかもしれないが、親の価値観が随分大きかった。自分で、行動しているつもりでも親の価値観を元にして、決めていたみたい。自分で決めていたつもりだったけど、苦しかったのは、そのせい」

〈親の価値観について〉「母は、節約タイプ。同じ服を直したりして、二十年でも三十年でも着る。自分にはそんなことできるはずがない、と思っても、いつも自分の中に母の価値観があり、いつも無駄使いをしているのではという罪責感を持っていた。父も同じように節約タイプ」

〈それで、今の気持ちは?〉「今は、やっと親の価値観が自分の中に居座っているんだなということに気づいた。自分の価値観を持って自分で決めていきたい」

〈それ、難しくない?〉「難しいです」

〈だから、急がなくてもいいけど、もし決めるとしたら、何を決めるか?〉「何か、こうして行きたいというエネルギーが湧いてこない。小さい時から、エネルギーがなかったのでは、と思う」

〈それは?〉「父も母も、自分の仕事で忙しかったから、あまり交流なかったせい。でも幼稚園までは元気だったと言われていた。ただ、母の六歳頃の育児日記に、幼稚園の先生が、私のことを、『何か元気がない。生き生きしていない』と言っていたと、書いてあった」

〈解説十五:自分のなさの背景に、親の価値観が居座っていることに気づく。また、エネルギーのなさが出てきて、両親との関連が示唆される〉

第十六回カウンセリング

〈前回、六歳まで元気で、その後、生き生きしていない、と言ってたけど?〉「私自身はあまり覚えてない。育児日記によれば、三～五歳の頃、すごく駄々をこねる方で、言い出したら聞かないというところが随分出てきたとか、母が夕食を作る時に限って泣いたとかが書いてあった。その頃妹が生まれたりしている。まだ親にかまって欲しかったのに、妹をかまわないといけないという立場に立たされた。悪いことをいくつかやったが、小さいなりに注目を引きたかったのだと思う」

〈寂しかったんだね?〉「ええ、母は五時に保育園に迎えに来てくれたが、私は一日中会ってないので、だからどうしても六時までまとわりつく」

〈お母さんは、あなたの寂しい感情に気づいていたのかな?〉「母は、悪い時期に妹を生んだことに気づいていなかった。でも、いろいろ考えてくれていたみたい」

〈例えば?〉「……」

〈「お母さんは、あなたも大事にするわよ」とか言ったのかな?〉「母は、そういうことを言うタイプではない。だから、いつも父にばかり甘えていたらしい。本当は母に甘えたかったのに、自分の性格が素直でなかったので、そうできなかった」

〈それは?〉「母に性格が似たのだと思う。言いたいことを言わないとか、一番大切なことを言わない。感情表現が下手」

〈小さい頃から、辛い思いをしてきたので勘が鋭くなったのかな?〉「そう。妹と違って、私はかまって欲しい時、すぐ周りのことを察知して自分の欲求を諦めた」

〈鋭さを上手に使うとか〉「考えられない。もう少し鈍感だったら、幸せになれたかもしれない」
〈解説十六：寂しかったこと、母に甘えたかったがそうできなかったこと、母と同じく自分の気持ちを抑えるということなどが語られる。ただ、母への思いやりがにじみ出ているのはいい点である〉

第十七回カウンセリングでは、「カウンセリングは贅沢な気がする」と終了の意志を少し出す。迷っているようだが、その点の話し合いをすると共に、本人の決断を尊重しようということになる。第十八回から第二十回カウンセリング（ここで終了）まで、本人と終結に向けての話し合いとなった。

本人としては「自立を考えている」とのことだが、「エネルギーの低下と疲れやすさがまだあるとのことである。

また、治療者にわかってもらえている感じは少しはあるとのことで、対人関係の疲れは相変わらずだが、「一人でいて安らぐ時もある」とのことである。
〈解説十七：筆者としてはまだまだ話し合った方が本人にはいいように思ったが、本人としてはこれだけのことが言えて気づけただけでも精いっぱいだったかもしれない。それに本人の「節約傾向」を大事にするということも大切かなと感じた〉

終結後、大学を卒業して彼女は郷里に帰った。そのあと、一年後に手紙を受け取り、何とか美術の勉強を続けており、デザインの賞を取ったということでだいぶ元気を回復しているようであった。

◆総合的解説Ⅰ：本人の問題点と病理

①本人のとりあえずの訴えは、疲れやすさ、生活のしづらさ、生活リズムの悪さということであった。

②ただ、面接が進む中で、抑うつ感、無気力、思考力・判断力の低下、決断の困難、対人関係の問題（嫌われ恐怖、迷惑かけ恐怖）、エネルギー低下、不安、不眠、治療意欲の少なさということも出てきた。不適切な行動もあったが、これは解離症状の一つと考えられる。

③その後、自分のなさ、安心感のなさ、そしてその背後に幼児期寂しかったこと、甘えたかったことがわかる。

④この事例は、一応、幼い時から、淋しさ、自分のなさ（自己主張能力や拒絶能力の無さなど）、対人関係の困難などを抱えながら、何とか頑張ってきたが、二十二歳で、就職不採用をきっかけに一挙に不安定というか臨床的事態に陥り、専門家にかかることになった、と言えるのであろう。まとめると自己形成不全と言える。

◆解説Ⅱ：治療の要約と治療上の問題点、治療ポイント

a．中断が繰り返された理由

本人は治療意欲がなかったわけではない。ただ、カウンセリングや通院が続かず短い期間で終

わっている。その理由は本人の言によると「カウンセラーが話してくれないのがしんどい」「沈黙している時適当なタイミングで話してほしい」「(逆に）カウンセラーや医師は答えばかり求めてきた。こちらが黙っているとイライラしたようだ」「自分の答えにカウンセラーは適切に応答してくれなかった」ということであったようである。

ここで、考えねばならないことは本人にとって一対一の面接関係に入るというのは、相当の緊張と不安と苦痛を強いるということである。従って、カウンセラーに黙られても（無視されている、拒絶されていると感じたかもしれない)、イライラされても（沈黙を受け入れてくれていない)、答えても応答がない（これも無視）といったことが耐えられなかったのかもしれない。もっと思い切って推測すると、何かカウンセラーたちが安心感・安全感・居場所感覚（いるだけでいいんだ、いることを許されているという感覚）を提供できなかったのかもしれない。あるいは自己形成不全の深刻さに気づいていなかったのかもしれない。

b. 筆者の基本的対応

筆者は、これまでの治療者たちの努力を踏まえて、一応、本人が安全感、安心感、肯定されている感じを持てるように面接していこうと思ったが、しかし、基本は「出たとこ勝負」であまりそうしたことにも捉われずに自由にいこうとした。また自分の感情や意思の開発にも焦点を当てた。

c. 沈黙に対する筆者の対応

基本的には沈黙は尊重しようとしながら、「沈黙していてもかまわないこと」を説明し、筆者の思いも述べながら、なるべく答えやすい質問を工夫した。つまり、本人の表現能力を引き出そうとしたのである。

また、治療者主導型を取っているようだが、実はクライエントが一番楽な方向を選んでいるという意味で「クライエント中心療法」とも言えるのである。

ということで、ある程度、本人の気持ちを思いやる態度や引き裂かれ対応など、自由に率直に対応したのがよかったのかもしれない。やはり、治療者の自己開示も含んだ波長合わせ・共同作業が大事なのであろう。また、自己形成不全に関して、スーパーヴィジョンのおかげで、より、そこに治療努力を集中できたのもよかったのであろう。

もっとも本人がどこまで自己形成ができたかはまだよくわからないが、とにかく好きなことができるようになっただけでもありがたいと考えておきたい。

第二節　統合失調症事例

◆統合失調症状態にある男性の五年間の治療例S・H

［両親との出会い］

取り上げる事例はS・Hという男性で、筆者の初診時二十四歳だった方である。

まず、筆者を最初に訪れたのは、S・Hの父親（大学教授）と母親で、某精神病院入院中の次男、S・Hのことで相談にきた。相談内容は「今、入院中だが、段々悪化していっている。もっといい病院はないか？　カウンセリングといったことはできないか」といった、かなり難しい性質のものだった。いずれにせよ、即答することは不可能なので、何回かの面接で詳しく話を聞いた。その内容要約は以下の通りである。

［両親から聞いたS・H事例の要約］

S・Hは、もともとおとなしく内向的で、外で遊んだりスポーツをしたり、友達と遊んだりするより、家で静かに勉強する方を好んだ子だったが、内心では負けず嫌いでプライドの高い面も持っていたとのことである。

ただ、勉強ができたせいか、有名進学校を卒業し、大学も一流のところに入った。しかし、大学時代もあまりサークルに参加したりせず、勉強ばかりで、それに大学は、離れたところなのに自宅から通学し、そのせいか友達はほとんどいなかった。

大学卒業後、大企業に就職し、そこで初めて家から離れ、寮生活となった。ただ、最初の勤務から挫折の連続だったようである。仕事の呑み込みが悪いし、テキパキこなせない。当然、上司の注意を受けることになるが、それがとても辛かったようだった。また、人の中になかなか入っていけず、昼休みなども一人ぼっちであったし、寮生活も大変苦痛だったとのこと。当然会社に行きづらくなってきたが、そのうちS・Hは「職場の皆が自分を陥れようとしている」「周りから悪口が聞こえてくる」（いわゆる、被害妄想や幻聴だろう）ということを、母親に言うようになり、母親は心配し出した。そして、それは段々ひどくなりついに会社に行けなくなり、また寮にも居れなくなり家で過ごすようになった。

ただ、家に帰って来てからも、状態は悪化し、「周りや近所が気になる」「盗聴されている」「会社に狙われている」「誰かが覗きにきている」と言い出し、昼間からカーテンを締め切る生活となり、一日中ぼーっとして寝ている毎日となった。最初、疲れていると思っていただけの母親は、これは大変と思い父親に訴えた。

仕事で超多忙であった父親もこれは放っておけないと感じ、某精神科診療所を受診させた。そこでは、はっきりしたことは言われず「仕事のストレスでかなり疲れている状態です」とのことで、安定薬の投薬を受けた。それで、少し、ましになったのだが、ぼーっとして意欲のない状態はあいかわらずで、四～五ヵ月もすると、今度は「死ね、死ね」との声が聞こえ、何回か自殺企図が生じ、今度は某精神病院に入院となった。

入院先の主治医は、両親の質問に対して「これは病気で、病名は統合失調症」「原因はよくわかっていないが、持って生まれた体質・気質が大きい」「治るかどうかだが、三分の一は治る、三分の一は十分治らないが社会生活ができるところまでいけるかもしれない。三分の一は治らずに入院も長くなる」と明確に答え、両親がそれではS・Hはどうかと聞くと「最後の治りにくい部類に入る」と言ったとのことである。薬に対する反応性が悪いというのが、その理由だったが、それを聞いた両親、特に母親のショックが大変なものであったことはいうまでもない。

その後、実際に主治医の言った通り、なかなか状態は改善せず「声が聞こえてこわい」「死にたい」と言い、ベッドに臥床しているだけの生活が続いたため、入院四ヵ月後に、両親が知り合いから、筆者のことを聞いて来所したとのことであった。

［両親との話し合い］

両親が話し終わった後、改めて「何を一番聞きたいのか」と聞くと、「本当に病気なのか」「病気としたら病名は何か」「原因は?」「治るかどうか」「治療法は?」といった切実な質問ばかりを向けてきた（患者・家族が、こうした質問をしてくるのは日常的なことで、こうした基本的五大質問にはちゃんと、患者の治療の役に立つように答えていく、もっと正確に言うとそれらを役に立つように考えさせる、あるいはその答えを共同探求するということが、重要である。もっとも、これらの質問は根元的であるがゆえにそんなに簡単に答えられるものではないが）。

筆者が、こうした質問（特に病名に関する質問）に対して、「なぜ、それを聞きたいのか」と返していくと、家族の持っている恐れ・偏見（統合失調症だと気違い、治らない、宿命）が出てきたので、その偏見・誤解を解く作業をすると同時に、治るかどうかは「本人や家族や治療者の自覚と治療意欲といったものから多くの要因が絡んでいる。なるべくそこから治療促進要因を引き出し、治療妨害要因を減らすようにしていけばいい。従って、治らないとは断定できない。多くの困難が予想され、またどこまでいけるかわからないが、治っていく可能性はある」と、答えておいた。また病状や原因については「本人に会わないとわからない」と言った（患者・家族の質問にすぐ、答えずに、問いを返して考えさせていくやり方は、仏陀の応機説法から学んだことである。この方が背後の恐れや考えをより明るみに出し、対話が深まるということがこの例でもわかられたと思う）。

続いて「今の病院は、薬物療法だけで、全然良くならないどころか悪化してきている」「カウンセリングなどの他の治療法があるのでは？　ここでやってほしい」と訴えるので、「今の主治医が一番の責任者だから、その主治医と良く相談し、その主治医が、ここでカウンセリングを受けてもいいというなら会ってみましょう」ということになった。

［S・Hの登場］（家族による性急な退院、治療契約、自発性のなさ）

一週間後、S・Hは家族に伴われて来院した。S・Hは、無表情でほとんど自発性がなく、こちらの質問にも、ほとんど、答えられなかった。ただ、かなり聞き出すと、かろうじて「声がなくなってほしい」（幻聴のこと）との発言は出てきた。

ただ、カウンセリングの件は、両親の話によると「主治医から『他でカウンセリングを受けるんだったら退院して欲しい』と言われ、退院の方を選んだ」ということであった。驚いた筆者は、三者に自殺の危険可能性を説くと共に、自殺をしないという約束を本人とし、また外来やカウンセリングだけでやれるかどうかわからないこと、入院の必要性が生ずるかもしれないということ、とりあえず家族が目を離さないことを了承してもらい、通院とカウンセリングを開始した（このような思いがけないことは、臨床で稀ならず生ずることがあり、この時は上記のような説明と指示が必要である)。

面接開始後、筆者は本人の気持ちを聞こうとするが、あまり返事をせず、黙して語らずという傾向が強いようであった。また、同伴の親から聞いたことを、本人と話し合おうとするが、これに対しても受け身的ではあるが拒否が強く「カウンセリングはいつまで続けるんですか」と、治療に対しても否定的だった。かなり突っ込んで聞くと、時に「声(幻聴)の苦しさ」を訴えるがそれを検討しようとすると「もういいです」と回避的であった。「楽になりたくないの」と聞いても「これは、周りから悪口を言われ、嫌がらせされているからしょうがない」「それに自分の考えが漏れて、周り全部に広がっているから、身動きできない」(被害妄想とその関連の考想察知という症状)とのことだった。そして、将来に関して聞いても答えないか、答えても「声が聞こえる限り、考えが洩れていく限り、どうにもならない。一生入院しておくよりしょうがない」とあきらめ的な言い方であったし、家でも「死にたい」ということを訴えたりしていた(要するに、苦を感じてはいるが、苦を見つめていこうという気には全くなれず、苦や絶望感に圧倒されている状態だと考えられる)。

[症状(幻聴・妄想)に対する積極的働きかけ]

ただ、こうした拒否の背景に何か助けを求めている本人の雰囲気を感じたので、積極的に、声(幻聴)のことについて取り上げ話し合おうとした(声は本人にどんな影響を与えるのか、声に対してどう取り組むのが一番いいかといった点を中心にして)。その結果、半年後には少しずつ話に応じるようになってきた。ただ、声(幻聴)に対する実在的確信は強く、この点を巡っては繰り返し働きかけた。その結果「できれば、声に左右されず、自分の意志で行動できればいい」という発言が生じ、また「声が減ってほしいし、考えが漏れるということもなくなってほしい」ということも言い出した。

やや、治療意欲の芽だけでも出てきたのか、この話し合いを続けると、「どうも、声は実際に聞こえるというより、幻聴かもしれない」「漏れているかどうかは、はっきりせず、自分の恐れだけかもしれない」という発言も出てきた。ただ、このような自覚は少し出てきたが、相変わらず、声（幻聴）の恐怖は強かったため、家への引きこもりは強かった。

そこで、この恐怖に少しでも慣れていくため、本人に家族同伴での外出を勧めたところ、本人はかなりためらったが、家族が積極的に動いてくれ、外出が少しずつ可能になってきた。本人の恐怖は根強かったが、この外出で、案外外へ出ても大丈夫かなという感じを持ったようであった（カウンセリングは、いつも母親の運転する車で来ていたので街への外出というのは、ほとんどなかった）。

［外出可能になり、自覚も深まる。しかし、自殺未遂］

その後、本人は少しずつ外出が可能になり、同時に、声や知られている恐れは、幻聴や妄想であるとの自覚が前よりもまた強くなってきた。そして、その幻聴や妄想の背後に、自分の怯えや傷つきやすさ、対人関係が恐いこと、プライドだけは高いのに内心では自信のないこと、引きこもりがちな傾向があることに気づいていった。

ただ、自覚と同時に、「自分は一流大学を出て、せっかく大企業に就職したのにすぐ挫折した。

考えてみれば、自分は人付き合いがまったくできないし、まったくだめな人間だ」といったことを主とする、絶望感、憂うつ感が強くなり、自殺未遂（大量服薬）を起こした。そこで、筆者は「自覚が高まってくると、今まで見えてこなかった（または見ようとしていなかった）自分の弱点が見えてきたり、また将来のことも悪い方悪い方に考えるということで、死にたい気持ちにもなる」と言い、治療過程の中ではよく起きてくる一つの現象だからということと、「それはむしろよくなってきていることのサインですよ」と説明した。同時に、死にたくなった時は口に出して言うようにと働きかけたところ、少しは反応するようになってくれた。

［アルバイトに行く話と二度目の自殺未遂］

このような中、自覚、外出、治療者との話し合いが増える中で、将来のことについて話し合ったところ、やはり社会復帰したい気持ちが見られたので、まずは簡単なアルバイトから始めようということになった。しかし、実際の実現にまではかなりのためらい、迷い、どうせ俺はだめだ（もともと駄目だった上に、こんな精神病にかかってしまってという気持ちが強かった）という気持ちが強く、実際に、バイトに行く段になって、また大量服薬をしてしまったのである（ただ、二回とも大量服薬という形の自殺行動で、これは成功率は極めて低い。だから、こうした成功率の低い自殺行動をとるということは、どこかに救助願望を秘めているのだと考えられる）。

この自殺未遂の後、本人は社会に出ていくことや人の中に入っていくことの恐さ以外に、こんな病気にかかってしまってという絶望感が強いようだったので、ここで本格的に病気について話し合った。その結果の要約は、①人間には健全な部分と病的な部分があること、②この病的な部分とは、辛さや苦悩を受け止められない部分であって、S・Hの場合、それが就職での挫折の結果、強くなった、③この病的部分は、自分にしか聞こえない声や頭の中の声を外部の音だと勘違いすること（幻聴）、思い込み（妄想）、否認、拒絶といった統合失調症的部分、絶望感や憂うつ感に代表されるうつ病的部分、周りを気にし過ぎたり恐がり過ぎたりする神経症的部分に分かれる、④いずれの病的部分も、誰もが共通に持っている人間の弱点の積み重なりである、⑤今後は、この健康部分を増やし、病的部分を減らすように努めていこうということになり、また同席していた両親もかなり納得していたようであった。両親はそれまで、病名は何かということにしつこくこだわっていたが、これ以後病名に関する質問はなくなった（病気や病名や見通しの説明は、本人が、それについて話し合える状況になってから、話し合うのがいいように思われる。ただ一回の話し合いだけで、本人が十分納得した訳ではなく、これは何度も繰り返す必要がある）。

［アルバイトに行き始める。運転免許取得］

この自殺未遂とその後の話し合いで、少しふっきれたのか、彼はようやくアルバイトに行き始めた（筆者の治療開始後、二年半目）。ただ、行き始めても、緊張が強く「一流大学を出て、大企業に入ったのにこんな所でなんで働いているんやろ？」といったことを、周囲から言われているように思い、行き辛くなったが、話し合うと「それは自分の怯えと変なプライドの表れに過ぎない」ということに気づき、そうした怯えに慣れていこうということになった。

ただ、過敏さと緊張しやすさ、人の中に入っていけない傾向は相変わらずで、何度か辞めるという話になったが、そのことを相互検討し、本人の決断を待つと、やはり行くということで一年ほど続いた。また、この頃、自分は学校の勉強はできたが、人生や対人関係の勉強はできていなかったという話し合いがなされた。そんな中、本人は、正社員の職を求める気持ちが強くなってきたが、同時に自分のこの性格では、会社員としてやっていけないのではという恐れやあきらめも強かった。その中で、筆者が〈無理に人と付き合わなくても最低限の付き合いでいいのでは。その方が人に煩わされなくて、自分の時間を持てる。仕事も対人関係のなるべく少ないところを選んではどうか?〉といった形で、内向性や孤独の価値を強調するような意見を述べたところ、本人は「今まで、人付き合いができないことにひどい劣等感を感じていたが、そんなにそのことを思わなくてもいいのかなと感じた」という形で返してきた。

また、彼はこの頃、筆者の勧めもあって、運転免許を取得した（取得まではかなり困難があったが）。これは彼の自信にかなりなったし、また動く自分の部屋ができたということで、自由に移動しながら人に煩わされないということを手に入れたと言って喜んでいた。

［正社員として就職］

そんな中、彼は、コンピューターの勉強を始め（ディスプレイに向かうだけだと対人関係は少なくてもいい）、その後、父親の奔走もあって、ある企業への就職の話が出てきた。そこは、コンピューター画面に向かう仕事が多く、あまり人に接しなくてもいい職場環境であるとのことであった。これに対して、S・Hは、就職したい気持ちと、果たして正社員として勤まるのだろうかという不安や、またここが自分に相応しいという気持ちと、こんな小規模の会社では自分のプライドが許さないというためらいの気持ちが交錯し、ずいぶん迷ったが、結局そこに行くという決断ができ、就職した。そこは、果たして彼に合ったようで、現在は楽しくやれているとのことである（このことに関連して、初期の勤務が落ち着いてくると共に、彼は「自分であまり考えることのなかったこと。重大な決定の時も母まかせにしてきた」ことを述べ、決断の難しさをしみじみと感じているようであった）。

最後に、今で出会ってから四年半経っているが、現在は、あまり話すことも少なくなっている。ただ、結婚できるかどうかという不安が時折、出てきている状況である。

（薬の方は、当初は統合失調症的部分に効く抗精神病薬が中心だったが、徐々に抗うつ薬が加わり、後半の主役は神経症的部分に効く抗不安薬となった。治療開始七年後からは、全くの無投薬となっている。一応悪くなり、不安・緊張・苦悩を受け止められなくなった時、服用しようという約束になっている。その後無投薬になってから、さらに四年後に軽い抗不安薬をもらいに来た時には、結婚して子どももいるとのことであった。それ以後、現在まで無事に過ごしているようである）

第三節　統合失調症状態の原因・治療（S・H事例を中心に）

◆発病の直接原因は？（きっかけとなるストレス）（発病の縁となる苦）

a．直接の発病原因

直接の発病原因を探ってみると、まず浮かんでくるのが、①上司からの叱責・注意、②職場不適応であるが、それ以外に、③初めて親から離れたこと、④就職（モラトリアムから離れ、初めて社会人としての責任を背負わされる）も、発症要因として考えられる。しかし、これらは誰でもが経験する事態である（もちろん、①や②は人によって程度が違うだろうが）。問題は、S・Hがなぜそれを受け止められなかったのかということである。これは、上記①から④に関しての苦が、彼にとってはまず普通の人以上に強く感じられたということが考えられる。

彼は、状態が改善されてきてから（すなわち神経症的部分や健康部分が優勢になって来た時に）、「今まであまり怒られた経験がなかったので凄いショックだった。特に人前であったのでとても恥ずかしかった。何か悪意があるのではと感じてしまった」「大学までは人の中に入らなくても良かったのに、会社に入ると人付き合いをせねばならないので大変だった」「それから初めての寮生活も耐え難かった。今まで、家で自分の思うようにやれていたのが、そうならなくなった。集団生活はとても嫌だった」「本当を言うと、社会に出て責任を持たされるのが自信がなく恐かった」「これでもまだ、仕事がうまく覚えられたら良かったけど、会社の仕事は学校でやっているのとは大違いなのでうまくいかず何がなんだかわからなくなってしまった」と述べた（こうしたことは統合失調症的部分が優勢な時は、なかなか自覚できていないし、ましてや話もできないことが多い）。

b．S・Hに出現した苦しみ

今のことをまとめてみると、S・Hは、思うように仕事が覚えられたり、人の中に入っていけるという欲求が得られない苦しみ、今まで慣れ親しんでいた家族やモラトリアムの状態から離れてしまった苦しみ、会いたくない上司や会社の人に会わざるを得ない苦しみを、強く強く持たされてしまったと言えるだろう。

◆S・Hの発病準備（苦を受け止められなかった原因と統合失調症的部分が強くなった原因）

それでは、一般の青年に比べ、苦が大きくなり過ぎたことや、苦を受け止められない原因だが、それは病歴を読んでも明らかなように、彼の性格や歴史が関係してくる。それは、「発病準備性」という言い方をしてもよいが、ざっと拾い上げただけでも、おとなしく内向的な点、対人関係を避ける点、友人がほとんどいなかった点、内心ではプライドの高い点（プライドが高いと傷つきやすい）、親元から離れた経験がない点などが挙げられる。こうした傾向が強ければ、責任ある対人関係を持たねばならない仕事や、自主的判断を求められる社会生活に慣れることができず、それらを大変苦痛に思うと同時に、叱られたり揉まれたりする経験のなかったS・Hとしては、そうした苦を受け止められないのも無理はないだろうと思われる。

ただ、もうひとつの疑問としては、苦を受け止められなかったのはいいとしても、なぜ、うつ病や神経症や心身症の部分等が強くならず、統合失調症的部分だけが優勢になったのだろうか?

これについては、上記の傾向と重なるが、

①自分の世界に閉じこもることが多く、自分だけの勝手な幻想に耽ることが多かった。

②母親を初めとしてあまり人に甘えることをせず、むしろ不信感・警戒感が強かった(「母との情緒的交流が十分でなかった」と、治療後半で述懐している)。

③現実と触れ合うことが少なかった(これや①の傾向が強いと、現実認識の力が落ちる)。

④対人関係が乏しいため、自己の心のあり様を見つめにくい(普通は他者を鏡として自分の心を見ることを学んでいくものである)。

⑤自分で考え、自分で決めていくという主体性が育っていず、自己確立ができていない。

といったことが挙げられるかもしれない。

すなわち、自分の中で苦しさや不安が生じるが、④のために、その苦しさや不安を見つめることができない。また、苦に耐えることもできないことも加わり、それは容易に人のせいにされ(投影傾向が強いと言える)、また①の幻想傾向も加わり、被害妄想化される。また自分の不安・苦悩が排除され、それを外側からの声(幻聴)として感じる。

そして、現実認識の力が育っていないため、そうした「妄想」や「声」を容易に現実のものと信じ込む。本人にとっては「幻聴」というより「現聴」としてありありと聞こえたのである。だから、それを病気であるとの明確な認識が持てない。さらには、②のため、神経症のように人（治療者）に頼ることもできないので、自分の方からも医療機関に行けず、治療・カウンセリングにも拒否的となる。

ただ、以上は、筆者の勝手な仮説であって、今後の治療の推移によってどう変わっていくかわからないし、他の専門家の意見を聞いてまた修正することも、もちろんあり得る。ただある程度の仮説を持っていないと治療の方針が立たないので、上記のような見立てをした。もちろん、こうした仮説は、なるべく柔軟で役に立つものであることが望ましい。

◆統合失調症状態（統合失調症的部分が優勢な状態）になりやすい要因（発病準備性（病前性格やストレス脆弱性））

（注：なお、筆者は統合失調症的部分というのは思い込み・勘違い・引きこもり等といった人間的弱点であって、人間共通に程度の差こそあれ誰でもが、持たされていると考えている。だから、統合失調症が発症するとは、統合失調症状態が出現することで、それは誰でもが持っている統合失調症的部分が、生活に困るほどに目立って優勢になってきた状態のことを指すと考える）

さて、S・Hに関する仮説とは別に、ここでは、一般の統合失調症状態に移行しやすい要因（発病準備性）のことを考えてみよう。これには無数の研究があるが、主要なものを挙げる。

a．病前性格

まず、取り上げられるものとしては、先ほどから問題になった、病前性格についての研究である。これも多くの研究があるが、筆者の目に留まったものとして、アリエッティ(47)の言う「分裂病質型」という性格傾向がある。これは「他者との関係を不快に感じ、孤立し、無関心で、あまり情緒を表さない。しかし心底は非常に敏感であり、そうであるがゆえに、対人状況を避け、自分を目立たなくさせ、次に対人関係にまつわる不安や怒りといった情緒を見ないように抑圧する。そして『何もしないこと』が良い子なのだという考えを発展させ、悲観的な見方を身につける。また対人関係の敏感さにより、他者を『自分を脅かす人』として捉えてしまう」といったものである〔ただアリエッティは、それ以外に激動型性格（ストレス状況になると、極端に従順になったり、逆に極端に攻撃的で欲求を突きつける。孤立した無関心さを装うこともありどのような行動をとるかは予測できない）も挙げている。また、他の研究者によっても、いろんな性格パターンが挙げられているし、それに病像（破瓜型、急性型、妄想型等）によっても、性格は違ってくるのであまり決めつけてはいけない。なかには、性格はあまり関係ないという人もいるぐらいである〕。

また大橋秀夫は、統合失調症者の病前傾向として「自己の脆弱性」「自己主張の少なさ」を挙げ、小学校時代に「①明るさや活気がない、②控え目で引っ込み思案、③自信がなく、おどおどしている、④孤立、⑤言行不一致」という傾向が、一般児童に比べ程度が強かったと述べている。（今挙げた傾向と、S・Hの性格がかなり似ていることがよくわかられたと思う）

b. ストレス脆弱性

この性格傾向とならんで、統合失調症状態に移行しやすい要因としては、ズビン(48)が言っているストレス脆弱性が挙げられる。これはストレスに弱く、ストレスに遭うとすぐ統合失調症状態に移行する脆弱性を表す。この脆弱性は多くの場合、遺伝要因、発達要因、生態学的要因、学習要因、内的環境要因（神経伝達物質の障害）が複雑に絡みあって形成されるとされている。

c. 他の要因

さらに岡崎祐士は、総説的に、統合失調症の発症と関連のあった事象として、

①妊娠中のウイルス感染。
②分娩期の異常。
③乳幼児期の汎成長不全・神経統合機能不全・集中力不全・受動性、母親が入院する等の事情で生ずる養育剥奪、母親の養育不良（過保護、一貫性欠如、隠された敵意）や行動障害（異性関係）。
④小児期の注意・情報処理機能障害、学童期の問題行動（感情が抑制できない、級友から拒否されるなど）。
⑤青年期の思考連想の浮動性、家族内情緒環境の歪み（コミュニケーションの歪み、感情的言動、批判的言動）。

等を挙げている。

これで見てもわかるように、結局、統合失調症状態が発現するまでは、相当複雑な要因が絡んでいると言えそうである。

d. 発症要因の重層的複雑さ

今までの流れの中で、統合失調症状態発現には、主に苦境・ストレスといった縁と病前性格・ストレス脆弱性という因が働いていることがわかられたと思う。

また、この性格や脆弱性といった要因が形成されるのも、また様々な因や縁が絡んでいるということも既に述べた通りである。

ただ、問題は、こうした統合失調症状態発現準備性（脆弱性）をもたらす個々の要因の発生についても、また様々な因と縁が絡んでいるという事実なのである。

例えば、前項でも述べたように脆弱性をもたらす一つの要因として、家族の「過保護・過干渉、一貫性のない養育態度、子どもの気持ちに添わず母親自身の不安や感情だけで動いてしまう接し方」といった養育態度があるということが挙げられている（ただ、家族の養育態度は発病と関係がないという説もあるし、事実こうした養育態度の下で育った人でも統合失調症状態になっていない場合も多いが）。

こうした養育態度が、本人の主体形成を妨害し、逆に脆弱性を形成するということだが、ではこうした養育態度はどういう事情で生じるのだろうか？

この点を、S・Hの場合で探ってみると、そのような態度形成の背景には、またその母親、父親なりの歴史・事情の絡み合いの存在が見えてくる。例えば、この間の事情を説明するに当って、S・Hの兄との比較を行ってみよう。兄はS・Hと違い、統合失調症状態を発現していない。これは、兄が生まれた頃は、母親も父親も忙しく、兄にはあまり手をかけることなく育てたので、かえって兄はのびのび育ち自主性のある子になったと言えるかもしれない。

反対に、S・Hが生まれた頃は、母親は時間ができたため（父親はますます多忙が続き母親は寂しく感じていたためもあって）、S・Hの養育に必要以上のエネルギーをかけ（それもS・Hの気持ちに添うというより、自分本位の気持ちで）、結果的には、本人の自立性や主体性の獲得を妨げたと言えるかもしれない。

こうしたことが、このような養育態度の形成要因になっていると考えられるが、ここで、またいくつかの疑問が出てくる。

それは、S・Hがもともと手のかかる弱い子（例えば、よく泣き、神経質で、授乳・摂食も難しかった、といったことが治療面接の過程で明らかになっている）であったので、母親がそういう養育態度を取らざるを得なかったのではないかということである。この可能性は大いにあり、子どもの素質的弱さと母親の不適切な過剰養育の悪循環が、本人の脆弱性をさらに増大させていった可能性はある（逆に非常に不熱心な養育態度も、統合失調症状態発現に関与するとも言われている。ということはほどよい熱心さ、中道をいく熱心さが理想的なのかもしれない）。

また、今一つの疑問は、全ての母親が父親の多忙・子どもの素質的弱さという苦境に置かれた時、全員が、S・Hの母親のような過剰で不適切な養育態度を取っただろうかということである。これは、もちろんそういうことはないのであって、その意味では母親の性格が問題になってくる。この点で、S・Hの母親の性格だが、やはり神経質で不安過剰で、また気掛かりや心配をコントロールできず、その時の感情で動いてしまうという不安定な性格であったと言える（治療過程の中で明らかになってきた）。

ただ、ここで、また疑問が生じるのは、そのような母親の性格は、いかにして形成されたのかということである。これを考え出すと、またさらに母親の歴史を探り、母親の性格形成の因縁を探求する必要が出てくる。そうすると、母方祖父母はどうだったのか、その先祖はどうだったのかという形で、無限の過去に遡らねばならなくなる（ただ、これは母親だけの問題ではなくて、「父親の不在」であれ「S・Hの素質的弱さ」であれ、それらが形成されるのはまた複雑な因と縁が絡んでいる）。

従って、厳密に考えると、無限に広がる網の目状の因縁連鎖の一つの帰結として統合失調症状態があると考えられる。

第四節　治るとは？

◆治るという六つの基準

a．治癒の定義

S・Hは、不幸にして「統合失調症状態発病準備性」という大変な業を多く担わされたことになり、ここが、いわゆる普通の人と差ができたところである。ただ、幸運なことに紆余曲折はあったが、今のところ治癒の可能性に向かっている（今後、どうなるかはもちろんわからないが）。

ところで、この治癒ということであるが、一体「治る」とはどういうことだろう？　このことについて、筆者は「苦」を受け止められると健康で、受け止められないと「病的状態」となるということと、「受け止める」ことの六つの基準について述べたことがあった。六つの基準とは、①苦は人間であればあって当り前と認識できる、②苦を持ちながら日常生活・対人関係が行える、③苦があっても軽度の心身不調ですむ、④苦の原因や背景がわかっている、⑤苦に対する対策がわかり、自力で対処できる、⑥苦を契機に自分を見直し、成長する、といったことである。しかしながら、現実には「受け止められている状態」と「受け止められていない状態」の間には、無数の段階があり、完全に常時受け止めることなど、人間には無理で、神仏でもない限り不可能だと思える（もっとも神様でも煩悩の強い神がいて病的状態を示す神もいるが）。だから、現実には、かなり健康に近い状態から、かなり病的状態に近いところ（病的状態が相当強い人でも、少しは健康的部分が残っているものである）までを行きつ戻りつするのが、実際の姿だろう。

b．完治は理想型

従って、統合失調症状態にある人も、神経症状態が優勢になっている人も、健常者と言われている人たちも、完治というのはあり得ない訳で、いつも病気の部分を少しにしても有している訳である〔統合失調症は寛解する（症状が軽くなること）だけであって、完治はないと言われているが、健常者と言われている人も、完治はないのであって、等しく永遠の寛解状態に置かれているのである〕。

もう少し、その例を挙げれば、我々は苦境に立たされたりした時、憂うつになったり自己否定的になったりするし（うつ病的部分）、いろいろなことを不安に思ったり気にし過ぎたりするし（神経症的部分）、また人のせいにしたり被害的に考えたり勘違いしたりしやすいし（統合失調症的部分）、胃や身体の調子が悪くなったりするし、安眠が妨げられやすい（心身症的部分）、またそれ以外にも具合の悪い反応を、軽度ではあっても、起こしているということであろう。

従って、より現実に即して考えるならば、ほとんど健康部分が見られないような状態から、かなり健康部分が優勢になっている状態（自覚・他覚症状が見られない、自覚が十分、不安・緊張等に圧倒されていない、不満耐性が十分、充分な自己肯定感、自立した社会生活・仕事・対人関係が可能、他者からの意見が聞け適切な自己決断もできる、満足感と安らぎ、充分な自己検討能力と感情表現力）の間にいくつかの治癒段階があるということであろう。

そう考えると、結局、治療とは治癒段階をいくらかでも上昇させていく営みであり、治るとは、治癒段階が上昇していくことを指すと思われる。

◆様々な治癒段階

ところで、今出てきた治癒段階だが、これは人によっていろいろなパターンがあり、一概にはまとめにくいと言える。

a．二つの治癒段階モデル

例を挙げておくとわかりやすいので、まず、幻聴・妄想の治癒段階を提示してみよう（ただ、以下のも一例で、幻聴・妄想の段階ですら様々なパターンがあるのはいうまでもない）。

①患者が、幻聴・妄想の中に入り込み、拒絶的で、話し合うことすら不可能だし、全く社会生活はできていない。
②幻聴や妄想について、少しは話し合うことが可能になる（治療者との交流の芽生え）。
③幻聴や妄想が少しは病気かなという自覚が出てくる。
④幻聴や妄想を具合悪いものだという認識が強くなり、治療も積極的になる。
⑤幻聴や妄想にとらわれた行動がなくなり、治療者以外にはそれを訴えなくなる（従って周囲はそれが消失したと見る）。
⑥幻聴や妄想の構造や原因に対する理解が進み、それらが人間に共通する弱点から生じたものであると正しく認識でき、その弱点をある程度克服できている。
⑦薬に頼らなくても、上記の認識と健康状態が保てている。

⑧治療者に頼らなくても、健康部分優勢の状態が続く。

といったことが挙げられる。

それから、もっとわかりやすい社会適応に関した治癒段階を挙げると、

①（精神病院の）保護室にいる。
②閉鎖病棟にいる。
③開放病棟に出られる。
④退院できたが、何もしていない。
⑤デイケアやグループ活動に参加できる。
⑥作業所に通える。
⑦職業訓練学校に通ったり、アルバイトのような簡単な仕事ができる。
⑧本人が満足行く仕事（常勤職など）に就く。
⑨それが安定して持続。
⑩薬や治療者に頼らなくても、⑧や⑨が可能になっている。

ということも挙げられる。

これ以外に様々な治癒段階モデルがある訳であるが、その人その人なりの治癒段階はどのようなものか、仮説をいろいろ考えていくことが、治療的創造性を豊かにすると思われる。

b．事例S・Hの治療経過や治癒段階について

それでは、S・Hがどのような治療経過を辿ったかについて、極めて図式的であるが、段階的に示してみると、

①拒否、回避、苦に対する否認傾向に混じって、絶望感や苦しさの訴えも時折混じる状態（だから、S・Hは自分の苦を全面否認したり全面投影しているわけでなく、いわば半否認・半投影している状態と言える。ただ、いずれにしても絶望感に圧倒されて治療意欲が出てきていない）。

②幻聴・妄想について少し話し合えるようになり、症状の消失を望み始める（治療意欲の芽生えか?）。

③幻聴・妄想の自覚が少し出てくる。

④外出が可能になり出す（幻聴・妄想へのとらわれが少なくなってくる）。

⑤幻聴・妄想の原因に関する自覚が深まる。

⑥最初の自殺未遂後、筆者に自分の思いを言えるようになる（信頼関係の深まり）。

⑦アルバイトに行く意欲が出てくる（社会復帰の芽生え）。

⑧二度目の自殺未遂後、病気についての自覚が深まる（安心感と希望の増大）。

⑨アルバイトに行けるようになる（社会復帰の開始）。

⑩孤独の価値の認識と運転免許取得の自信。

⑪正社員就職の決断。

⑫無投薬になれる。
⑬結婚。
ということになりそうである。ただ、実際には治癒段階の上昇が難しいことが多い。

◆治癒可能性の開発は、いかにしてなされるか（S・H事例の治療ポイント）

それでは、この治療段階上昇可能性の開発（治療）はいかに成されるか。S・H事例を参考にしながら、述べていく。

①家族との出会い：S・Hの場合は入院中であったが、そうでなくても、統合失調症状態の場合は、自覚・治療意欲に乏しいため、家族が最初に治療者を訪れることが多い。この時は、家族の苦悩を思いやると同時に、家族の質問に答える必要があり、また家族の偏見を正すと共に、家族が正しい認識と見通しと安らぎを持てるように導くことが大事である。また家族の罪悪感にも配慮すべきである。そして、ここでの応機説法は、家族だけではなく、本人にこそ重要である。

②拒否・回避姿勢に対して：統合失調症状態の場合、初期では特に拒否的姿勢が強い場合があるが、それは怯え・不信感・疑い・絶望といった煩悩に支配されているせいであろう。しかし、表面の拒否や不信の背後に、援助を求めている魂の声を聞くことが大事である（患者の「死にたい、死にたい」という声が、実は「生きたい、生きたい」と聞こえるように

なることが大事である）。

従って、患者を苦しめている幻聴・妄想を積極的に取り上げ（本人の気が進まなくても）、相互検討の場に乗せるべきである（神経症の場合と違って、統合失調症状態といった精神病水準では、治療者が受け身だけだと治療が進まない）。
③精神病理の共有：このように積極的に働きかけていく中で（もちろん本人の魂の深い傷つきを配慮しながらであるが）、本人の中に、治療者への信頼感だけではなく、自分の病気や治療の理解が生まれてくる。
そして、それと並行しながら、幻聴や妄想の構造や原因についての理解の共有を試みる（治療者だけがわかっていても仕方がない）。
④現実復帰の働きかけ：幻聴・妄想の背後に「怯え」があり、またその背後に「傷つきたくない」「安全でいたい」という欲求への執着があることがわかった。しかし、この執着ゆえに引きこもり・社会的脱落といういっそう辛い苦に出会うことになる。そうだとすると、この怯えに慣れていく必要が出てくる。治療者は、患者の状態を考慮しながら現実への復帰という、患者からしたらまことにしんどく恐ろしい作業を助けていかねばならない。
⑤脱落意識への手当と病気の理解の共有：統合失調症状態にある者は、病気や治療の必要性といった正しい自覚が深まってくるにつれ、今まで背後に秘めていた、業病感（大変な病にかかっている）や脱落意識（普通の人間でなくなった）や絶望感・自己否定（自分は救わ

れない、生まれなければよかった）をも自覚しそれを訴え始める。それを加藤は無明感情と呼び、鎌田は絶対廃棄の感情と呼ぶが、この無明感情の発現は大変危険な状態でもある。いわば、光の部分の自覚だけではなく、影の部分の自覚も生じる訳だが、統合失調症治療で、最も辛いし恐いのは、良くなるに従って、自殺の危険性が増えてくるということである（S・Hでも二回自殺未遂を行っている）。この無明感情に対する手当であるが、やはり、自分に起きた体験が何であったのか、何ゆえにそのような体験が起きたのかということに対する理解の共有を徹底するということが重要になると思う。それは、辻悟の言う全貌的理解であり、患者自身の物語の再構成（ユングは、精神医学は物語論であると言っている）になるのであろう。これにより、患者は、自分の体験が人間共通の弱点（煩悩）の積み重ねの結果ということを理解し、脱落意識から抜けだすと思われる。そして、それはまた無明感情から出発しながら、無明から明に突き抜けていく営みになるのであろう。

⑥病状説明や病名告知について：同じく大事なこととして、「自分の心の全部が統合失調症的状態で占められたのではなくて、健康な部分もあるし、また病的部分も、神経症的部分やうつ病的部分もあるということ」を理解してもらい、統合失調症的部分を相対化させる必要がある。これは「もう自分は統合失調症にかかったので、一生終わりである」という絶

望感を和らげることになる。

従って病名告知に関しては、単に病名をつけて終わりというのではなくて、病状を含む心の有り様や今後の見通し（健康的部分と病的部分の戦いで、どれくらい治癒段階が上昇するかの鍵は、患者・家族・治療者たちの自覚と治療意欲にかかっているといったこと）についての、真実を踏まえた役に立つ説明が必要である。患者は良くなってきてから、病名のことを話題に出してくるが、家族は最初から病名を聞きたがる（というより、統合失調症かどうか知りたがる）。

この時は、家族に対しても同様の正しい理解をしてもらい、統合失調症に関する偏見を正し、統合失調症恐怖や統合失調症絶望感を和らげることが重要である。

⑦主体性の回復または開発：統合失調症状態になりやすい人は、発病準備性の項で見たように主体性や自己が育っていない。彼は、発病まで、あまり自分で考えることなく（受験にまつわる勉強は考えたが）、また重大なことは母親が決断していたようである。従って、いろんな場面で自分で考えさせ、自分で決めさせるといった主体性開発の作業と、母親からの自立（臨済録に見られるように「仏に逢うては仏を殺し、母に逢うては母を殺す」といった精神的親殺しが自立には必要である）が、重要である。

⑧家族の治療力の開発：また、こうした主体性回復の営みに対して家族の役割は重要である。

前述したように、母親は筆者の働きかけもあって、なるべく本人に決めさせ、本人の主体性回復を助けた。筆者は、家族は最大の治療の協力者だと考えている。従って、まずはうちひしがれている家族を支え、家族に正しい認識をしてもらい、家族の持つ治療的能力を発揮させることが必要になると思われる。繰り返しになるが、それが、家族の罪業感を和らげることになる。

⑨煩悩の克服（執着のコントロール）：神経症状態が優勢になるに従って、「人に馬鹿にされないか」「変に思われないか」という恐れが全面に出てくる。これはもちろん「良く思われたい」という欲求・執着の表れである。また同じように、一流大学や一流企業を経験した彼は、小企業に行くことに関して抵抗があったが、これはもちろんプライドへの執着（慢という煩悩）である。これらの執着を断ち、そうした欲求やプライドをほどほどのところにコントロールするのは、やはり重要になってくる。

⑩病前性格を生かす：発病準備性の中にあった、内向的、敏感、人付き合いが苦手といった性格傾向はそんなに簡単に変わると思えないし、また無理に変える必要もない。そんな場合は自分の特性を尊重して対人関係の少ない職場を選んでもらうことが大事である。（アンソニー・ストウというユング派の分析家は、従来の常識に反して、孤独の重要性を説いている）。それが、業を生かすということになるのであろう。

いずれにせよ、本人の特性が何であるかをよく見極め、それが最大限生かされるよう協力していくことが大事である。それがまさに自己実現であり、ユングの言う個性化であろう。

そして、そのことが、可能になるのは、結局自分の業が何であるかを見つめられるかどうかにかかっていると思われる。

ただ、統合失調症といった精神病水準の患者は治療に消極的というかあきらめているというか、拒否的になっていることが多い。この困難な点をどう変えていき、そうした患者の可能性開発をいくらかでも援助するのが、治療者の役目となるのであろう。

◆最後に（運命を左右するもの）

ところで、S・Hは、幸運にも治癒段階が上昇した訳だが、これからどうなるかわからない。人生の危機・苦境は、生きているかぎり出現してくる訳だが（異性問題、仕事での責任が増えた時、両親の死等）、この時、彼はそれを受け止められるだろうか？　受け止められなくても、せめて統合失調症状態になったり、自殺したりせずに、神経症状態ぐらいで留まり、治療者の元に自発的に相談に行けるようになっているだろうか。彼との関係が続く限りは彼の今後を見守っていきたい。

それから、もう一つ言いたいことだが、彼は確かに、統合失調症状態という大変な苦しみ（初期の頃は苦しみが強過ぎて苦しさを訴えることすらほとんどできていなかった。苦しみが述べられるようになった彼は、幻聴体験のことを「原爆が落ちたようなショックだった」と言っている）に出会い、また死の危機に何回もさらされたが、何とか乗りきっている。また、それだけでなく、彼は発病以前より主体的になり、また自分の感情を言え、自己主張もできるようになっている。何よりも、全体的にのびやかになり、生き生きしてきている印象を持つ。

S・Hを見ていると、魂の傷つきを通して、魂の癒しだけではなく、魂の活力を手に入れたのではという気がしてくる。

病気以前は、グレートマザー（太母）に呑み込まれ、彼の魂は硬化しエネルギーは、知識的勉強・従順さという狭いところに閉じ込められていたのではないだろうか。それが、統合失調症体験を得ることによって、その硬直した魂が揺さぶりをかけられ、危機には遭ったが、それを乗り越えることで、魂が生き生きさや伸びやかさを取り戻したと言えるのかもしれない。

こうなると、病気になった方がむしろ良かったのではとも考えられるが（ユングなども「よく神経症になってくれた」と言っている）、こと統合失調症状態に関しては、その苦しみの大変さや自殺などの危機の多さなどもあって、とても、そんなことは言えそうにない。「病気を通して成長へ」とはよく言われるスローガンであるが、S・Hのように幸運な人とは別に、不幸にして重症から抜け出られない人や精神病院に長く留まっている人や自殺で幕を閉じる人もいるし、病気から後悔や惨めさ以外の何も学ばなかった人も多い（だからできれば、あまり危機や苦しみは最小限で変化していってほしいと、筆者のような気の小さい治療者は思ってしまう）。

しかしながら、いったん統合失調症状態のような病気になってしまった時、「これは不治の病だ」と考えるか（昔はこのような精神科医が多かったらしいし、今でも世間の多くの人はこの偏見にとらわれている)、「大変な状態だが、彼の魂が変化していけるチャンスである」と、捉えるかによって、その後の患者の運命には差が出てくるようには思う。地震と同じで、なるべく発病を予防しながら、それにもかかわらず病気に陥ってしまったら、それを再生と変化のチャンスと、考えることが大事なのである。

だが、破壊・絶望・固定化に行くか、再生・変化に行くかは、何によって決まるのだろうか?先ほどの業の深さと同じように、その患者の持っている魂の高低というステージによって決まるのだろうか。筆者には、魂以上に、魂の高低と言われるとよくわからないが、少なくとも患者の魂や霊位が高くても低くても、その魂の傷つきには敏感でありたいし、彼の魂の自己治癒力を、いささかでも援助できたらと思っている。

第五節　五年に渡る境界例の治療例（事例B・D）

次に境界例の治療事例を見ていく。境界例（境界性パーソナリティ障害）は周知の通り難治で、治療も確立されたマニュアルを見い出せず、筆者も手探りで格闘している毎日である。それゆえ、今まで述べた治療経験と同じく、これも筆者の私的な体験の一つと考えていただきたい。ただ、そうはいっても、これによって、少しでも境界例の実像に近づいてもらえることを期待している。今回は、括弧の中に少し解説を入れて紹介する。

◆事例B・Dの歴史と治療経過

初診時X年十一月で大学一年の女子学生。

［成育史、病歴］

母親は神経質で不安定、B・Dを思い通りに育てることに熱心、本人もピアノ、勉強に打ち込み「手がかからない秘書のような子ども」のようだったと言われていた。成績優秀、委員長などするが、悪口を言われることもあったようである（ここで、すでに母親の過干渉が伺われ、また本人も過剰適応、主体性のなさの危険が見え隠れしている）。

中学になって、有名な中・高一貫の進学校に入り、その後も勉強熱心は続く。ただ高等部に上がり出した頃、息切れが来たのか、過呼吸、発熱、失神発作、めまい、疲労感が出現し、各病院で診てもらうが異常なく、精神科に行くもすぐ中断する。この時は、母子ともに受験で頭が一杯のため症状は無視されたようであった（高校の始めで過剰適応の無理が心身症症状という形で出てきているが、この時は受験が優先されたようである）。

さて、猛勉強の結果、念願かなって希望の大学に入る。その時は大喜びであったが、五月頃になると、憂うつな感じが強くなって、閉じこもりがちになる。またダイエットを猛烈にし始め、拒食傾向が強まる。心配した母親があれこれ言うと、かなり反抗的になったりしていっそう引きこもり・拒食傾向は強くなり、もちろん学校へも行かなくなる（これは、入学によって目標を喪失した荷下ろしうつ状態ということであろうし、また、その空虚感を埋めようとしたダイエットである。自己確立の不十分さが現れていると言える）。

びっくりした母親は、本人に学校に行くように説得したり、食べるように言うが、本人の反抗はますます強まり、物を投げたり壊したりするので、今度はそっとしておくようにしたのだが、いっこうに事態は改善しない。

そうこうしている間に、今度はリストカット（手頸自傷）も出現したため、前の精神科医の元に行き、投薬治療を受けるが何も改善しない。それで、その精神科医は、あるカウンセラーを紹介したが、やはりうまくいかず、リストカットや器物損壊の行動化は強くなってきた。

また、他の精神科医やカウンセラーのところへ行き関係が着きかける時もあったが、いずれも面接の中で約束を守らない等のトラブルが生じたため、長続きしなかった。困ってしまった母親は、知り合いを通して筆者の元に、本人を連れてきたのであった（境界例の場合は、多くの治療者を遍歴することが多いのは、これまでの事例でも明らかであろう）。

〔**筆者との治療開始**〕

本人は、見た目は可愛い感じのする女子大生という雰囲気だったのだが、連れてこられたせいもあって、不機嫌さを隠さない。連れてこられて腹が立っているせいか、本人に聞いても何も答えてくれないので、本人の了解を得た上で、母親から事情を聞き出す。

そうすると、途中から、本人が「お母さんの言ってることは違う」と言うので、今度は本人から話を聞いた。しかし、本人の話は、まとまりがなくよくわからない。かろうじて「苦しく辛いがなぜだかわからない」「生きている実感がわかない」「何をどうしたいのかわからない」「無性に両親に腹が立つ」といったようなことが伺いしれた。

そこで、筆者は〈専門家の私に何か望むことはありますか?〉と聞くが、これについては「わからない」と言うだけで、答えられない。そこで、母親に望みを聞くと「早く落ち着いて学校に行ってほしいし、食べられるようになってほしい」と言う。

すると横で聞いていた本人は「全く私の気持ちをわかっていない」と怒り出したため、筆者が〈そうね。あなたの気持ちが安らいでほしい。楽になってほしいといったことを言わずに、表面のことだけ言われると辛いよね〉と言うと、少し落ち着いたようであった。

そこで、筆者は〈とりあえず、大変なことが起きているようなので、放っておく訳にはいかない。しかし、外来だけでいく自信はないので、悪化してくるようだと入院施設のある病院に紹介する。それと、相当、詳しい事情を聞く必要があるので、一回一時間で三回から五回の審査面接を行って、その上で引き受けるかどうか決めますがどうですか?〉と言うと、母親も本人も納得したようであった。

〈境界例の話のわかりにくさ、治療目標を言えない点はよくわかっておくべきである。それから、先述したように軽々しく引き受けないで、審査面接をしてからの方が安全である〉

［審査面接で］

初回では、嫌々ながら、連れてこられたB・Dであったが、二回目からは、母親と入ることを拒否し、自分だけで面接した。ただ相変わらず、話にまとまりがなく、しかも一方的に切れ目なく話し、こちらが整理しようとすると怒るため、聞き取るのが大変難しい状態であった。しかし、いずれにせよわかったことは、「高校までは勉強もでき、それなりに注目も浴びていたのが、大学に入ると、全くそういうことがなく、がっくりきたこと」「大学で、同級生と話しているとみんなしっかりしているようで、一挙に自信を失った」「高校までは決められた勉強をしていればよかったのに、大学に入ると何を勉強していいかわからなくなった」「それにみんなサークルに入ったり、男の子と付き合ったりするけど、私はちっとも楽しめない。この先どうなるのだろうか」という傷つき体験、失望感、劣等感、困惑、不安を訴えたことであった。

そして決定的な話は「入学した後、素敵な男子学生がいて、友達になれたらと思っていたら、他の女子学生と付き合っているのを見てひどくショックを受けた」ということで、それから「きれいにならなくては」と思い、ダイエットを始めたとのことであった。ただ、それはかなり無理なダイエットだったので途中で挫折したことを述べた後、「それをやっても何かむなしい感じがするのと、それから最近訳もなく母に腹が立ってしょうがない」ということと、「生きていてもしょうがないという気分になる」ことを訴えてきており、治療者は、話をまとめると共に、本人の辛い気持ちを思いやるように努めた。

また、母親からの話だと、少し落ち着いてきたが、夜中に突然暴れ出し、死ぬとか言って包丁を持ち出したりするので、取り上げようとすると「こうなったのは、お母さんのせいだ。お母さんを殺してやる」と言って向かってくるので、びっくりしたということが出現した。早速その話を本人にすると、「全然覚えていない」とのことであった。（これは一過性の解離症状である）

（入学後の失意体験、方向喪失感、無理なダイエットとその挫折、離人感、希死念慮、母への他責傾向・怒りと共に解離症状が明らかになってくる。ここに、自己の未確立や自己同一性障害が現れていることがよくわかるであろう）

［**治療契約成立**］

一応、夜中の荒れといった解離現象は、あったにせよ、無事に三回が過ぎたため、次の取り決めをして治療を始めることにした。

①治療構造の確立（ルールの取り決め）：週に一回、一時間の面接。それ以外の電話や手紙などは、原則として受け付けられない。あくまで、面接中心で話を進める。

②限界設定：治療中は、リストカット、拒食、自殺未遂、暴力といった自傷他害の行為はしない。もしこの限界を越えたら、入院施設を持っている病院などに変わってもらう。通院では、ある程度の限界があることを示しておく。

③治療目標の合意：「治療に何を求めるか」ということの明確化は無理だったので、とりあえず「自分が真に何を求めているのかを、はっきりさせることを治療目標にしよう」ということにした。ざっと、こういうことで、治療を引き受けていくことにしたのである。

［多彩な症状の出現（苦の移し替え）］

さて、面接では、本人の苦しさが話題の中心になり、実は大学に入って初めて苦しかっただけでなく、中学も高校も無理をしていたこと、母親は勉強をやかましく言うだけでちっとも自分の気持ちをわかってくれなかった、ということを訴え続ける。筆者は、これに対して〈辛いね〉と共感を示しながら、この苦しさをどうしようかというところに話を持っていこうとするが、なかなか、そうならない。

それどころか、過呼吸発作、失神発作が頻繁に起き出したりし、また声が出なくなったり、手足の麻痺を訴えたりというヒステリー症状が出現し、夜中にやはり大声で暴言を吐いたりといった解離症状が出現した。これを見た母親は「ちっともよくならない」と言うので、筆者はとても辛い思いをさせられた。

〈ここで、本人は、境界例の特徴の一つである苦の移しかえを無意識にやっている。筆者が不用意に共感を示すものだからよけいに症状を出して、筆者に移しかえて来ている。筆者は、話が進むので、治療が順調に進むのかなと思ったのだが、そうはなかなかいってくれない。前の治療者たちもこういう点で苦労したのであろう。安易な共感は慎むべきであると、いつも他の治療者や後輩たちに言っておきながら、筆者は同じ失敗をしている。また、あらかじめ悪化する時がくるかもしれないということを、患者・家族に伝えておくべきであったと反省した。この安易な共感というのを、つい筆者はしたくなってしまう。これは早く患者を理解し、信頼関係を結び、治療速度を速めたい

という筆者の煩悩なのであろう。この危険な罠によくよく注意せねばならない）

［**理想化が強くなる**］

しかし、一方で「平井先生は何でもわかってくれる。こんなに聞いてくれる先生は初めて」と理想化を向けてきた。この理想化に対しては、生身の治療者像を示そうとしたが、本人の思い込みは強まる。そして、母親への不満もあったのか、面接が終わっても席を立とうとせず、立った後でも、もうろう状態になったりして倒れたりした。

ある時は「先生の家で暮らしたい」と言ったり、また筆者がクリニックの玄関を出たところで、苦しそうに待っていたりして、家まで車で送らざるを得ない時もあった。こうしたことに関しては、落ち着いている時は「非常に悪かった。迷惑をかけた」と言うものの、ちょっとでも辛いことがあったり、疲れてくると、意識水準が低下し、治療者への甘えが一挙に吹きでてくるのであった。

（理想化と同時に治療者への執着・転移が強くなっている）

［**症状の悪化と入院**］

一方で、家の方でも、夜の行動化が激しく、本人のみならず、母親をはじめとする家族の疲れもひどくなってきた。また、神経症・心身症症状に加えて、幻聴（死ねという声が聞こえて来る）も出現し、リストカットが繰り返され、自殺願望も強くなったため入院を考えざるを得ないところまで追い込まれてきた。

そこで、そのことを本人に言うと、すごい怒りと悲しみを出し「今までちゃんと聞いてくれていたのは嘘だったのか。私はもう見捨てられた。死ぬしかない」と言うので、筆者は、「入院しても、ここに面接に通えますよ」（事実、入院先の病院とはそういう話し合いをつけておいてあった）「それに今の状態だと、あなたを含め一家全体が倒れてしまうし、また最初の約束通り限界を越えたら入院ということだったでしょ」と説明したのであった。それでも本人の不安は強かったので、では何回かその病院に通って見学してみたらということで、何回かその病院に通院したところ、その先生の感じが良かったこともあって、遂に筆者の入院勧告を受け入れてくれた（こういうことが出てくると、やはり最初に限界設定をしておいてよかったと感じる）。

［入院中の本人］

入院後、本人は意外と落ち着いたので、ほっとした。それから、母親の方も、負担が軽くなったのか、気持ちにゆとりが生じ、また本人と距離ができたこともあり、ゆったり接することができるようになったため、本人も母親に甘えたりできるようになった。また、入院中、他の患者さんを助けてあげたりしてそれが本人の自信にもなったようであった。また、実際に病院から筆者の元へ面接に来られていることで、別に切れてはいないという安心感も持てたようであった。

そのせいか、本人は気になっていた大学の方に、時々、登校したりすることもできるようになり、徐々に安定してきた。

［退院後、再び、困難に直面。行動化（リストカット）についての話し合い］

退院後、本人は、元気が出たのか、大学に行き続けるが、やはり、自分が何をしていいかわからない、自分のしたいことがわからない、皆からばかにされているようだという辛さや不安に襲われる。

しかし、面接を続ける中、そうした不安や辛さに負けていてはいけないという気持ちにもなり、また頑張ろうと思っていた矢先、本人は、かなり深めのリストカットを行った。この時は、次のような取扱いと話し合いをした。

まず、リストカットに至る事実関係とその時の彼女の心情を明らかにすることにした。彼女は、その日、家具売り場に行ったりして何とか自分の部屋を変えよう、新生活のスタートを切ろうと考えていた。そこで気にいったカーテンや家具などを見つけ、そうしたことを母親に話すと、母親は気のない返事で、さらには「入院でお金もいったし、そんなことより学校に行き続けることが大事よ」と言ったのであった。

せっかくの決意を踏みにじられた本人は、まず気持ちを落ち着けなければと薬を飲み、再び母親に言ったが、結果は同じであった。それで耐え切れなくなって、リストカットしたというのであった。以下、次の話し合いをした。

〈それで切った時の感じは?〉

「そこまで、しないとわかってくれないと思った」

〈今、切ったことをどう思っているの?〉

「切ることで理解してもらえたからいい面もあると思う」

〈切る以外にわかってもらえる方法はないかしら?〉

「話し続けることだけど、とてもそんな根気ない」

〈例えば、わかってもらえなかった時『お母さんのその返事、身を切られるほど辛いのよ』とか『すごい見捨てられた感じを持ったのよ』とか言うのはどうかしら?〉

「そうか、そういう言い方もあるのか」

〈それと、もう一つ、話したら必ずわかってもらえると思ったのかしら?〉

「そうなんです。もしわかってもらえないと、すごい見捨てられたような気分になるんです」

〈そうね。そんな気分になるだろうけれど、現実はどうかな?〉

「私って、やっぱり期待しすぎなんですね。それに見捨てられることに耐えられないんです」

〈そうね、期待を裏切られる。見捨てられ感を抱かされる、これはどちらも辛いよね〉

「そうなんです」

〈だから、これをどうしていくかがあなたの課題かな?〉

「そうだと思います」

ということが、話し合われた。今回は、前のリストカットについての話し合いよりは深まった感じになり、以後は次に述べるような核心的な問題についての話し合いが多くなった。(リストカットのような行動化に対しては、先述したように、詳しい事情とその時の感情、別の方法を取る可能性などを話し合っている。その結果、ここでは、見捨てられ感や、期待し過ぎの感情が明らかになりつつある。ただ、このような話し合いは一回でわかってもらうのは困難で、何回もの繰り返しが必要である。従って、行動化は繰り返し起こる可能性のあることを覚悟すべきである）

［種々の核心的問題点についての話し合い］

まずは、見捨てられ感についての話し合いであるが、

①これはどうも本当に見捨てられているというのではなくて、自分でそう感じ過ぎてしまっていること。

②またそう思うのはどうも自分で自分を見捨てているようなところがあるから、周りからもそう思われていると感じてしまうのではないかということ。

③それと、周りに期待し過ぎるところがあるという点。

④周りは必ず期待通りに動いてくれるはずだと思い込んでしまう点。

に気がついたようである（②が移しかえ現象・融即・投影性同一視、③と④が理想化と言える）。そして、自分が見捨てられ感に弱いのは、自分に自信がないことということもわかったようであった。

続いて、母親をはじめとした周りへの怒りの問題であるが、①今まで、一方的に悪い方悪い方にしか考えられない点があったこと、②よく考えると、いい点もあるのに、全体として見ることが、苦手という話し合いも出てきた（全体認識に関する無知、すなわち統合力のなさと分裂機制のことである）。そして、これは何も母親だけではなく治療者に対してもそうで、自分の質問にすぐ答え

てくれず、違う質問を返され考えさせられた時でも、すぐ悪く思って、この人は助けてくれないと一方的に考えてしまうとのことであった。それと、今まで、母親をすごく悪いように思ったり、こんなになったのも母親のせいだと思ったりしていたが、考えてみるとお母さんにもいいところがあるし、自分にもいろいろ問題点があると言えるようになった。

また、それと関連して「自分は希望と絶望、信頼と不信感がころころ入れ替わる」「先生（治療者）やお母さんに対してすごく助けてもらえると思う時と、もう見放されていると思う時がある」「自分の中に全然別の二つの人格がある」といったことが言えるようになってきたので、筆者は〈そういう二つの気持ちに気づいたのはいいこと、この二つがあって当り前。この二つをどうまとめていくかが大事なこと〉と言うと大きくうなずいていた（こうした二つの気持ちを調整したり、葛藤を保持することは成長につながる）。

続いて、これまでの自分を考えてみると「つくづく自分がないということがわかった」と述べ、結局、自分は勉強以外で「自分で考えたり、自分で決めたり、自分で責任を持って行動したりしたことがなかった。いつも母に頼っていた」という話し合いになったのであった。

そして、ちょうど、その頃ある男子学生から「好きだ」という手紙をもらい、どう返事したらいいかという話し合いになり、①いかに自分の気持ちを整理するのが難しいかということ、②付き合いたくない気持ちの方が強いが、それを主張し、相手を拒絶するのがいかに辛くて苦手かということに、気づいたようであった。この時は、筆者のアドバイスもあって「今、付き合っている人がいるから」という形で断れた（患者は一様に拒絶能力に弱いところがあり、逆にそれを強めることや上手な拒絶を学ぶことは成長に繋がる）。

いずれにせよ、これを契機に、自己検討、自己決断の重要さと難しさをしみじみ感じているようで、結局、この自己決断が、自分を作り自己確立を助けるのだというところに気づいていったようであった。

そして、このような話し合いを続ける中、最初の治療目標である「自分が本当に望んでいることと」が、普通の学生生活や対人関係であり、そしてそれを自分で考え自分で決めていくことが大事なのだということに目覚めていった。

［一応の終結へ］

もちろん、こういった話し合いがなされたからといって、彼女の状態がすぐよくなる訳でもないし、また行動化がなくなった訳でもないし、本人の見捨てられ感や悲しみ・怒りがおさまった訳ではなく、繰り返し、こうした話し合いは必要だったのである（治療において繰り返しの話し合いや作業は、リハビリと同じく必要不可欠のものである）。

しかし、こうした話し合いを続ける中、彼女は

①登校以外にアルバイトや人との付き合いを試みる。
②うまくいかず（と思い込んで）傷つく。
③治療者と話し合い、気を取り直す（悪い方悪い方に考える本人に対して、少しでも達成されたら

それは大きな前進であると支える）。
④次どうするか本人に考えさせ、本人に決めさせる。
⑤再び社会活動を試みる。
といった、傷つきと修復の過程を繰り返していった。

そんな中、ようやく彼女は「人の中に出て思うようにならないのは当り前。その辛さは自分で引き受けるよりしょうがない」ということに気づいていったのである。

そして、一年の留年を経て大学を卒業し、しばらくアルバイトで様子を見た後、今は正社員として働いている。また男性との交際もできているし、治療者とは、正社員になった時に一応、治療を終わっている。ただしその後も時々相談に来ているが、大きく崩れることはないようである。そして何よりも病前と比べ、のびのび生き生きしてきたのが特徴的である。

また、母親に対しても、最初は「干渉的で支配的」「肝心な時、何もしてくれない」という不満が多かったが、今は、「母もよくやってくれていた」と母親の良い面を見られるようになっている。

◆事例B・Dの解説

a．事例B・Dの要約

B・Dは、大学入学後に傷つき体験（「大学で周りから注目されなくなった」「大学生活が思うように送れない」、失恋といったいわば、辛い状態に置かれたと考えられる）を味わわされ、その傷つきや苦を受け止めることができなかったと考えられる。

苦をもたらした原因も、苦を受け止められなかった原因も、自己の未確立によると思われるが、それと関連して、彼女の優劣感情へのこだわりも激しくなったと言える。その結果、彼女はますます苦しむことになる。

それから自己の感情への無知もあり、母親への腹立ちへと向かっていく（自分への怒りを母親への怒りに移しかえている）。また全体認識の無知があり、これによりいっそう彼女は劣等感と絶望感を強め、周りに対する不信も強くなったということだろう。

一方、その苦や無知と関連して、「美しくなりたい」という欲求が、「むさぼり」のようになり、極端なダイエットに向かうが、これは挫折してしまい、本人はいっそう苦の中に追い込まれたと思われる。その中で、「怒り」が母親と自己に向かって出現し、それぞれ暴力や器物損壊やリストカットなどの破壊行動として出現する。ただ、母親への怒りは、母親への反抗であり、それは自己主張の契機にもなる可能性がある。

このように大学入学後の失意体験を契機に今までの問題が一挙に吹きでたのだと思われるが、これでわかるように、自己の未確立に関連して、自己の感情に対する無知、むさぼり、怒りと行動化といった境界例の特徴が多く出ている。また、本人の中に安心できる内的な母親対象が存在せず、支配的で迫害的な母親像が居座っていたことも問題であった。

他の例と比較してみると、本人が境界例状態になったのは、統合失調症状態になりやすい人に比べ、支配的とはいえ母親との結び付きが強く、一応かりそめにしろ高校までは自信のある生活であり、人に苦を訴えやすい方だったということ、他方神経症状態で留まれなかったのは苦しみ・悩みを保持するという訓練ができていなかったということが考えられるだろう。このできていなかった原因の一つとしては、対人関係の乏しさが考えられる。結局彼女は、学校の勉強はできても対人関係の勉強はできていなかったのであり、悩む能力が未開発だったと言える。

この結果「自己の未確立」「苦を他者に移しかえる」というのが、最大の問題となり、「自己の確立」「苦悩の保持」ということが、最大の治療目標になった。

b. 治療ポイント

治療のポイントを振り返ってみると、審査面接、最初の治療契約、苦の移しかえと理想化、入院による三者（本人、母親、治療者）の余裕の回復、行動化を巡っての話し合い、核心的問題（自己感情の無知、移しかえ、理想化・期待し過ぎ、見捨てられ感、自信のなさ）についての話し合い、統合力の開発、拒絶能力の開発と自己の芽生え、社会活動の開始と傷つきと修復の繰返し、就職と男性との交際といったことになるだろう。その結果、良き母親像を修復できたのも大きかったのだろう。

ただ、ここで、問題になるのは、筆者の共感と、彼女の苦の移しかえや理想化といった点だが、大きく見れば治療上必要であったのかなとも思われる一方、やや安易で過剰であったかなという気もする。筆者の介入が過剰共感であったかどうかを判定するのは今後の経過を見るのが一つかもしれない。

c. 本人・家族の努力が決め手

結局、全部で、五年近くの治療となった。境界例としては、軽症の方だと思われるが、この間の本人・家族の努力には敬意を表したい気持ちである。よくあの苦しい状態から立ち直り、自己確立と、もろもろの煩悩の克服を通して自己実現へと歩みを進めている姿に驚くと共に、それを高く評価したい。B・Dも母親も、この病気から多くのことを学ばせてもらったと述懐しているが、筆者も全く同じ気持ちである。

あとがき

書き終えた後、随分とたくさん書いてしまったなという気持ちとまだまだ書き足りない思いとが交錯する。これは、治療と同じでどこまで行っても完全に満足ということにはならないのだろう。いずれにしろ書き足りない点は、また後日を期したい。

本書は、心理療法の下ごしらえ、ということで治療の基本を示そうとしたものだったが、書き進めるうちに、実は基本ぐらい難しく困難なものはないという実感を持たされた。ここでも述べた、見守り・注目・関心・傾聴・理解・相互検討などは口で言うのは簡単だが、これをきめ細かくクライエントの役に立つように実践するというのは、至難の業である。

筆者は、こうした基本的治療実践の一つ一つをできるだけ詳細にわかりやすく述べたつもりだが、実際はこれらの困難さをも理解していただくとありがたい。

逆に、一般に治療困難と言われている境界例や統合失調症事例の治療過程も詳しく述べた。読者がこれによって難事例だからといって簡単にあきらめずに治療にじっくりと取り組んでもらうことを期待したい。

治療に関して、大事なことはたくさんあるが、基本はやはり、患者との適切な波長合わせと共同作業だろう。そしてその共同探求に如何に質問という営みが大事かを強調させていただいた。

「質問返し」「ふわり質問」「羽衣質問」といった筆者の造語も、その中で自然に生まれてきた。これらは、心の病の治療だけでなく人間関係の基本ではないかと考えている。

この作業の学びの一助として、筆者は、フロイト、ユング、アドラーはもちろん、認知行動療法、家族療法、森田療法、内観、ボディワーク、薬物療法など様々な分野から多くのものを教わったが、結局どれかに偏してしまうということにはならなかった。一応、筆者の考えの底には恩師、辻先生の「治療精神医学」があり、それが基本に流れているのだが、その「治療精神医学」というのは、あらゆるものを含み、また自由自在に変化していく「マンダラ療法」のようなものではないかと感じている。

そして、このマンダラ療法はまだまだ成長途上であるが、その筆者の歩みを支えているのは、四十年間の精神医療活動、二十五年間の臨床心理士活動の中で、出会った多くの患者さん・クライエントの方々から頂いた智慧である。ここに改めて感謝させていただきたい。

最後に本書を書き上げて、まだまだ自分は初心者であるということを痛感した。それゆえ、これからも無理せず患者さんたちとの共同作業を通じながらぼちぼち学ばせて頂きたいと思っている。

平成二十六年九月一日

平井孝男

引用・参考文献

1 辻悟『治療精神医学の実践』創元社、二〇〇九年
2 サリヴァン『精神医学的面接』中井久夫・他訳、みすず書房、一九八六年
3 『心理臨床大事典』の「クライエント中心療法」（野島一彦）の項、培風館、一九九二年
4 ロジャース全集第二一巻「サイコセラピーの実践」伊東博・他編、一九七二年
5 川田洋一『仏教医学物語（上・下）』レグルス文庫、第三文明社、一九八七年
6 平井孝男『うつ病の治療ポイント』創元社、二〇〇三年
7 ユング『赤の書』河合俊雄監訳、創元社、二〇一〇年
8 カールバウム『緊張病』渡辺哲夫訳、星和書店、一九七九年
9 クレペリン『精神医学総論』遠藤みどり訳、みすず書房、一九九三年
10 平井孝男『境界例の治療ポイント』創元社、二〇〇二年
11 森実恵『なんとかなるよ。統合失調症』解放出版社、二〇〇九年
12 ヤッフェ、A.編『ユング自伝』河合隼雄・他訳、みすず書房、一九七三年
13 土居健朗『方法としての面接』医学書院、一九七七年
14 辻悟編『治療精神医学』医学書院、一九八〇年
15 フロイト『ヒステリー研究』（フロイト著作集七）懸田克躬訳、人文書院、一九七四年
16 治療困難とその対策について、さらに詳しく知りたい方は、平井孝男『難事例と絶望感の治療ポイント』創元社、二〇〇八年を参照のこと
17 ウィニコット、D.W.「逆転移の中の憎しみ」中村留貴子訳（『児童分析から精神分析へ』所収）、北

山修監訳、岩崎学術出版社、一九九〇年
18 福島章「逆転移と精神療法」、精神療法、一九（三）、二一一—二一六頁、金剛出版、一九九三年
19 遠藤裕乃「心理的援助が困難となる場面における適切な具体的援助について」、上智大学心理学科卒業論文、一九九二年
20 Gedes23, M.J. & Pajic, A.K. A multidimentional typology of countertransference response.Clinical Social Work Journal 18 (3): 257-272, 1990.
21 ラッカー、H.『転移と逆転移』坂口信貴訳、岩崎学術出版社、一九八二年
22 フロイト『精神分析療法の今後の可能性』小此木啓吾訳、フロイト著作集九所収、人文書院、一九八三年
23 フロイト『転移性恋愛について』同上所収
24 フロイト『分析医に対する技法上の注意』同上所収
25 Heimann, P. On countertransference. International Journal of Psycho-Analysis. 31: 81-84, 1950.
26 松木邦裕「ビオンの言葉」現代のエスプリ、精神分析の現在所収、至文堂、一九九五年
27 グリンベルグ、L.『ビオン入門』高橋哲朗訳、岩崎学術出版社、一九八二年
28 ラングス、R.『精神療法入門』妙木浩之監訳、金剛出版、一九九七年
29 リルケ、R.M.『マルテの手記』望月市恵訳、岩波文庫、一九九四年
30 ロマン・ロラン『ジャン・クリストフ』豊島与志雄訳、新潮社、一九五二年
31 平山正美「分裂病と自殺」精神神経学雑誌、八二、七六九—七八六頁、一九八〇年
32 大原健士郎「自殺とは」、大原健士郎・佐々木仁也編『自殺企図患者のケア』金原出版、一九八九年
33 キールホルツ編『うつ病診療の問題点』高橋良監訳、医学書院、一九八七年
34 高橋祥友『自殺予防』岩波新書、二〇〇六年

35 川人博『過労自殺』岩波新書、一九九八年
36 石川元・大原浩一「自殺の予防と防止」（文献32所収の本の中にある）
37 下坂幸三「自殺の危機に対する一つの提言」季刊精神療法、一三巻、一四四頁、金剛出版、一九八七年
38 ヒルマン、J.『自殺と魂』樋口和彦・武田憲道訳、創元社、一九八二年
39 フロイト『夢判断』高橋義孝訳、フロイト著作集二、人文書院、一九七四年
40 この夢に関しては、ユングの『夢分析』入江良平訳（人文書院、二〇〇一年）を参考にした
41 高津繁春『ギリシア・ローマ神話辞典』岩波書店、一九六〇年が参考になったようである
42 ユング『元型論』林道義訳、紀伊國屋書店、一九九九年
43 この項は、文献39と、東山紘久『夢分析初歩』を参考にしている
44 エックハルト、M.『エックハルト説教集』田島照久編訳、岩波文庫、一九九〇年
45 Fastboòn, J. et al. Benzodiazepines may have Protective Effect against Alzheimer disease. Alzheimer Dis Assoc Disord 12: 14-17, 1998.
46 ウィニコット、D. W.『情緒発達の精神分析理論』牛島定信監訳、岩崎学術出版社、一九七七年
47 アリエッティ、S.『精神分裂病の解釈』殿村忠彦・笠原嘉監訳、みすず書房、一九九五年
48 Zubin, J., Spring, B. Vulnerability: A new view of schizophrenia. J Abnorm Psychol 83: 103-126, 1977.

本書は学術書ではなく、一般書であるので、文献の引用は最小限にとどめた。

著者略歴

平井孝男（ひらい　たかお）

1949年，三重県上野市に生まれる。

1974年，金沢大学医学部を卒業後，大阪大学病院精神科，大阪逓信病院神経科，仏政府給費留学，榎坂病院・淀川キリスト教病院精神神経科を経て，1991年4月，平井クリニックと新大阪カウンセリングセンターを開設。

現在，平井クリニック院長，新大阪カウンセリングセンター長を務める傍ら，大阪経済大学人間科学部客員教授，大阪市立大学生活科学部，および関西カウンセリングセンターなどで，治療学の講座を担当。精神科医。臨床心理士。

著書『心の病いの治療ポイント』『境界例の治療ポイント』『うつ病の治療ポイント』『カウンセリングの治療ポイント』『難事例と絶望感の治療ポイント』（以上，創元社），『治療精神医学』（共著，医学書院），『精神病治療を語る』『分裂病者の社会生活支援』（以上，共著，金剛出版），『癒しの森』（共著，創元社），『心理臨床におけるからだ』（共著，朱鷺書房）など。

論文「遷延うつ病の治療」「（分裂病における）再発の治療的利用」「境界例の治療」など。

連絡先　平井クリニック　大阪市東淀川区西淡路 1-16-13
新大阪 MFD ビル 2F
Tel. 06-6321-8449
Fax. 06-6321-8445

新大阪カウンセリングセンター　住所同上
Tel. 06-6323-2418

心理療法の下ごしらえ ―患者の力の引き出し学―

2014年11月19日　初版第1刷発行

著　者　平井孝男

発行者　石澤雄司

発行所　株式会社 星和書店

東京都杉並区上高井戸 1-2-5　〒168-0074

電話　03（3329）0031（営業）／03（3329）0033（編集）

Fax　03（5374）7186（営業）／03（5374）7185（編集）

http://www.seiwa-pb.co.jp

Printed in Japan　ISBN978-4-7911-0890-9